Το Μήνυμα του Σταυρού

Το Μήνυμα του Σταυρού

Δρ Τζέροκ Λι

Το Μήνυμα του Σταυρού υπό τον Δρα Τζέροκ Λι
Εκδόθηκε από τον εκδοτικό οίκο Urim Books
(Αντιπρόσωπος: Kyungtae Noh)
73, Yeouidaebang-ro 22-gil, Dongjak-gu, Σεούλ, Κορέα
www.urimbooks.com

Με την επιφύλαξη κάθε νόμιμου δικαιώματος. Απαγορεύεται η αναδημοσίευση, η αποθήκευση σε κάποιο σύστημα διάσωσης, και γενικά η αναπαραγωγή του παρόντος έργου, με οποιονδήποτε τρόπο ή μορφή, τμηματικά ή περιληπτικά, στο πρωτότυπο ή σε μετάφραση ή άλλη διασκευή, χωρίς την γραπτή άδεια του εκδότη.

Copyright © 2016 Dr Jaerock Lee
ISBN: 979-11-263-0070-9 03230
Copyright Μετάφρασης © 2014 Dr Esther K. Chung. Χρήση μετά αδείας.

Προηγούμενη έκδοση στα Κορεάτικα το 2002 από τον εκδοτικό οίκο Urim Books.

Πρώτη Έκδοση: Μάρτιος 2016

Επιμέλεια Έκδοσης: **Dr. Geumsun Vin**
Σχεδιασμός: Εκδοτικό Γραφείο Urim Books
Για περισσότερες πληροφορίες επικοινωνήστε μέσω του
urimbook@hotmail.com

Προλογος

Σας εύχομαι να καταλάβετε την καρδιά του Θεού και το σπουδαίο σχέδιό Του εν αγάπη, και να δημιουργήσετε στερεό θεμέλιο για την πίστη σας.

Το Μήνυμα του Σταυρού έχει οδηγήσει αναρίθμητους ανθρώπους στην οδό της σωτηρίας από το 1986, και έχει επιδείξει αμέτρητα έργα του Αγίου Πνεύματος μέσω πολλαπλών υπερπόντιων σταυροφοριών. Επιτέλους, ο Πατέρας Θεός με ευλόγησε για να το δημοσιεύσω. Δίνω πλήρη δόξα και ευχαριστίες σε Αυτόν!

Πολλοί άνθρωποι λένε ότι πιστεύουν εις τον Θεό τον Πλάστη και ότι γνωρίζουν την αγάπη του Υιού Του Ιησού Χριστού, αλλά δεν είναι ικανοί να κηρύξουν το Ευαγγέλιο με αυτοπεποίθηση. Πράγματι, μόνο ελάχιστοι Χριστιανοί καταλαβαίνουν την καρδιά και την πρόνοια Του Θεού. Περαιτέρω, μερικοί Χριστιανοί είναι απομακρυσμένοι από τον Θεό επειδή δεν έχουν λάβει ευκρινείς απαντήσεις περί διαφόρων ερωτήσεων που εκτίθενται στην Βίβλο, κι ούτε έχουν καταλάβει την μυστήρια πρόνοια της αγάπης Του Θεού.

Παραδείγματος χάριν, τι θα λέγατε εσείς αν σας ρωτούσαν τις

ακόλουθες τρεις ερωτήσεις: «Για ποιο λόγο τοποθέτησε ο Θεός το δέντρο της γνώσης του καλού και του κακού και επέτρεψε στον άνθρωπο να φάει από το δέντρο;» «Για ποιο λόγο δημιούργησε ο Θεός την κόλαση παρόλο που θυσίασε τον Υιό Του τον Ιησού Χριστό για τους αμαρτωλούς;» και «Για ποιο λόγο είναι ο Ιησούς ο μοναδικός Σωτήρας;»

Εγώ δεν ήμουν ικανός να καταλάβω την βαθιά πρόνοια της πλάσεως του Θεού και την μυστική πρόνοια που κρύβεται στον σταυρό, κατά τα αρχικά έτη της Χριστιανικής μου ζωής. Οταν κλήθηκα για πάστορας του Ευαγγελίου, άρχισα να αναρωτιέμαι, "Πώς μπορώ να οδηγήσω αναρίθμητους ανθρώπους στον δρόμο της σωτηρίας και να δοξάσω τον Θεό;" Αρχισα να συνειδητοποιώ ότι θα έπρεπε να καταλάβω ολόκληρο τον Λόγο της Βίβλου, συμπεριλαμβάνοντας χωρία που δύσκολα συλλαμβάνονται, μέσω της ερμηνείας του Θεού, και να τον κηρύττω παντού στον κόσμο. Νήστευα όσο πιο τακτικά ήταν δυνατόν και προσευχόμουν γι' αυτό. Πέρασαν επτά χρόνια πριν αρχίσει ο Θεός να μου τον αποκαλύπτει.

Το 1985, καθώς προσευχόμουν θερμά, γέμισα με το Αγιο Πνεύμα. Αρχισε να μου ερμηνεύει την μυστική πρόνοια του Θεού, η οποία ήταν κρυμμένη. Ηταν «Το Μήνυμα του Σταυρού.» Το κήρυττα κάθε λειτουργία της Κυριακής επί 21 εβδομάδες. Οι κασέτες περί του «Μηνύματος του Σταυρού» έχουν επηρεάσει αμέτρητο κόσμο στο εσωτερικό της χώρας και στο εξωτερικό. Οπου γινόταν κήρυγμα με το Μήνυμα του Σταυρού, το Αγιο Πνεύμα ενεργούσε σαν φλογερό πυρ. Πολλοί άνθρωποι μετανόησαν για τα αμαρτήματά τους και θεραπεύθηκαν από τις νόσους και τις αρρώστιες τους. Πέταξαν τις αμφιβολίες περί της πρόνοιας Του Θεού και απέκτησαν αληθινή πίστη και αιώνια ζωή. Μέχρι τότε, δεν γνώριζαν τον Θεό και την βαθιά αγάπη Του με ακρίβεια. Αρχισαν να καταλαβαίνουν το σχέδιο του Θεού, να Τον γνωρίζουν, και να έχουν ελπίδα για μια αιώνια ζωή μέσω αυτού του μηνύματος.

Αν καταλάβετε ευκρινώς τον λόγο που τοποθέτησε ο Θεός το δέντρο της γνώσεως του καλού και του κακού εντός του Κήπου της Εδέμ, θα μπορέσετε να καταλάβετε την πρόνοιά Του για την ανθρώπινη καλλιέργεια, και θα αγαπήσετε τον Θεό ακόμη πιο βαθιά. Περαιτέρω, γνωρίζοντας τον αληθινό σκοπό της ζωής σας, θα μπορείτε να αγωνιστείτε ενάντια στις αμαρτίες σας μέχρι του σημείου να χύσετε αίμα, να προσπαθείτε όσο σας είναι δυνατόν να μοιάζετε με την καρδιά του Κύριου Ιησού Χριστού, και να είστε πιστοί στον Θεό μέχρι θανάτου.

Το Μήνυμα του Σταυρού θα σας δείξει την μυστική πρόνοια του

Θεού, η οποία κρύβεται εντός του σταυρού, και θα σας βοηθήσει να κτίσετε στερεό θεμέλιο για μια αληθινή και αγαθή Χριστιανική ζωή. Επομένως, όποιος διαβάσει τούτο το βιβλίο θα μπορέσει να κατανοήσει την βαθιά πρόνοια και αγάπη του Θεού, να έχει αληθινή πίστη, και να διαμορφώσει και να διάγει μια Χριστιανική ζωή η οποία θα είναι ευχάριστη στους οφθαλμούς Του.

Προσφέρω όλες τις ευχαριστίες μου στην διευθύντρια, Δρα Γκέμσουν Βιν, και στο προσωπικό του Εκδοτικού Γραφείου του οίκου Urim Books, οι οποίοι έχουν κάνει κάθε προσπάθεια για να εκδοθεί τούτο το έργο.

Μακάρι να καταλάβουν αναρίθμητοι άνθρωποι την βαθιά πρόνοια Του Θεού, να γνωρίσουν τον Θεό της αγάπης, και να σωθούν ως αληθινά τέκνα του Θεού — για όλα αυτά προσεύχομαι εις το όνομα του Κυρίου Ιησού Χριστού!

Τζέροκ Λι

Εισαγωγη

Το Μήνυμα του Σταυρού είναι η σοφία και η δύναμη του Θεού, και ένα ισχυρό μήνυμα το οποίο πρέπει να ασπασθεί ο κάθε Χριστιανός παγκοσμίως!

Δίνω πλήρεις ευχαριστίες και δόξα στον Πατέρα Θεό ο οποίος μας οδήγησε να εκδώσουμε *Το Μήνυμα του Σταυρού*. Πολλά μέλη της Μάνμιν παντού στον κόσμο προσδοκούσαν την έκδοση του. Το βιβλίο αυτό δίνει διαυγείς απαντήσεις σε πολλές ερωτήσεις περί των οποίων έχουν αναρωτηθεί πολλοί Χριστιανοί: «Πώς ήταν ο Θεός ο Δημιουργός πριν την αρχή;» «Γιατί ο Θεός δημιούργησε τον άνθρωπο επιτρέποντάς του να ζει σε τούτη τη γη;» «Για ποιον λόγο τοποθέτησε ο Θεός το δέντρο της γνώσεως του καλού και του κακού στον Κήπο της Εδέμ;» «Για ποιον λόγο έστειλε ο Θεός τον μονογενή Του Υιό ως θυσία εξιλέωσης;» «Γιατί σχεδίασε ο Θεός την πρόνοια της σωτηρίας μέσω του σκληρού ξύλινου σταυρού;» και σε ποικίλες άλλες ερωτήσεις και πολλά άλλα.

Τούτο το βιβλίο περιέχει μηνύματα γεμάτα πνεύμα, τα οποία έχει κηρύξει ο Δρ Τζέροκ Λι, και σας διαφωτίζει για να γνωρίσετε και να καταλάβετε την βαθιά, ευρεία, και τρανή αγάπη του Θεού.

Το Κεφάλαιο 1, «Ο Θεός ο Δημιουργός και η Βίβλος», σας συστήνει τον Θεό και τον τρόπο που ενεργεί ανάμεσά σας. Μέσω αυτού του Κεφαλαίου θα βρείτε αποδείξεις για τον ζώντα Θεό και θα αντιληφθείτε την αλήθεια της Βίβλου λαμβάνοντας υπ' όψη την ιστορία της ανθρωπότητας.

Το Κεφάλαιο 2, «Ο Θεός Δημιουργεί και Καλλιεργεί τον Άνθρωπο», επιβεβαιώνει ότι ο Θεός έπλασε τα πάντα στο σύμπαν και σχημάτισε τον άνθρωπο καθ' εικόνα Του. Επιπλέον, τούτο το Κεφάλαιο σάς διδάσκει την πραγματική έννοια της ανθρώπινης ζωής και τον σκοπό που Αυτός μεγαλώνει τα ανθρώπινα όντα ως τα αληθινά πνευματικά Του τέκνα.

Το Κεφάλαιο 3, «Το Δέντρο της Γνώσης του Καλού και του Κακού», δίνει απαντήσεις στο βασικό ερώτημα όλων των Χριστιανών: Γιατί τοποθέτησε ο Θεός το δέντρο της γνώσης του καλού και του κακού; Αυτό το κεφάλαιο εξηγεί την αιτία λεπτομερώς και σας βοηθάει να κατανοήσετε την βαθιά αγάπη και την μυστηριώδη πρόνοια του Θεού, ο οποίος καλλιεργεί τα ανθρώπινα όντα επί της γης.

Το Κεφάλαιο 4, «Το Απόκρυφο Μυστικό πριν την Αρχή του

Χρόνου», εξηγεί την σχέση μεταξύ του νόμου της εξαγοράς της γης και του πνευματικού νόμου περί ανθρώπινης σωτηρίας (Λευιτικόν 25). Εξηγεί επίσης ότι ήταν απαραίτητο να πάνε όλοι οι άνθρωποι από την οδό του θανάτου εξ' αιτίας των αμαρτιών τους, αλλά κι ότι ο Θεός προετοίμασε την υπέροχη οδό της σωτηρίας τους πριν την αρχή του χρόνου. Τέλος, σας διδάσκει τον λόγο που ο Θεός φυλάει κρυφό τον δρόμο για την ανθρώπινη σωτηρία μέχρι τον χρόνο που Αυτός θα επιλέξει, και πώς έχει ο Ιησούς τα προσόντα για τις προϋποθέσεις του νόμου για την εξαγορά της γης.

Το Κεφάλαιο 5, «Γιατί Είναι ο Ιησούς ο Μόνος Σωτήρας Μας;» εξηγεί τον τρόπο με τον οποίον το σχέδιο του Θεού για την ανθρώπινη σωτηρία, το οποίο είχε κρυφτεί πριν την αρχή του χρόνου, πραγματοποιήθηκε μέσω του Ιησού, τον λόγο για την σταύρωσή Του, τις ευλογίες και τα δικαιώματα των τέκνων του Θεού, το νόημα του ονόματος «Ιησούς Χριστός», τον λόγο που ο Θεός δεν έδωσε κανένα άλλο όνομα εκτός του Ιησού Χριστού υπό του ουρανού, δια του οποίου δύνανται να σωθούν οι άνθρωποι, κ.ο.κ. Θα αισθανθείτε την αμέτρητη αγάπη του Θεού, αν συνειδητοποιήσετε την πνευματική σημασία του μηνύματος που παρουσιάζεται σε αυτό το Κεφάλαιο.

Το Κεφάλαιο 6, «Η Πρόνοια του Σταυρού», σας διαφωτίζει με βαθιά νοήματα για τα πάθη του Ιησού. Γιατί γεννήθηκε ο Ιησούς σε μαντρί ζώων και τοποθετήθηκε σε φάτνη αν ήταν αληθινά ο Υιός του Θεού; Γιατί ήταν φτωχός όλη Του τη ζωή; Γιατί Τον μαστίγωσαν σ' όλο Του το σώμα, τον στεφάνωσαν με αγκάθια, και τον κάρφωσαν στα πόδια και στα χέρια Του; Γιατί υπέφερε τόσο από πόνο μέχρι το σημείο να χύσει όλο το αίμα και το νερό Του;

Τούτο το κεφάλαιο προμηθεύει καθαρές απαντήσεις σε τέτοιες ερωτήσεις και σας βοηθάει να καταλάβετε την πνευματική σημασία των παθών Του. Ολων των ειδών οι νόσοι και οι αρρώστιες, καθώς και προβλήματα σαν την φτώχεια, την οικογενειακή διχόνοια, τις επιχειρηματικές δυσκολίες κ.λ.π., θα λυθούν μέσω της κατανόησης και της πίστης στην πνευματική έννοια των παθών του Ιησού. Αυτό το Κεφάλαιο σάς βοηθάει να μάθετε την βαθιά αγάπη του Θεού, να ξεφορτωθείτε κάθε είδους κακό, και να συμμετέχετε στην θεία φύση.

Το Κεφάλαιο 7, «Τα Τελευταία Εφτά Λόγια του Ιησού επάνω στον Σταυρό» εξηγεί την πνευματική σημασία των επτά τελευταίων λέξεων του Ιησού επάνω στον σταυρό μόλις πριν πεθάνει. Μέσω των τελευταίων επτά λέξεων επί του σταυρού, εκτέλεσε την αποστολή Του, την οποία είχε λάβει από τον Πατέρα Του, τον Θεό. Αυτό το Κεφάλαιο τονίζει ότι πρέπει να κατανοήσετε την τρανή αγάπη του Ιησού για την ανθρωπότητα, να αναμένετε την Δευτέρα Παρουσία Του, και να παλέψετε τον δίκαιο αγώνα μέχρι το τέλος με ελπίδα για ανάσταση.

Το Κεφάλαιο 8, «Αληθινή Πίστη και Αιώνια Ζωή», σας λέει ότι γινόμαστε ένα με τον Νυμφίο μας, τον Ιησού Χριστό, μόνο με αληθινή πίστη. Η Βίβλος προειδοποιεί για ορισμένους οι οποίοι λένε ότι πιστεύουν στον Σωτήρα Ιησού Χριστό, αλλά δεν δύνανται να σωθούν την Ημέρα της Κρίσεως. Η Βίβλος δεν θέτει βάρος μόνο στην αποδοχή του Ιησού Χριστού, αλλά και στην λήψη της σαρκός του Υιού του Ανθρώπου και στην πόση του αίματός Του για να φθάσουμε στην αιώνια σωτηρία. Δύνασθε να κατέχετε αληθινή πίστη που θα σας οδηγήσει στην οδό της σωτηρίας, όταν τρώτε την σάρκα Του και πίνετε το αίμα Του. Αυτό το κεφάλαιο σας διδάσκει επίσης, και για την φύση της αληθινής πίστεως, πως να την αποκτήσετε, και τι πρέπει να κάνετε για να φθάσετε στην ολοκληρωτική σωτηρία.

Το Κεφάλαιο 9, «Γεννημένοι από Ύδωρ και από Πνεύμα»,

πρώτα αναφέρει τον διάλογο μεταξύ του Ιησού και του Νικόδημου. Αυτή η συναλλαγή ολοκληρώνει *Το Μήνυμα του Σταυρού*. Η καρδιά σας πρέπει να ανανεώνεται συνέχεια διά του ύδατος και δια του Αγίου Πνεύματος, μέχρι να επιστρέψει ο Ιησούς Χριστός, και πρέπει να διατηρήσετε ολόκληρο το πνεύμα, την ψυχή και το σώμα σας άμεμπτα στην Δευτέρα Παρουσία του Κυρίου Ιησού Χριστού, κατά την οποία περίοδο ο Κύριος θα σας δεχθεί ως την όμορφη νύφη Του.

Το Κεφάλαιο 10, «Τι Θεωρείται Αίρεση;» ερευνά τη φύση της αίρεσης, και συζητάει την αρνητική και ψευδή κατανόηση την οποία έχουν πολλοί Χριστιανοί για αυτήν. Σήμερα, πολλοί άνθρωποι σφάλλουν ή κατηγορούν τα ισχυρά έργα του Θεού σαν να είναι αιρετικά ή λανθασμένα με απροσεξία, διότι δεν γνωρίζουν τον Βιβλικό ορισμό της αίρεσης. Τούτο το Κεφάλαιο σας προειδοποιεί ότι δεν επιτρέπεται να μέμφεστε ή να καταδικάζετε τα έργα του Αγίου Πνεύματος σαν να είναι αιρετικά, και εξηγεί πώς πρέπει να διακρίνετε το Πνεύμα της αληθείας και το πνεύμα του σφάλματος, και περί ορισμένων αιρετικών δογμάτων. Τέλος, αυτό το Κεφάλαιο τονίζει ότι είναι ανάγκη να προσέχετε και να προσεύχεσθε διαρκώς, και να κατοικείτε εντός της αληθείας, για να μην πέσετε σε πειρασμούς του πνεύματος του σφάλματος.

Ο Απόστολος Παύλος μίλησε για το μήνυμα του σταυρού, την σοφία του Θεού, στην Α' Προς Κορινθίους Επιστολή 1:18, *«Επειδή, ο λόγος του σταυρού σ' εκείνους μεν που χάνονται είναι μωρία, σε μας, όμως, που σωζόμαστε είναι δύναμη Θεού.»* Ο καθένας μπορεί να κατέχει αληθινή πίστη, να συναντήσει τον αληθινό Θεό και να απολαμβάνει μια πλήρη Χριστιανική ζωή όταν καταλάβει το μυστικό το κρυμμένο στον σταυρό και όταν αντιληφθεί την βαθιά πρόνοια της τρανής αγάπης του Θεού για την ανθρωπότητα.

Το *Μήνυμα του Σταυρού* είναι η βασική διδασκαλία της ζωής σας. Επομένως, προσεύχομαι εις το όνομα του Κυρίου να βάλετε τα θεμέλια για την Χριστιανική ζωή σας και να φθάσετε στην τέλεια σωτηρία και στην αιώνια ζωή.

Γέμσουν Βιν
Διευθυντής του Γραφείου Εκδοσης

Περιεχομενα

Προλογος

Εισαγωγη

Κεφάλαιο 1 _ Ο Θεός ο Δημιουργός και η Βίβλος • 1

- Ο Θεός Είναι ο Δημιουργός
- Εγώ Ειμί Ο ΩΝ
- Ο Θεός Είναι Παντογνώστης και Παντοδύναμος
- Ο Θεός Είναι ο Συγγραφεύς της Βίβλου
- Εκαστη Λέξη της Βίβλου Είναι Αλήθεια

Κεφάλαιο 2 _ Ο Θεός Δημιουργεί και Καλλιεργεί τον Άνθρωπο • 25

- Ο Θεός Δημιουργεί τα Ανθρώπινα Οντα
- Γιατί ο Θεός Καλλιεργεί τα Ανθρώπινα Οντα;
- Ο Θεός Χωρίζει το Σιτάρι από το Αχυρο

Κεφάλαιο 3 _ **Το Δέντρο της Γνώσης του Καλού και του Κακού** • 43

- Ο Αδάμ και η Εύα στον Κήπο της Εδέμ
- Ο Αδάμ Παράκουσε με την Δική του Ελεύθερη Βούληση
- Οι απολαβές της Αμαρτίας Είναι ο Θάνατος
- Γιατί Τοποθέτησε ο Θεός το Δέντρο της Γνώσεως στον Κήπο της Εδέμ;

Κεφάλαιο 4 _ **Το Απόκρυφο Μυστικό πριν την Αρχή του Χρόνου** • 67

- Η Εξουσία του Αδάμ Παραδίδεται στον Διάβολο
- Ο Νόμος για την Εξαγορά της Γης
- Το Απόκρυφο Μυστικό Πριν την Αρχή του Χρόνου
- Ο Ιησούς Έχει τα Προσόντα Σύμφωνα με τον Νόμο

Κεφάλαιο 5 _ **Γιατί Είναι ο Ιησούς
ο Μόνος Σωτήρας Μας;** • 87

- Η Πρόνοια της Σωτηρίας μέσω του Ιησού Χριστού
- Γιατί Κρεμάστηκε ο Ιησούς στον Ξύλινο Σταυρό;
- Κανένα Αλλο Ονομα στον Κόσμο εκτός από «Ιησούς Χριστός»

Κεφάλαιο 6 _ **Η Πρόνοια του Σταυρού** • 109

- Γεννήθηκε σε Στάβλο και τον Ξάπλωσαν σε Φάτνη
- Η Ζωή του Ιησού στην Φτώχεια
- Μαστιγώθηκε και Εχυσε το Αίμα Του
- Φορώντας το Αγκάθινο Στεφάνι
- Τα Ιμάτια και ο Χιτώνας του Ιησού
- Καρφώθηκε στα Χέρια και στα Πόδια
- Δεν Εσπασαν τα Πόδια του Ιησού, αλλά Τρύπησαν το Πλευρό Του

Κεφάλαιο 7 _ **Τα Τελευταία Εφτά Λόγια του Ιησού επάνω
στον Σταυρό** • 155

- Πατέρα, Συγχώρεσέ τους
- Σήμερα θα Είσαι Μαζί Μου στον Παράδεισο
- Γυναίκα, Ιδού ο Υιός Σου Ιδού, η Μητέρα Σου
- *Ηλί, Ηλί, Λαμά Σαβαχθανί;*
- Διψάω
- Τετέλεσται
- Πατέρα, στα Χέρια Σου Παραδίδω το Πνεύμα Μου

Κεφάλαιο 8 _ Αληθινή Πίστη και Αιώνια Ζωή • 185

- Τι Μεγάλο Μυστήριο που Είναι!
- Οι Ψευδείς Ομολογίες Δεν Οδηγούν στην Σωτηρία
- Η Σάρκα και το Αίμα του Υιού του Ανθρώπου
- Συγχώρεση Μόνο όταν Περπατούμε στο Φως
- Η Πίστη που Συνοδεύεται Με Πράξη Είναι Αληθινή Πίστη

**Κεφάλαιο 9 _ Γεννημένος από Ύδωρ
και από Πνεύμα •** 239

- Ο Νικόδημος Ερχεται στον Ιησού
- Ο Ιησούς Βοηθάει την Πνευματική Κατανόηση του Νικόδημου
- Οταν Γεννιόμαστε από Υδωρ και από το Πνεύμα
- Τρεις Μάρτυρες: το Πνεύμα, το Υδωρ, και το Αίμα

Κεφάλαιο 10 _ Τι Θεωρείται Αίρεση; • 257

- Ο Βιβλικός Ορισμός της Αίρεσης
- Το Πνεύμα της Αληθείας και το Πνεύμα του Σφάλματος

Κεφάλαιο 1

Ο Θεός ο Δημιουργός και η Βίβλος

- Ο Θεός Είναι ο Δημιουργός
- Εγώ Ειμί Ο ΩΝ
- Ο Θεός Είναι Παντογνώστης και Παντοδύναμος
- Ο Θεός Είναι ο Συγγραφεύς της Βίβλου
- Εκαστη Λέξη της Βίβλου Είναι Αλήθεια

...Το Μήνυμα του Σταυρού

«Εν αρχή εποίησεν ο Θεός τον ουρανόν και την γην.»
Γένεση 1:1

Πολλοί άνθρωποι σε αυτόν τον κόσμο επιμένουν ότι δεν υπάρχει θεός. Υπάρχουν επίσης και άλλοι άνθρωποι που λατρεύουν θεούς που δημιουργήθηκαν από την φαντασία του ανθρώπου ή φτιάχνουν εικόνες από πλάσματα του Θεού και τα λατρεύουν ως θεούς. Παρόλο που δεν μπορούμε να τον δούμε, ο Θεός είναι σίγουρα αληθινός, και υπάρχει μόνο ένας Θεός τον οποίο πρέπει να λατρεύουμε. Ο Θεός είναι ο δημιουργός του σύμπαντος, όλων των πραγμάτων, και της ανθρωπότητας. Αυτός είναι ο κυβερνήτης και ο κριτής των πάντων.

Τι είδους πλάσμα είναι ο Θεός; Στην πραγματικότητα, δεν είναι εύκολο για τον άνθρωπο να εξηγήσει για τον Θεό. Ο άνθρωπος είναι ένα απλό πλάσμα. Ο Θεός ξεπερνά όλα τα όρια του ανθρώπου. Ο Θεός είναι απεριόριστος και χωρίς όρια. Οσο και να αναλογιζόμαστε με τις γνώσεις μας, δεν μπορούμε να κατανοήσουμε πλήρως και να έχουμε γνώση για τον Θεό.

Ακόμα κι αν δεν μπορούμε να γνωρίζουμε πλήρως για τον Θεό, υπάρχουν βασικά πράγματα που πρέπει να ξέρουμε ως παιδιά του Θεού. Τα θεμελιώδη σημεία θα διευκρινιστούν λεπτομερώς.

Ο Θεός Είναι ο Δημιουργός

Σήμερα, υπάρχουν αμέτρητα βιβλία στον κόσμο, αλλά κανένα βιβλίο εκτός από την Βίβλο δεν σας δίνει λεπτομερείς και ξεκάθαρες απαντήσεις στα ερωτήματα για την καταγωγή και την δημιουργία του σύμπαντος, και για την αρχή και το τέλος του ανθρωπίνου γένους.

Η Βίβλος δίνει ξεκάθαρη απάντηση στο ερώτημα περί της καταγωγής του σύμπαντος και της ζωής. Στη Γένεση, εδάφιο 1:1, αναφέρεται, *«Στην αρχή δημιούργησε ο Θεός τον ουρανό και τη γη.»* και στην Προς Εβραίους Επιστολή 11:3 λέγεται *«Διαμέσου της πίστης νοούμε ότι κτίστηκαν οι αιώνες με τον λόγο του Θεού, ώστε αυτά που βλέπονται δεν έγιναν από εκείνα που φαίνονται.»*

Δεν έχουν δημιουργηθεί όλα τα ορατά πράγματα από κάτι το οποίο προϋπήρχε. Πλάστηκαν εκ του «μηδενός» με εντολή του Θεού.

Ο άνθρωπος μπορεί να φτιάξει κάτι από κάτι άλλο το οποίο ήδη υπάρχει, δηλαδή, να μεταμορφώσει ή να συνδυάσει υπάρχοντα υλικά για να δημιουργήσει κάτι, αλλά δεν μπορεί να φτιάξει κάτι από το τίποτε.

Δεν νοείται ότι ο άνθρωπος θα μπορούσε να δημιουργήσει ένα ζωντανό οργανισμό. Εστω κι αν έχει αναπτύξει την επιστημονική τεχνολογία αρκετά για να δημιουργήσει τεχνητή νοημοσύνη (A.I.), ηλεκτρονικούς υπολογιστές ή να κλωνοποιήσει αρνιά, δεν μπορεί ούτε αμοιβάδα να δημιουργήσει από το μηδέν.

Άρα, οι άνθρωποι απλώς εξάγουν ζωντανούς οργανισμούς από πράγματα τα οποία έχει δώσει ο Θεός, και τα συνδυάζουν με ποικίλους τρόπους. Πρέπει να ξέρετε ότι δεν πρόκειται για τίποτε παραπάνω από αυτό.

Ετσι, πρέπει να γνωρίζετε ότι μόνο ο Θεός δύναται να δημιουργήσει κάτι εκ του μηδενός. Μονάχα ο Θεός ο Δημιουργός εποίησε την οικουμένη με την εντολή Του, και διευθύνει ολόκληρο το σύμπαν, την ιστορία του κόσμου, την ζωή και τον θάνατο, και τις ευλογίες και τις κατάρες της ανθρωπότητας.

Αποδείξεις που σας Κάνουν να Πιστεύετε στον Θεό τον Δημιουργό

Τα πάντα – μια οικία, ένα τραπέζι, ή και ένα καρφί – τα έχει σχεδιάσει κάποιος. Εννοείται επομένως, ότι πρέπει να υπάρχει ο σχεδιαστής αυτού του απέραντου σύμπαντος. Πρέπει να υπάρχει ένας ιδιοκτήτης ο οποίος το δημιούργησε και το κυβερνά. Αυτός είναι ο Θεός ο Δημιουργός, για τον οποίο σας λέει συνέχεια η Βίβλος.

Οταν κοιτάζετε γύρω σας, υπάρχουν άφθονες αποδείξεις της δημιουργίας. Για ένα απλό παράδειγμα, σκεφτείτε τον τεράστιο αριθμό ανθρώπων επάνω στη γη. Ανεξαρτήτως ράτσας, ηλικίας, φύλου, ή της κοινωνικής τάξεως, κ.λ.π., όλοι έχουν δύο μάτια, δυο αυτιά, μια μύτη με δυο ρουθούνια, και ένα στόμα.

Παρ' όλο που το κάθε ζώο έχει ελαφρές διαφορές ανάλογα με το είδος του, έχει τα ίδια χαρακτηριστικά προσώπου. Φερ' ειπείν, ο ελέφαντας έχει μακριά μύτη (προβοσκίδα), αλλά βρίσκεται στο κέντρο του προσώπου του, και πάνω από το στόμα του. Δεν βρίσκεται πάνω από τα μάτια του, κάτω από το στόμα του, ή πάνω στο κεφάλι του. Κάθε ελέφαντας έχει δυο ρουθούνια, δυο μάτια, δυο αυτιά, και ένα στόμα. Ολα τα πτηνά στον αέρα, κι όλα τα ψάρια στον ωκεανό ή στο ποτάμι, έχουν την ίδια κατασκευή.

Οχι μόνον κάθε ζώο έχει κοινά σημεία στην δομή του προσώπου, αλλά και το πεπτικό και το αναπαραγωγικό σύστημα κάθε θηλαστικού είναι παρόμοια. Κατά τον ίδιο τρόπο, το καθένα καταναλώνει φαγητό με το στόμα του, και ό,τι εισέλθει στο στόμα πηγαίνει στο στομάχι και εξέρχεται από το σώμα. Ολα τα θηλαστικά ζευγαρώνουν με το αντίθετο φύλο και γεννούν τα παιδιά τους.

Οταν βάλετε μαζί αυτούς τους συντελεστές, δεν είναι δυνατόν να πείτε ότι είναι σύμπτωση, ή ότι υπάρχει απόδειξη ότι η εξέλιξη υπαγορεύεται από την «επιβίωση του ποιο ικανού.» Τίποτε από όλα αυτά δεν θα μπορέσει ποτέ να εξηγηθεί με την θεωρία της εξέλιξης.

Επομένως, το γεγονός ότι και τα ανθρώπινα όντα και τα ζώα μοιράζονται την ίδια οργανική δομή επαρκεί ως απόδειξη ότι τα πάντα εποίησε και σχεδίασε ο Θεός ο Δημιουργός. Αν ο Θεός δεν ήταν ο μοναδικός Θεός και υπήρχαν πολλοί άλλοι θεοί, τα πλάσματα θα είχαν διαφορετικό αριθμό οργάνων και ποικίλες σωματικές δομές και θέσεις.

Εξάλλου, αν ρίξετε μια πιο προσεχτική ματιά στη φύση και στο σύμπαν, θα μπορέσετε να βρείτε εντός αυτών περισσότερες αποδείξεις της δημιουργίας. Πόσο θαυμάσιο είναι να ξέρουμε ότι όλα τα αντικείμενα στο ηλιακό σύστημα, όπως η περιστροφή της γης, λειτουργούν δίχως το παραμικρό σφάλμα!

Κοιτάξτε το ρολόι στον καρπό του χεριού σας. Μέσα του υπάρχουν πολλά πολύπλοκα κομμάτια. Δεν θα λειτουργούσε αν του έλειπε έστω και το μικρότερο κομμάτι. Αρα, το σύμπαν αυτό σχεδιάστηκε για να λειτουργεί υπό την πρόνοια του Θεού.

Για παράδειγμα, ούτε ο άνθρωπος, αλλά κι ούτε άλλη μορφή ζωής δεν θα μπορούσε να υπάρξει δίχως την σελήνη που περιστρέφεται γύρω από την γη. Θα ήταν αδύνατο να τοποθετηθεί η σελήνη σε απόσταση λίγο πιο μακρινή ή πιο κοντινή στη γη από την τωρινή της θέση. Ο Θεός την τοποθέτησε στην σωστή απόσταση για να μπορεί να ζει ο άνθρωπος επί της γης.

Λόγω της τωρινής θέσης της σελήνης, η έλξη της βαρύτητάς της δημιουργεί την παλίρροια και την άμπωτη της θάλασσας. Αυτή η παλίρροια κάνει την θάλασσα να ταράζεται και να καθαρίζεται. Ομοίως, τα πάντα στο σύμπαν δημιουργήθηκαν για να κινούνται με ακρίβεια σύμφωνα με την πρόνοια του Θεού.

Γιατί Μερικοί Δεν Πιστεύουν στον Θεό τον Δημιουργό;

Μερικοί άνθρωποι πιστεύουν στον Θεό τον Δημιουργό και ζουν σύμφωνα με τον Λόγο Του. Γιατί όμως άλλοι άνθρωποι, οι οποίοι είναι ικανοί να σκέπτονται λογικά και να ψάχνουν να βρουν απαντήσεις για τα πάντα στην επιστήμη, δεν πιστεύουν στον Θεό τον Δημιουργό;

Αν έχετε μάθει από πιστούς Χριστιανούς από την παιδική σας ηλικία ότι ο Θεός είναι αληθινός και ότι είναι ο Παντοκράτωρ Δημιουργός, δεν θα είναι δύσκολο να πιστέψετε στον Θεό τον Δημιουργό.

Κι όμως, σήμερα, πολλοί από εσάς έχετε επηρεασθεί από την θεωρία της εξέλιξης από την εφηβική σας ηλικία, και υπάρχουν τόσες πολλές «γνώσεις» οι οποίες δεν είναι και υποχρεωτικά αληθινές. Επίσης, έχετε συναναστροφές μ' εκείνους που δεν πιστεύουν στον Θεό ή που αμφιβάλλουν για Αυτόν.

Εχοντας ζήσει σε τέτοιο περιβάλλον, αν αργότερα πάτε στην εκκλησία και ακούσετε τον Λόγο Του Θεού, συχνά θα νιώσετε δισταγμό και εσωτερική σύγκρουση, καθώς και ανικανότητα να πιστέψετε στον Θεό τον Δημιουργό, διότι οι προηγούμενες γνώσεις σας είναι αντίθετες με ό,τι μαθαίνετε και ακούτε στην εκκλησία.

Οσο δεν ξεφορτώνεστε τις σκέψεις ή τις γνώσεις που διδαχθήκατε στον κόσμο, έστω κι αν έρχεσθε στην εκκλησία συχνά, δεν θα μπορέσετε να αποκτήσετε πνευματική πίστη — πίστη που να προέρχεται από τον Θεό — η οποία απέχει πολύ από κάθε αμφιβολία.

Δεν μπορείτε να πιστεύετε στο ουράνιο βασίλειο ή στην κόλαση δίχως πνευματική πίστη. Θεωρείτε τον ορατό κόσμο ως τον μοναδικό κόσμο, και ζείτε με δικούς σας τρόπους.

Πόσες φορές δεν βλέπετε ορισμένες θεωρίες, οι οποίες είχαν αναγνωρισθεί και τις είχαν δεχθεί την προκειμένη εποχή, να αντιστρέφονται ή να αντικαθίστανται με νέες θεωρίες αργότερα; Κι αν δεν συμβαίνει έτσι ακριβώς, είναι αλήθεια ότι οι συμβατικές θεωρίες και οι ισχυρισμοί αναθεωρούνται διαρκώς ή συμπληρώνονται αργότερα με πρόσφατα ανακαλυφθέντα γεγονότα.

Καθώς κυλάει ο χρόνος και η επιστήμη προοδεύει, οι άνθρωποι δημιουργούν καλύτερες εξηγήσεις και θεωρίες έστω κι αν δεν είναι τέλειες. Δεν ισχυρίζομαι ότι οι έρευνες πολλών επιστημόνων είναι όλες εσφαλμένες.

Συνεχίζουν να υπάρχουν πολλά πράγματα επάνω στη γη τα οποία δεν μπορούν να εξηγηθούν μέσω της ανθρώπινης αντίληψης, κι έτσι πρέπει να αναγνωρίσετε αυτό το γεγονός.

Επί παραδείγματι, όσον αφορά στο σύμπαν, ποτέ δεν έχετε πάει στην μακρινή άκρη του από την γη, κι ούτε έχετε ποτέ επιστρέψει στους αρχαίους καιρούς. Κι όμως, ο κόσμος προσπαθεί να εξηγήσει το σύμπαν διαμορφώνοντας διάφορες υποθέσεις και θεωρίες.

Πριν πάει ο άνθρωπος στο φεγγάρι, υποθέταμε ότι «Πιθανόν να

υπάρχουν μερικοί ζωντανοί οργανισμοί εκεί πάνω, ή ίσως να υπάρχουν οργανισμοί κάπου σε αυτό το ηλιακό σύστημα πέρα από τη γη.» Ωστόσο, μετά από το ταξίδι του ανθρώπου στο φεγγάρι, αναγγείλαμε, «Δεν υπάρχει ζωντανός οργανισμός εκεί πάνω.» Σήμερα, οι επιστήμονες λένε, «Υπάρχει πιθανότητα ζωής στον Αρη» ή «Υπάρχουν ορισμένα ίχνη νερού στον Κόκκινο Πλανήτη.»

Εστω κι αν έχετε ερευνήσει για πολύ καιρό, και έχετε αυξήσει τις γνώσεις σας, εάν δεν γνωρίζετε το θέλημα, την πρόνοια και την δύναμη του Θεού του Δημιουργού, καταλήγετε να έρθετε αντιμέτωποι με τους περιορισμούς της ανθρώπινης ικανότητος.

Επομένως, στην Προς Ρωμαίους Επιστολή, εδάφιο 1:20, αναφέρεται *«Δεδομένου ότι, τα αόρατα Αυτού βλέπονται φανερά από την εποχή της κτίσης του κόσμου, καθώς νοούνται διαμέσου των δημιουργημάτων Του, και η αιώνια δύναμή Του και η θεότητα Του, ώστε αυτοί να είναι αναπολόγητοι.»*

Οποιος ανοίξει την καρδιά του και διαλογιστεί, μπορεί να νιώσει την δύναμη του Θεού και την θεϊκή του φύση μέσω πλασμάτων σαν τον ήλιο, την σελήνη, και τα αστέρια – αντικείμενα μέσω των οποίων ο Θεός σας επιτρέπει να γνωρίζετε την ύπαρξή Του και να πιστεύετε σε Αυτόν.

Εγώ Ειμί Ο ΩΝ

Ακούγοντας για τον Θεό τον Δημιουργό, πολύς κόσμος ίσως αναρωτηθεί, «Πως υπήρχε στην αρχή;» «Από πού ήρθε;» ή «Με ποια εμφάνιση υπήρχε;»

Οι γνώσεις και οι σκέψεις του ανθρώπου δεν υπερβαίνουν ένα

συγκεκριμένο όριο το οποίο υπαγορεύει ότι πρέπει να υπάρχει αρχή και τέλος στο κάθε πλάσμα. Επομένως, απαιτούμε σαφείς απαντήσεις σε τέτοιες ερωτήσεις. Ο Θεός, όμως, υπάρχει πέρα από την ανθρώπινη κατανόηση, και έτσι είναι ταυτόχρονα αυτός ο οποίος «Ηταν», «Είναι», και ο οποίος «Θα έρθει»

Στην Εξοδο, εδάφιο 3, απεικονίζεται μια σκηνή κατά την οποία ο Θεός πρόσταξε τον Μωυσή να οδηγήσει τους Ισραηλίτες στη γη Χανααν. Ο Μωυσής, στη συνέχεια, ρώτησε τον Θεό τι απάντηση θα έπρεπε να δώσει στους Ισραηλίτες αν τον ρωτούσαν για το όνομα του Θεού.

Την στιγμή αυτή, ο Θεός είπε στον Μωυσή, *«ΕΓΩ ΕΙΜΙ Ο ΩΝ»*, και τον διέταξε να πει στους Ισραηλίτες, *«Ο ΩΝ με έστειλε σ' εσάς»* (Εξοδος 3:14).

«Ο ΩΝ» είναι η φράση την οποία χρησιμοποίησε ο Θεός για να αναφερθεί στον Εαυτό του προσωπικά, και σημαίνει ότι ουδείς Τον γέννησε, ούτε Τον έπλασε, αλλά είναι το τέλειο ον, ο Ιδιος ο Πλάστης.

Ο Θεός Εν Αρχή Ήταν Φως με Φωνή

Στο Κατά Ιωάννη Ευαγγέλιο, εδάφιο 1:1 αναφέρεται *«Στην αρχή ήταν ο Λόγος, και ο Λόγος ήταν προς τον Θεό, και Θεός ήταν ο Λόγος.»* Κατ' αυτόν τον τρόπο, ο Θεός, ο οποίος ήταν ο Λόγος, στην αρχή ήταν ένα ον το οποίο υπήρχε εντελώς μόνο του, δίχως να έχει δημιουργηθεί. Πώς και πού υπήρχε;

Ο Θεός είναι Πνεύμα, κι έτσι υπήρχε με τη μορφή του Λόγου στην τέταρτη διάσταση, στο πνευματικό βασίλειο, κι όχι στην τρίτη διάσταση που είναι ορατή. Ο Θεός δεν υπήρχε με συγκεκριμένη μορφή, αλλά σαν ένα βαθύ και όμορφο φως με αγνή και καθαρή φωνή, και κυριαρχούσε σε όλο το σύμπαν.

Ετσι, στην Α' Ιωάννου Επιστολή, εδάφιο 1:5 αναφέρεται *«Και αυτή είναι η υπόσχεση, την οποία ακούσαμε απ' αυτόν και την αναγγέλλουμε σε σας, ότι: Ο Θεός είναι φως και σ' αυτόν δεν υπάρχει κανένα σκοτάδι.»* Αυτό έχει πνευματική έννοια, και εκφράζει το χαρακτηριστικό του Θεού που στην αρχή ήταν το φως.

Αρχικά, ο Θεός υπήρχε ως φως με φωνή μέσα του. Η φωνή Του είναι αγνή, γλυκιά, και απαλή, και ηχεί σε όλη την οικουμένη. Εκείνοι οι οποίοι έχουν ακούσει την φωνή του Θεού προσωπικά μπορούν να το καταλάβουν αυτό.

Ο Θεός Υπήρχε Μόνος Του Πριν Αρχίσει ο Χρόνος

Η Γένεση, εδάφιο 1:26, δείχνει καθαρά την εικόνα της Τριάδας και είναι η ίδια εικόνα όπως όταν δημιούργησε τους ουρανούς και τη γη. *«Και είπε ο Θεός: Ας κάνουμε άνθρωπο σύμφωνα με τη δική μας εικόνα, σύμφωνα με τη δική μας ομοίωση· και ας εξουσιάζει επάνω στα ψάρια της θάλασσας, κι επάνω στα πουλιά του ουρανού, κι επάνω στα κτήνη, κι επάνω σε ολόκληρη τη γη, κι επάνω σε κάθε ερπετό, που σέρνεται επάνω στη γη.»*

Ο Θεός ο Δημιουργός υπήρχε πριν ξεκινήσει ο χρόνος, σκόπευε να αναθρέψει τα αληθινά πνευματικά Του τέκνα, και προχώρησε με αυτό το σχέδιο. Αρα, αν καταφέρετε να καταλάβετε πλήρως τον ΟΝΤΑ Θεό, πρέπει να γκρεμίσετε όλους τους δικούς σας τρόπους σκέψης, τις θεωρίες και τα στερεότυπά σας, και να δεχθείτε περαιτέρω το έργο της πλάσης το οποίο δημιούργησε ο Θεός.

Αντίθετα με τα πράγματα που δημιούργησε ο Θεός, τα ανθρώπινα δημιουργήματα έχουν περιορισμούς και ελαττώματα. Καθώς οι γνώσεις και ο πολιτισμός των ανθρωπίνων όντων προχωρούν συνέχεια, κατασκευάζονται βελτιωμένα προϊόντα, τα οποία όμως έχουν ακόμη αρκετές ελλείψεις.

Ορισμένοι ποιούν είδωλα από χρυσό, άργυρο, μπρούντζο και μέταλλα και τα λένε θεούς, ενώπιον των οποίων προσκυνούν και προσεύχονται για ευλογία. Είναι απλώς ξύλινα, μεταλλικά, ή πέτρινα ομοιώματα, τα οποία δεν μπορούν να αναπνεύσουν, να λαλήσουν, ή να ανοιγοκλείσουν τα μάτια τους (Αββακούμ 2:18-19).

Παρ' όλο που ισχυρίζονται ότι είναι σοφοί, οι άνθρωποι στην πραγματικότητα δεν ξέρουν να διακρίνουν μεταξύ αλήθειας και ψέματος, αλλά αντιθέτως ποιούν κάποια ομοιώματα και τα αποκαλούν θεούς, τους οποίους λατρεύουν (Προς Ρωμαίους 1:22-25). Τι ανοησία και ντροπή είναι αυτό;

Εξού και αν οι άνθρωποι έχουν λατρέψει και υπηρετήσει μάταιους θεούς, επειδή ήταν αδαείς περί του Θεού, πρέπει να μετανοήσουν πλήρως γι' αυτό, να λατρεύουν τον ΟΝΤΑ Θεό, και να εκτελούν τα καθήκοντά τους σαν τέκνα Του.

Ο Θεός Είναι Παντογνώστης και Παντοδύναμος

Ο Θεός ο Δημιουργός, ο οποίος έπλασε όλη την οικουμένη, είναι το τέλειο ον που υπήρχε πριν την έναρξη του χρόνου, και είναι παντογνώστης και παντοδύναμος. Η Βίβλος καταγράφει πολυάριθμα σημεία και θαύματα τα οποία δεν είναι δυνατόν να εκτελεστούν με την δύναμη και τις γνώσεις της ανθρωπότητας.

Τούτα τα ισχυρά έργα του παντογνώστη και παντοδύναμου Θεού, ο οποίος είναι ο ίδιος χθες και σήμερα, έλαβαν μέρος κατά τους χρόνους της Καινής Διαθήκης και της Παλαιάς Διαθήκης μέσω πολλών ανθρώπων του Θεού που κατείχαν την δύναμή Του.

Και αυτό συμβαίνει επειδή όπως είπε ο Ιησούς στο Κατά Ιωάννη Ευαγγέλιο, εδάφιο 4:48, «Αν δεν δείτε σημεία και τέρατα, δεν θα πιστέψετε.» Ο κόσμος δεν πιστεύει αν δεν δει τα έργα του Παντοδύναμου Θεού.

Ο Θεός Δείχνει Υπέροχα Θαύματα και Σημεία

Η Εξοδος καταγράφει λεπτομερώς ότι ο παντογνώστης και παντοδύναμος Θεός εξετέλεσε υπέροχα θαύματα και σημεία μέσω του Μωυσή, καθώς έβγαλε τους Ισραηλίτες από την Αίγυπτο και τους έφερε στη γη της Χαναάν.

Φερ' ειπείν, όταν έστειλε ο Θεός τον Μωυσή στον Φαραώ, τον βασιλιά της Αιγύπτου, προκάλεσε Δέκα Πληγές σ' αυτόν και στο έθνος του, έκανε τους Ισραηλίτες να περπατήσουν πάνω στην ξηρά διαιρώντας την Ερυθρά Θάλασσα, και παρέσυρε τον τρομοκρατημένο στρατό της Αιγύπτου μες τα φουσκωμένα νερά.

Και μετά την Εξοδο, εξήλθε ύδωρ από μια πέτρα όταν την χτύπησε ο Μωυσής με την ράβδο του, το πικρό νερό άλλαξε σε γλυκό, και έπεσε μάννα εξ ουρανού ώστε να μπορούν εκατομμύρια άνθρωποι να ζουν δίχως να ανησυχούν για το φαγητό.

Σε μεταγενέστερη εποχή της Παλαιάς Διαθήκης, βρίσκουμε τον Θεό να εξουσιοδοτεί τον Ηλεία για να προφητέψει τα τρισήμιση έτη ανομβρίας, για να βρέξει πάλι με τις προσευχές του, και για να αναστήσει νεκρούς.

Στην Καινή Διαθήκη, βλέπουμε τον Ιησού, τον Υιό του Θεού, να ανασταίνει τον Λάζαρο, ο οποίος ήταν πεθαμένος για τέσσερις ημέρες, να ανοίγει τους οφθαλμούς των τυφλών, και να θεραπεύει πολλούς ανθρώπους με ποικίλες αρρώστιες, με αναπηρίες, και με ακάθαρτα πνεύματα. Περπάτησε επάνω στο νερό και γαλήνεψε τον άνεμο και τα κύματα.

Ο Θεός εξετέλεσε μοναδικά θαύματα μέσω των χεριών του Παύλου, ώστε όταν έφερναν μαντήλια ή ποδιές από το σώμα του στους ασθενείς, οι ασθένειες έφευγαν και τα ακάθαρτα πνεύματα εξέρχονταν από αυτούς (Πράξεις Των Αποστόλων 19:11-12). Αμέτρητα σημεία ακολούθησαν τον Πέτρο ο οποίος ήταν ένας από τους καλύτερους μαθητές του Ιησού. Οι άνθρωποι έφερναν τους αρρώστους στους δρόμους και τους ξάπλωναν πάνω σε κρεβάτια και ψάθες, μήπως τύχει να πέσει τουλάχιστον η σκιά του Πέτρου επάνω σε μερικούς από αυτούς καθώς περνούσε (Πράξεις Των Αποστόλων 5:15).

Εξάλλου, ο Θεός εκτελούσε θαύματα και έδειχνε σημεία μέσω του Στέφανου και του Φίλιππα στην Βίβλο, και εξακολουθεί να τα δείχνει ακόμα και σήμερα μέσω της εκκλησίας μας.

Ο Θεός Είναι ο Συγγραφεύς της Βίβλου

Ο Θεός είναι Πνεύμα, κι επομένως είναι αόρατος, αλλά πάντοτε δείχνει τον Εαυτό Του με διάφορους τρόπους. Ο Θεός γενικά φανερώνει τον Εαυτό Του μέσω της φύσης, και προπάντων με τις μαρτυρίες ανθρώπων που θεραπεύτηκαν και που έλαβαν απαντήσεις από Αυτόν. Επίσης, αποκαλύπτει τον Εαυτό Του λεπτομερώς μέσω της Βίβλου.

Εξού και μέσω της Βίβλου, μπορείτε να γνωρίσετε τον Ενα και αληθινό Θεό, να Τον συναντήσετε και να φθάσετε στην σωτηρία και στην αιώνια ζωή αντιλαμβανόμενοι το έργο του Θεού. Επίσης, μπορείτε να ζείτε μια επιτυχημένη ζωή και να δοξάζετε τον Θεό κατανοώντας την καρδιά Του και συνειδητοποιώντας πώς να Τον αγαπάτε και πώς να λαμβάνετε αγάπη από Αυτόν (Προς Τιμόθεον Β' 3:15-17).

Η Αγία Γραφή Είναι Θεόπνευστη

Στην Β' Επιστολή Πέτρου, εδάφιο 1:21, λέει ότι, *«Επειδή, δεν ήρθε ποτέ προφητεία από θέλημα ανθρώπου, αλλά, οδηγούμενοι από το Άγιο Πνεύμα, μίλησαν οι άγιοι άνθρωποι του Θεού.»* και στην Β' Προς Τιμόθεο, στο εδάφιο 3:16, αναφέρει *«Ολόκληρη η Γραφή είναι θεόπνευστη.»* Αυτό σημαίνει ότι η Βίβλος, από τη Γένεση μέχρι την Αποκάλυψη, είναι ο Λόγος του Θεού, ο οποίος καταγράφηκε μόνο με το θέλημα του Θεού.

Επομένως, υπάρχουν πολλές φράσεις, όπως «Ο Θεός λέει», «Ο ΚΥΡΙΟΣ λέει,» και «Ο ΚΥΡΙΟΣ ο Θεός λέει.» Αυτές οι φράσεις επιβεβαιώνουν ότι η Βίβλος δεν είναι ο Λόγος του ανθρώπου, αλλά του Θεού.

Η Βίβλος έχει εξήντα έξι βιβλία αποτελούμενα από τα τριάντα εννέα βιβλία της Παλαιάς Διαθήκης και τα είκοσι εφτά βιβλία της Καινής Διαθήκης. Ο αριθμός των συγγραφέων υπολογίζεται να είναι 34. Η περίοδος που γράφτηκε η Βίβλος εκτείνεται από το 1500 π.Χ. μέχρι το 100 μ.Χ.,. για περίπου 1600 χρόνια. Το θαυμαστό είναι ότι αν και την έγραψαν πολλοί διαφορετικοί συγγραφείς, ολόκληρη η Βίβλος έχει πλήρη συνοχή από την αρχή μέχρι το τέλος, και κάθε στίχος εναρμονίζεται με άλλους στίχους.

Ετσι, ο Ησαΐας στο 34:16 αναφέρει, «*Αναζητήστε μέσα στο βιβλίο του Κυρίου, και διαβάστε· κανένα απ' αυτά δεν θα λείψει, κανένα δεν θα είναι χωρίς τον σύντροφό του· επειδή, το ίδιο το στόμα του Κυρίου πρόσταξε, και το ίδιο το πνεύμα του τα συγκέντρωσε αυτά.*»

Κάτι τέτοιο είναι δυνατό να συμβεί επειδή ο γνήσιος συγγραφεύς της Βίβλου είναι ο Θεός, διότι το Αγιο Πνεύμα κυριάρχησε στις καρδιές των συγγραφέων και συγκέντρωσε τον Λόγο. Πρέπει να θυμάστε ότι οι συγγραφείς της Βίβλου είναι απλώς οι ετερόγραφοι συγγραφείς που έγραφαν για τον Θεό, και ότι ο αληθινός συγγραφεύς της Βίβλου είναι ο Θεός.

Ας πάρουμε ένα παράδειγμα. Ας υποθέσουμε ότι υπάρχει μια ηλικιωμένη μητέρα η οποία κατοικεί σε αγροτική περιοχή. Στέλνει επιστολή στον νεότερο γιο της που σπουδάζει στην πόλη. Είναι αγράμματη, κι έτσι υπαγορεύει με ευκρίνεια το μήνυμά της στον μεγαλύτερό της γιο. Όταν ο νεότερος γιος λάβει το γράμμα της στην πόλη, θα νομίζει ότι του το έστειλε η μητέρα του, κι όχι ο μεγαλύτερός του αδελφός, αν και στην πραγματικότητα, το έγραψε ο αδελφός του. Το ίδιο ακριβώς ισχύει και με την Βίβλο.

Το Γράμμα Αγάπης του Θεού, Γεμάτο Ευλογίες και Επαγγελίες

Η Βίβλος συνεγράφη από τους γεμάτους με Πνεύμα υπηρέτες του Θεού για να φανερώσει τον Ίδιον τον Θεό. Πρέπει να πιστέψετε το γεγονός ότι είναι ο Λόγος του έμπιστου Θεού που αποκαλύπτει τον Εαυτό Του.

Ο Λόγος του Θεού είναι πνεύμα και ζωή (Κατά Ιωάννη 6:63) κι όποιος τον ακούει και τον πιστεύει θα αποκτήσει αιώνια ζωή, ενώ η ψυχή του θα λάβει άφθονη ζωή. Όποιος πιστεύει και υπακούει στον Λόγο του Θεού, θα χαρεί ευήμερη ζωή και θα είναι τέλειος άνθρωπος του Θεού, προσομοιάζοντας στον Ιησού Χριστό.

Ο Θεός σαρκώθηκε στην γη για να φανερώσει τον Εαυτό Του στην ανθρωπότητα, και αυτή η σάρκα ήταν ο Ιησούς. Ο Φίλιππος, ένας μαθητής του Ιησού, ήταν αδαής περί αυτού και απαίτησε από τον Ιησού να του δείξει τον Θεό. Δεν καταλάβαινε ότι ο Ιησούς ήταν ο σαρκωμένος Θεός, πραγματοποιώντας μια παροιμία που λέει, «Ο φάρος δεν λάμπει στην βάση του.»

Το Κατά Ιωάννη Ευαγγέλιο στα εδάφια 14:8 και εξής παρουσιάζει τον διάλογο μεταξύ του Φιλίππου και του Ιησού:

> *Λέει σ' αυτόν ο Φίλιππος: Κύριε, δείξε σε μας τον Πατέρα, και μας αρκεί. Ο Ιησούς λέει σ' αυτόν: Τόσον καιρό είμαι μαζί σας, και δεν με γνώρισες, Φίλιππε; Όποιος είδε εμένα, είδε τον Πατέρα· και πώς εσύ λες: Δείξε σε μας τον Πατέρα; Δεν πιστεύεις ότι εγώ είμαι σε ενότητα με τον Πατέρα, και ο Πατέρας είναι σε ενότητα με μένα; Τα λόγια που εγώ μιλάω σε σας, δεν τα μιλάω από τον εαυτό μου· αλλά, ο Πατέρας που μένει σε ενότητα με μένα, αυτός εκτελεί τα έργα (Κατά Ιωάννη 14:8-10).*

Παρ' όλο που ο Ιησούς έδωσε πειστικές αποδείξεις ότι Αυτός και ο Θεός είναι ένα, κάνοντας θαύματα τα οποία θα ήταν αδύνατα δίχως την δύναμη του Θεού, ο Φίλιππος ήθελε να του φανερώσει ο Ιησούς τον Πατέρα. Ο Ιησούς του είπε να πιστεύει στις διδασκαλίες του με τις αποδείξεις των ίδιων των θαυμάτων.

Ο Θεός σαρκώθηκε σε τούτο τον κόσμο για να φανερώσει τον Εαυτό Του, και ο Θεός έβαλε να γράψουν την Βίβλο διότι κανονικά είναι αδύνατον να Τον δουν οι άνθρωποι με τους ανθρώπινους οφθαλμούς.

Επομένως, μπορείτε να αποκτήσετε τις ευλογίες και τις απαντήσεις τις οποίες επαγγέλλεται ο Θεός στην Βίβλο όταν έχετε μια πολύτιμη συναναστροφή με τον ζώντα Θεό μέσω της Βίβλου, όταν ξέρετε την βουλή και την πρόνοιά Του, και όταν τηρείτε τον Λόγο Του.

Έκαστη Λέξη της Βίβλου Είναι Αλήθεια

Τα ιστορικά αρχεία σάς επιτρέπουν να έχετε γνώσεις για τους ανθρώπους ή για περιστατικά από μια συγκεκριμένη περίοδο του παρελθόντος. Η ιστορία είναι μία περιγραφή των μεταβολών των καιρών, και σας βοηθάει να γνωρίζετε λεπτομερώς τα συγκεκριμένα πράγματα, τους ανθρώπους, ή τις συνθήκες της ζωής των εποχών εκείνων.

Η ιστορία της ανθρωπότητας έχει αποδείξει ότι η Βίβλος λέει την αλήθεια. Συνειδητοποιείτε ότι διαπιστώνετε ότι η Βίβλος είναι ιστορικό και ρεαλιστικό έργο, ιδιαίτερα όταν ρίξετε μια προσεχτική ματιά στα συμβάντα, στους ανθρώπους, στα μέρη ή στα έθιμα που καταγράφονται στην Βίβλο.

Εφόσον η Παλαιά Διαθήκη έχει όντως παραδοθεί με βάση αντικειμενικά γεγονότα, όπως ορισμένες σημαντικές ή ασήμαντες πληροφορίες για αυτά που συνέβηκαν σε άτομα, σε λαούς,, ή σε ομάδες, από την εποχή του Αδάμ και της Εύας, το Ισραήλ θεωρεί την Παλαιά Διαθήκη ως το ιερό και ιστορικό έγγραφο του κράτους και της κληρονομιάς του μέχρι σήμερα. Επίσης, πολλοί ιστορικοί αναγνωρίζουν την Βίβλο ως αξιόπιστη πηγή.

Η Ιστορία Αποδεικνύει την Αξιοπιστία της Βίβλου

Κατ' αρχάς, βασισμένος στην Βίβλο, θα ήθελα να μοιρασθώ μαζί σας την ιστορία του Ισραήλ και να αποδείξω ότι ο Λόγος του Θεού στην Βίβλο είναι αληθινός.

Ο Αδάμ, ο προπάτωρ των ανθρωπίνων όντων αμάρτησε έναντι του Θεού, και έτσι οι απόγονοί του, όλα τα ανθρώπινα όντα, από τότε πήραν την οδό της αμαρτίας και ζούσαν δίχως να γνωρίζουν τον Θεό, τον Δημιουργό τους. Ακριβώς τότε, ο Θεός διάλεξε ένα έθνος και σκόπευε να αποκαλύψει την βουλή Του και την πρόνοιά Του μέσω αυτού.

Πρώτα, ο Θεός κάλεσε τον Αβραάμ, ο οποίος είχε το καλύτερο «χωράφι καρδιάς», τον εξευγένισε, και τον καθιέρωσε ως τον πατέρα της πίστεως. Ο Αβραάμ ήταν ο πατέρας του Ισαάκ, ο Ισαάκ πατέρας του Ιακώβ, και ο Θεός ονόμασε τον Ιακώβ «Ισραήλ» και δημιούργησε δώδεκα φυλές από τους δώδεκα γιους του.

Όταν ζούσε ο Ιακώβ, ο Θεός τον μετακίνησε στην Αίγυπτο και του επέτρεψε να σχηματίσει έθνος αυξάνοντας τους απογόνους του, και τελικά τους οδήγησε στη γη της Χαναάν.

Ο Θεός έδωσε στον Μωυσή τον Νόμο τον καιρό που παρέμεινε στην ερημιά, εκπαίδευσε τους Ισραηλίτες να ζουν σύμφωνα με τον Λόγο Του, και τους καθοδήγησε μόνο διά του Λόγου Του.

Οταν οδηγήθηκαν στη γη της Χαναάν, ευημερούσαν μονάχα όταν υπάκουγαν στον Νόμο. Οταν το Ισραήλ λάτρευε είδωλα και διέπραττε αμαρτίες, η εθνική του δύναμη έπαιρνε την κατιούσα και υπέφερε από εισβολές από ξένα κράτη. Οι Ισραηλίτες φυλακίζονταν ή υποδουλώνονταν. Οταν μετανοούσαν, αποκαθίστατο το έθνος τους. Αυτός ο κύκλος επαναλαμβανόταν ξανά και ξανά.

Ετσι, ο Θεός δείχνει σ' όλα τα ανθρώπινα όντα μέσω της ιστορίας του Ισραήλ ότι ο Θεός ζει και κυβερνά τα πάντα διά του Λόγου Του.

Επίσης, μπορείτε να διαπιστώσετε ότι οι προφητείες στην Βίβλο έχουν πραγματοποιηθεί και βρίσκονται στην πορεία προς την πραγματοποίησή τους. Παραδείγματος χάριν, στο Κατά Λουκά Ευαγγέλιο, εδάφιο 19:43-44, ο Ιησούς αναφέρθηκε στην πτώση της Ιερουσαλήμ, λέγοντας:

> *Επειδή, θα 'ρθουν ημέρες επάνω σου, και οι εχθροί σου θα κάνουν χαράκωμα γύρω από σένα, και θα σε περικυκλώσουν, και θα σε στενοχωρήσουν από παντού· και θα σε κατεδαφίσουν, και τα παιδιά σου μέσα σε σένα, και δεν θα αφήσουν μέσα σε σένα πέτρα επάνω σε πέτρα· επειδή, δεν γνώρισες την ημέρα της επίσκεψής σου.*

Σ' αυτούς τους στίχους, ο Ιησούς εννοούσε ότι η πόλη της Ιερουσαλήμ θα γκρεμιζόταν εξαιτίας της αυξανόμενης κακοήθειάς τους. Η προφητεία πραγματοποιήθηκε το 70 μ.Χ., όταν ο Στρατηγός Τίτος της Ρωμαϊκής Αυτοκρατορίας έβαλε τους άντρες του να οικοδομήσουν ένα ανάχωμα κατά της Ιερουσαλήμ, να την περικυκλώσουν, και να σκοτώσουν πολύ κόσμο μέσα στο τείχος. Αυτό συνέβη μονάχα 40 χρόνια μετά την προφητεία του Ιησού.

Στο Κατά Ματθαίον Ευαγγέλιο, 24:32, ο Ιησούς είπε, *«Και από τη συκιά μάθετε την παραβολή· όταν το κλαδί της γίνει ήδη απαλό, και βγάζει φύλλα, γνωρίζετε ότι πλησιάζει το θέρος.»* Η συκιά εδώ συμβολίζει το έθνος του Ισραήλ, και η παραβολή αυτή διδάσκει ότι το Ισραήλ θα είναι ανεξάρτητο όταν θα πλησιάζει η Δευτέρα Παρουσία του Ιησού. Τελικά, η ιστορία μαρτυρά ότι τούτος ο Λόγος του Θεού πραγματοποιήθηκε όταν το Ισραήλ, το οποίο είχε αλωθεί το 70 μ.Χ., επανιδρύθηκε με θαυματουργό τρόπο στις 14 Μαΐου του 1948 – 1900 έτη μετά την καταστροφή του.

Η Προφητεία της Παλαιάς Διαθήκης και η Εκπλήρωσή της στην Καινή Διαθήκη

Καταθέτω μαρτυρία ότι ο Λόγος του Θεού στην Βίβλο είναι αληθινός, μελετώντας πώς η προφητεία της Παλαιάς Διαθήκης εκπληρώθηκε στην εποχή της Καινής Διαθήκης.

Ο Νόμος της Παλαιάς Διαθήκης δεν ήταν ο τέλειος τρόπος για «να αποκτηθούν αληθινά τέκνα του Θεού.» Ηταν μόνο η σκιά της φανέρωσης του Θεού. Γι' αυτό ο Θεός είχε υποσχεθεί τον ερχομό του Μεσσία σε όλη την Παλαιά Διαθήκη. Οταν έφτασε ο καιρός, έστειλε τον Ιησού Χριστό σ' αυτόν τον κόσμο για να κρατήσει την υπόσχεσή Του.

Είναι προφανές ότι ο Ιησούς ήρθε στην γη περίπου πριν 2000

έτη. Η Δυτική ιστορία είναι ως επί το πλείστον χωρισμένη σε δύο ομάδες σύμφωνα με την γέννηση του Ιησού. Το «π.Χ.» σημαίνει Προ Χριστού, εννοώντας την ιστορία πριν την εποχή του Ιησού, ενώ το «μ.Χ.» σημαίνει Μετά Χριστόν. Και η ίδια η ιστορία επιβεβαιώνει την γέννηση του Ιησού.

Ας κοιτάξουμε πρώτα την Γένεση, 3:15:

Και θα στήσω έχθρα ανάμεσα σε σένα και στη γυναίκα, κι ανάμεσα στο σπέρμα σου και στο σπέρμα της· αυτό θα σου συντρίψει το κεφάλι, κι εσύ θα του λογχίσεις τη φτέρνα του.

Αυτός ο στίχος προφήτεψε ότι ο Σωτήρας μας, όντας σπόρος της γυναίκας, θα ερχόταν για να καταστρέψει την εξουσία του θανάτου. «Η γυναίκα» σ' αυτό το χωρίο αντιπροσωπεύει το Ισραήλ. Πράγματι, ήρθε ο Ιησούς στην γη ως γιος του Ιωσήφ, ο οποίος ανήκε στην φυλή του Ιούδα του Ισραήλ (Κατά Λουκά 1:26-32).

Στον Ησαΐα 7:14 γράφεται, *«Γι' αυτό, ο ίδιος ο Κύριος θα σας δώσει ένα σημάδι· Δέστε, η παρθένος θα συλλάβει και θα γεννήσει γιο, και το όνομά του θα αποκληθεί Εμμανουήλ.»*

Εδώ υπονοείται ότι ο Υιός του Θεού θα σταλεί για να επανορθώσει τις αμαρτίες του ανθρωπίνου γένους μέσω της σύλληψής Του από το Άγιο Πνεύμα. Όντως, η Παρθένος Μαρία γέννησε τον Ιησού μέσω του Αγίου Πνεύματος (Κατά Ματθαίον, 1:18-25).

Είχε προφητευτεί ότι ο Ιησούς θα γεννηθεί στην περιοχή της Βηθλεέμ, όπως αναφέρεται στον Μιχαία, 5:2:

Κι εσύ, Βηθλεέμ Εφραθά, η μικρή, ώστε να είσαι

ανάμεσα στις χιλιάδες του Ιούδα, από σένα θα εξέλθει σε μένα ένας άνδρας για να είναι ηγούμενος στον Ισραήλ· που οι έξοδοί του είναι εξαρχής, από ημέρες αιώνα

Εκπληρώνοντας αυτόν τον Λόγο, ο Ιησούς γεννήθηκε στην Βηθλεέμ του Ιούδα, κατά την εποχή του βασιλιά Ηρώδη. Και η ιστορία το επιβεβαιώνει.

Η σφαγή πολλών αθώων βρεφών από τον βασιλιά Ηρώδη τον καιρό της γέννησης του Ιησού (Ιερεμίας 31:15, Κατά Ματθαίον 2:16), η είσοδος του Ιησού στην Ιερουσαλήμ (Ζαχαρίας 9:9, Κατά Ματθαίον 21:1-11), και η ανάληψη του Ιησού στους ουρανούς (Ψαλμοί 16:10, Πράξεις Των Αποστόλων 1:9) είχαν προφητευτεί και εκπληρώθηκαν αναλόγως.

Επιπροσθέτως, η προδοσία του Ιούδα του Ισκαριώτη, ο οποίος ακολούθησε τον Ιησού για τρία έτη (Ψαλμοί 41:19) και η προδοσία του προς τον Ιησού για τριάκοντα αργύρια (Ζαχαρίας 11:12) είχαν προφητευτεί και εκπληρώθηκαν.

Μπορείτε συνεπώς να πιστέψετε ότι η Βίβλος λέει την αλήθεια, και ότι είναι πράγματι ο Λόγος του Θεού, προπάντων όταν βλέπετε ότι όλες οι προφητείες από την Παλαιά Διαθήκη εκπληρώθηκαν επακριβώς.

Προφητείες της Βίβλου που Μένει Ακόμη να Εκπληρωθούν

Ο Θεός έκανε τον Ιησού Χριστό Σωτήρα μας εκπληρώνοντας κάθε προφητεία της Παλαιάς Διαθήκης την εποχή της Καινής

Διαθήκης. Η παραμικρή προφητεία περί του Ιησού, η πορεία της ιστορίας για το Ισραήλ, και η ιστορία της ανθρωπότητας πραγματοποιήθηκαν αλάνθαστα. Η λεπτομερής εξέταση της παγκόσμιας ιστορίας μας οδηγεί προς την ανακάλυψη ότι όλα τα προφητικά λόγια στην Βίβλο έχουν πραγματοποιηθεί και θα επαληθεύονται.

Οι προφήτες της εποχής της Παλαιάς καθώς και της Καινής Διαθήκης είχαν προφητεύσει την άνοδο και την πτώση μιας παγκόσμιας δύναμης, την καταστροφή και την επανοικοδόμηση της Ιερουσαλήμ, και τις μελλοντικές σχέσεις σημαντικών προσώπων. Πολλές προφητείες στην Βίβλο έχουν εκπληρωθεί και εκπληρώνονται την παρούσα στιγμή, όμως, οι άνθρωποι δεν έχουν δει ακόμη την Δευτέρα Παρουσία του Ιησού, την Αναρπαγή των Πιστών, το Βασίλειο της Χιλιετίας, και την Κρίση του Μεγάλου Λευκού Θρόνου. Ο Κύριός μας τώρα ετοιμάζει τη δική σας θέση όπως υποσχέθηκε (Κατά Ιωάννη 14:2), και σύντομα θα σας πάρει σε τόπο αιώνιο.

Ο κόσμος μας τώρα υποφέρει από λιμούς, σεισμούς, αφύσικο καιρό, και από κολοσσιαία ατυχήματα. Δεν πρέπει να το θεωρείτε σύμπτωση, αλλά να αντιληφθείτε ότι η Δευτέρα Παρουσία του Ιησού πλησιάζει (Κατά Ματθαίον 24:3-14). Πρέπει να φθάσετε σε πλήρη σωτηρία μένοντας άγρυπνοι και στολίζοντας τον εαυτό σας σαν νύφη.

Κεφάλαιο 2

Ο Θεός Δημιουργεί και Καλλιεργεί τον Άνθρωπο

- Ο Θεός Δημιουργεί τα Ανθρώπινα Οντα
- Γιατί ο Θεός Καλλιεργεί τα Ανθρώπινα Οντα;
- Ο Θεός Χωρίζει το Σιτάρι από το Αχυρο

...Το Μήνυμα του Σταυρού

Και ο Θεός δημιούργησε τον άνθρωπο σύμφωνα με τη δική του εικόνα· σύμφωνα με την εικόνα του Θεού τον δημιούργησε· αρσενικό και θηλυκό τους δημιούργησε.· Και τους ευλόγησε ο Θεός· και είπε σ' αυτούς ο Θεός: Αυξάνεστε και πληθύνεστε και γεμίστε τη γη, και κυριεύστε την, και εξουσιάζετε επάνω στα ψάρια της θάλασσας, κι επάνω στα πουλιά του ουρανού κι επάνω σε κάθε ζώο που κινείται επάνω στη γη.

Γένεση 1:27-28

Τουλάχιστον μια φορά στη ζωή σας, ίσως κάνετε βασικές ερωτήσεις για την καταγωγή, τον προορισμό, τον σκοπό, και το νόημα της ζωής. Μετά προσπαθείτε να βρείτε απαντήσεις. Πολλοί άνθρωποι δοκιμάζουν ποικίλες μεθόδους για να λύσουν αυτά τα προβλήματα, αλλά τελικά πεθαίνουν δίχως να έχουν λάβει πρωτότυπες απαντήσεις.

Παγκοσμίως διάσημοι σοφοί, σαν τον Κομφούκιο, τον Βούδα ή τον Σωκράτη, και εκείνοι ομοίως αγωνίζονταν για να βρουν αυτές τις βασικές απαντήσεις. Ο Κομφούκιος εστίαζε στις ηθικές αρχές, τονίζοντας ότι η τέλεια αρετή θεωρείτο ηθικό ιδανικό, και ανέθρεψε πολλούς μαθητές. Ο Βούδας εξασκούσε την μετάνοια μακροχρόνια, για να λυτρωθεί από την εγκόσμια ύπαρξη. Ο Σωκράτης επιδίωκε την αλήθεια με δικό του τρόπο και έψαχνε την αληθινή γνώση.

Ουδείς από αυτούς, πάντως, δεν μπόρεσε να βρει οριστική, βασική λύση, να φθάσει στην γνήσια αλήθεια ή να αποκτήσει αιώνια ζωή. Αυτό συνέβη επειδή η αλήθεια που έχει κρυφτεί πριν ακόμη δημιουργηθεί ο κόσμος είναι κάτι το πνευματικό, το οποίο είναι αόρατο και άυλο. Δεν μπορείτε να βρείτε σαφείς απαντήσεις για την ζωή, μέχρι να καταλάβετε την πρόνοια του Θεού του Πλάστη για την ανθρώπινη καλλιέργεια.

Ο Θεός Δημιουργεί τα Ανθρώπινα Όντα

Η μυστηριώδης διάπλαση των οργάνων, κυττάρων και ιστών του ανθρωπίνου σώματος είναι απροσμέτρητη. Ο Θεός, ο οποίος δημιούργησε τον άνθρωπο κατ' αυτόν τον τρόπο, θέλει να αποκτήσει αληθινά τέκνα με τα οποία να μπορεί να μοιράζεται αγάπη εις τους αιώνας των αιώνων. Για τούτο τον σκοπό, ο Θεός έπλασε τον άνθρωπο καθ' εικόνα και ομοίωση, κι έχει καλλιεργήσει τον άνθρωπο και έχει ετοιμάσει τον ουρανό.

Τότε, πώς δημιούργησε ο Θεός τα πάντα στο σύμπαν και πώς διέπλασε τον άνθρωπο;

Η Θεία Δημιουργία σε Έξι Ημέρες

Στο α' κεφάλαιο της Γένεσης περιγράφεται με σαφήνεια η διαδικασία κατά την οποίαν ο Θεός έπλασε τους ουρανούς και την γη εντός έξι ημερών. Ο Θεός είπε, *«Γενηθήτω φως,»* και έγινε φως (Γένεση 1:3). Μετά είπε, *«Ας μαζευτούν τα νερά που είναι κάτω από τον ουρανό σε έναν τόπο, και ας φανεί η ξηρά,»* και ξέρουμε ότι έτσι έγινε (Γένεση 1:9). Και ούτω καθεξής.

Όπως λέγεται στην Προς Εβραίους Επιστολή, εδάφιο 11:3, *«Διαμέσου της πίστης νοούμε ότι κτίστηκαν οι αιώνες με τον Λόγο του Θεού, ώστε αυτά που βλέπονται δεν έγιναν από εκείνα που φαίνονται.»* Ο Θεός εποίησε ολόκληρο το σύμπαν με τον Λόγο Του.

Ο Θεός δημιούργησε το φως την πρώτη μέρα, και το στερέωμα του ουρανού την δεύτερη ημέρα. Την τρίτη ημέρα, όταν είπε ο Θεός, *«Ας μαζευτούν τα νερά που είναι κάτω από τον ουρανό σε έναν* τόπο, και ας φανεί η ξηρά» ((Γένεση 1:9), έτσι έγινε, και ο Θεός ονόμασε την ξηρά «γη», και την συγκέντρωση των υδάτων την ονόμασε «θάλασσα.» Τότε ο Θεός είπε, *«Ας βλαστήσει η γη χλωρό χορτάρι, που κάνει σπόρο, και καρποφόρο δέντρο που κάνει καρπό σύμφωνα με το είδος του, του οποίου το σπέρμα να είναι μέσα του επάνω στη γη»* (στ. 11), και η γη έβγαλε βλάστηση, φυτά με σπόρους του είδους τους, και δέντρα με καρπούς και εντός αυτών σπόρους του είδους τους. Την τέταρτη ημέρα, έπλασε τον ήλιο, την σελήνη και τα αστέρια στο στερέωμα του ουρανού, επιτρέποντας στον ήλιο να κυβερνά την ημέρα και στην σελήνη να κυβερνά τη νύχτα. Την πέμπτη ημέρα, εποίησε τα πλάσματα της θάλασσας και έκαστο ζωντανό και κινούμενο ον με το οποίο βρίθουν τα ύδατα, αναλόγως του είδους του, και κάθε πουλί πετούμενο σύμφωνα με το είδος του. Την έκτη ημέρα, εποίησε τα ζωντανά, τα πλάσματα που έρπονται επί της γης, και τα άγρια θηρία, έκαστο σύμφωνα με το είδος του.

Ο Άνθρωπος Πλάστηκε καθ' Εικόνα του Θεού

Ο Θεός ο Δημιουργός ετοίμασε έτσι μέσα σε έξι ημέρες ένα περιβάλλον στο οποίο μπορούσε να ζει ο άνθρωπος, και μετά έπλασε τον άνθρωπο καθ' εικόνα Του. Ευλόγησε τον άνθρωπο ως αφέντη όλων των πλασμάτων, και του είπε να τα υποτάξει και να κυβερνήσει επ' αυτών.

Και ο Θεός δημιούργησε τον άνθρωπο σύμφωνα με τη δική του εικόνα· σύμφωνα με την εικόνα του Θεού τον δημιούργησε· αρσενικό και θηλυκό τους δημιούργησε·

> και τους ευλόγησε ο Θεός· και είπε σ' αυτούς ο Θεός: «Αυξάνεστε και πληθύνεστε και γεμίστε τη γη, και κυριεύστε την, και εξουσιάζετε επάνω στα ψάρια τής θάλασσας, κι επάνω στα πουλιά του ουρανού κι επάνω σε κάθε ζώο που κινείται επάνω στη γη (Γένεση 1:27-28)

Πώς, τότε, έπλασε ο Θεός τον άνθρωπο;

> Και ο ΚΥΡΙΟΣ ο Θεός έπλασε τον άνθρωπο από χώμα της γης· και εμφύσησε στα ρουθούνια του πνοή ζωής, και έγινε ο άνθρωπος ψυχή που ζει.(Γένεση 2:7).

Σ' αυτόν τον στίχο, το χώμα αναφέρεται στον πηλό. Ενας επιδέξιος αγγειοπλάστης, χρησιμοποιώντας καλής ποιότητας πηλό, φτιάχνει γκριζοπράσινη πορσελάνη ή άσπρη πορσελάνη μεγάλης χρηματικής αξίας. Αντιθέτως, κάποιοι άλλοι αγγειοπλάστες φτιάχνουν αστίλβωτη κεραμική, κεραμίδια, ή τούβλα.

Η αξία ενός πήλινου σκεύους εξαρτάται κυρίως από το άτομο που το έφτιαξε, με πόση επιδεξιότητα φτιάχτηκε, από το είδος πηλού που χρησιμοποιήθηκε, και από το είδος της κεραμικής. Καθώς ο Παντοδύναμος Θεός ο Δημιουργός εποίησε τον άνθρωπο καθ' εικόνα Του, πόσο όμορφα τον έπλασε;

Μετά από την δημιουργία του ανθρώπου καθ' εικόνα Του από χώμα, ο Θεός εμφύσησε μέσα στα ρουθούνια του την πνοή της ζωής, δηλαδή, την ζωτική ενέργεια. Τότε ο άνθρωπος έγινε ζωντανό πνεύμα. Η πνοή της ζωής είναι δύναμη, εξουσία, ενέργεια, και Πνεύμα Θεού.

Ο Θεός Εμφυσά την Πνοή της Ζωής μέσα στον Άνθρωπο

Αν σκεφθείτε την λειτουργία ενός λαμπτήρα φθορισμού όταν λάμπει, θα μπορέσετε να καταλάβετε ευκολότερα την διαδικασία της πλάσης του ανθρώπου ως ζωντανό πνεύμα. Αν θέλετε να κάνετε τον λαμπτήρα φθορισμού να ακτινοβολεί, πρώτα πρέπει να έχετε έτοιμο έναν καλά κατασκευασμένο, και μετά να τον βάλετε στην πρίζα. Δεν θα μπορεί όμως να λάμψει μέχρι να ανάψετε το ηλεκτρικό ρεύμα.

Η τηλεόραση στο σπίτι σας δουλεύει με τον ίδιο τρόπο. Δεν μπορείτε να δείτε τίποτε στην οθόνη μέχρι να την ανοίξετε, αλλά μόλις ανάψει, μπορείτε να δείτε και να ακούσετε διάφορες εικόνες και ήχους. Μπορείτε να κάνετε τις εικόνες ορατές στην οθόνη απλώς με το άνοιγμα της τηλεόρασης. Ομως, στο πίσω μέρος της τηλεόρασης, υπάρχουν πολύπλοκα εξαρτήματα τα οποία συναρμολογούνται με πολύ περίπλοκο τρόπο.

Ομοίως, ο Θεός δεν έπλασε μονάχα το σχήμα του ανθρώπου, αλλά και τα εσωτερικά του όργανα, και τα οστά μέσα του από τον πηλό της γης. Εφτιαξε τις φλέβες από τις οποίες κυλούσε το αίμα, και το νευρικό σύστημα που ήταν ικανό να εκτελέσει την λειτουργία του τέλεια.

Η δύναμη του Θεού μπορεί να μετατρέψει το χώμα σε απαλό δέρμα αν ή όποτε Αυτός θέλει. Και όπως επέτρεψε την ροή του ηλεκτρισμού, εμφύσησε την πνοή της ζωής μες τον άνθρωπο. Τότε, το αίμα μέσα του άρχισε να κυκλοφορεί αμέσως, και μπόρεσε να αναπνεύσει και να κινηθεί.

Επίσης, επειδή ο Θεός δημιουργεί μονάδες μνήμης στα

εγκεφαλικά κύτταρα των ανθρώπων, οι άνθρωποι καταχωρούν και απομνημονεύουν αυτά που ακούν και που αισθάνονται στα εγκεφαλικά κύτταρα. Αυτά που καταχωρούνται και απομνημονεύονται γίνονται γνώση, και η γνώση αναπαράγεται ως σκέψη. Όταν χρησιμοποιείτε τις αποθηκευμένες γνώσεις στην ζωή, το ονομάζετε σοφία.

Τα ανθρώπινα όντα, αν και απλά πλάσματα, έχουν αυξήσει την σοφία και τις γνώσεις τους, και έχουν αναπτύξει έναν πολύπλοκο επιστημονικό πολιτισμό. Τώρα, εξερευνούν το σύμπαν και κατασκευάζουν ηλεκτρονικούς υπολογιστές, και εισάγουν ένα τεράστιο αριθμό πληροφοριών σε αυτούς, ή τις ξαναπροβάλλουν, και έτσι ωφελούνται πάρα πολύ από τους υπολογιστές, με τον ίδιο τρόπο που ο Θεός έφτιαξε τις μονάδες μνήμης στα κύτταρα του εγκεφάλου. Έχουν προχωρήσει τόσο πολύ, μέχρι του σημείου να φτιάξουν υπολογιστές με τεχνητή νοημοσύνη που αναγνωρίζουν τα γράμματα ή την ανθρώπινη φωνή και μπορούν να επικοινωνούν μεταξύ τους. Με το πέρασμα του χρόνου θα εξελίσσονται όλο και πιο πολύ.

Πόσο πιο εύκολο θα ήταν για τον Παντοδύναμο Θεό τον Δημιουργό, όταν έπλασε τον άνθρωπο από το χώμα της γης και εμφύσησε την πνοή της ζωής για να τον κάνει ζωντανό ον! Είναι τόσο εύκολο για τον Θεό, που μπορεί να δημιουργήσει κάτι από το τίποτα, αλλά για τον άνθρωπο είναι τόσο θαυμάσιο και απίστευτο (Ψαλμοί 139:13-14).

Γιατί ο Θεός Καλλιεργεί τα Ανθρώπινα Όντα;

Ο Ιησούς μάς διδάσκει την πρόνοια του Θεού μέσω πολλών παραβολών. Επειδή το ουράνιο βασίλειο δεν γίνεται αντιληπτό με ανθρώπινες γνώσεις, στις παραβολές χρησιμοποίησε γήινα αντικείμενα για να καταλάβετε.

Πολλές απ' αυτές ασχολούνται με την καλλιέργεια. Φερ' ειπείν, υπάρχουν οι παραβολές για τον σπορέα (Κατά Ματθαίον 13:3-23, Κατά Μάρκον 4:3-20, Κατά Λουκά 8:4-15), η παραβολή του σπόρου του σιναπιού (Κατά Ματθαίον 13:31-32, Κατά Μάρκον 4:30-32, Κατά Λουκά 13:18-19), η παραβολή για τα ζιζάνια στο χωράφι (Κατά Ματθαίον 13:24-30, 36-43), η παραβολή για τον αμπελώνα (Κατά Ματθαίον 20:1-16), και η παραβολή για τους μισθωτές γεωργούς (Κατά Ματθαίον 21:33-41, Κατά Μάρκον 12:1-9, Κατά Λουκάν 20:9-16).

Οι παραβολές αυτές μάς δείχνουν ότι όπως οι γεωργοί καθαρίζουν τη γη, σπέρνουν σπόρους, τους καλλιεργούν και θερίζουν τη σοδειά, ο Θεός διαπλάθει και καλλιεργεί τα ανθρώπινα όντα επί της γης και θα διαχωρίσει το σιτάρι από το άχυρο.

Ο Θεός Επιθυμεί να Μοιρασθεί Αληθινή Αγάπη με τα Τέκνα Του

Ο Θεός δεν έχει μόνο θεία, αλλά και ανθρώπινη φύση. Η θεία φύση είναι η ισχύς του Ιδίου του παντογνώστη και παντοδύναμου Θεού του Δημιουργού, και η ανθρώπινη φύση είναι ο ανθρώπινος νους. Ετσι, ο Θεός εποίησε και κυβερνά όλη την οικουμένη, την ανθρώπινη ιστορία και τη ζωή. Επίσης, νοιώθει χαρά, οργή, λύπη, και ευχαρίστηση, και επιθυμεί να μοιρασθεί αγάπη με τα τέκνα Του.

Η Βίβλος μάς δείχνει πάρα πολλές φορές ότι ο Θεός έχει προσωπικότητα, όπως και τα ανθρώπινα όντα. Ο Θεός αγαλλιάζει και ευλογεί τους ανθρώπους όταν αυτοί, δημιουργημένοι καθ' εικόνα του Θεού, πράττουν το σωστό, αλλά οδύρεται και βογκά με οργή όταν διαπράττουν αμαρτίες. Η επιθυμία του Θεού να επικοινωνεί με τα παιδιά Του και να τους χαρίζει αγαθά εκφράζεται συχνά στον Λόγο του Θεού.

Αν είχε ο Θεός μόνο θεϊκά χαρακτηριστικά, δεν θα είχε ανάγκη να ξεκουραστεί μετά την έκτη ημέρα της δημιουργίας του σύμπαντος, και δεν θα επιθυμούσε φιλία μαζί μας, λέγοντας, *«Αδιάκοπα να προσεύχεστε»* (Προς Θεσσαλονικείς Α' 5:17), *«Κράξε σε μένα, και θα σου απαντήσω, και θα σου δείξω μεγάλα και απόκρυφα πράγματα, που δεν γνωρίζεις»* (Ιερεμία 33:3).

Μερικές φορές θέλετε να είστε μόνοι σας, αλλά άλλες φορές είστε πιο ευτυχείς όταν βρίσκεστε με κάποιον φίλο που σκέφτεται όπως εσείς, ο οποίος μπορεί να μοιράζεται την αγάπη του/της μαζί σας. Παρομοίως, ο Θεός έπλασε τον άνθρωπο καθ' εικόνα Του διότι επιθυμεί να ανταλλάξει αγάπη με κάποιον. Καλλιεργεί τα ανθρώπινα πνεύματα σε αυτή τη γη, διότι θέλει αληθινά τέκνα, τα οποία θα είναι ικανά να καταλάβουν την καρδιά Του και να Τον αγαπούν από την καρδιά τους.

Ο Θεός Θέλει Τέκνα που να Υπακούν με την Ελεύθερη Βούλησή τους

Ορισμένοι ίσως αναρωτιούνται γιατί έπλασε ο Θεός τα

ανθρώπινα όντα και γιατί τα αναθρέφει παρόλο που υπάρχουν τόσοι υπάκουοι άγγελοι στον ουρανό. Ωστόσο, οι περισσότεροι άγγελοι δεν έχουν ανθρώπινα χαρακτηριστικά, τα οποία είναι σημαντικά για μετέχει κανείς στην αγάπη. Με άλλα λόγια, δεν έχουν ελεύθερη βούληση για να επιλέγουν ανεξάρτητοι. Υπακούν προσταγές καλά, σαν τα ρομπότ, αλλά δεν μπορούν να νιώσουν χαρά, οργή, λύπη, ή ευχαρίστηση όσο τα ανθρώπινα όντα. Επομένως, δεν μπορούν να μοιρασθούν αγάπη με τον Θεό από τα βάθη της καρδιάς τους.

Παραδείγματος χάριν, ας υποθέσουμε ότι έχετε δυο παιδιά. Το ένα απλώς υπακούει τις διαταγές σας δίχως να εκφράζει κανένα συναίσθημα, γνώμη, ή αγάπη, σαν ένα σωστά προγραμματισμένο ρομπότ. Το άλλο, μερικές φορές σας πληγώνει, αλλά μετανιώνει γρήγορα για τις πράξεις του, προσκολλάται σε εσάς γλυκά, και εκφράζει την καρδιά του/της με πολλούς τρόπους. Τότε, ποιο θα αγαπούσατε πιο πολύ; Βεβαίως, το δεύτερο.

Ας υποθέσουμε ότι έχετε ένα ρομπότ το οποίο μαγειρεύει, καθαρίζει το σπίτι, και σας υπηρετεί.. Παρ' όλα αυτά, δεν αγαπάτε το ρομπότ πιο πολύ από τα παιδιά σας.. Ασχέτως πόσο σκληρά εργάζεται για σας το ρομπότ και πόσο σας βοηθάει, δεν μπορεί να αντικαταστήσει τα παιδιά σας.

Ομοίως, ο Θεός προτιμά τα ανθρώπινα όντα που Τον υπακούν χαρούμενα με την ελεύθερη βούλησή τους, με λογική και συναίσθημα, αντί τους αγγέλους, που φέρονται σαν υπάκουα προγραμματισμένα ρομπότ. Δίνει ελεύθερη βούληση και τον Λόγο Του στα ανθρώπινα όντα. Μετά τους διδάσκει πως να διακρίνουν το αγαθό από το πονηρό, και ποια είναι η οδός προς την σωτηρία ή προς τον θάνατο. Περιμένει υπομονετικά μέχρι να γίνουν αληθινά τέκνα.

Η Ανθρώπινη Καλλιέργεια από τον Θεό με Πατρική Στοργή

Είναι γραμμένο στη Γένεση, εδάφιο 6:5-6, ότι *«Και ο Κύριος είδε ότι η κακία του ανθρώπου πληθυνόταν επάνω στη γη, και όλοι οι σκοποί των διαλογισμών της καρδιάς του ήσαν μόνον κακία όλες τις ημέρες. Και ο Κύριος μεταμελήθηκε ότι δημιούργησε τον άνθρωπο επάνω στη γη· και λυπήθηκε στην καρδιά Του.»*

Μήπως αυτό σημαίνει ότι ο Θεός δεν γνώριζε αυτό το γεγονός όταν έπλασε τον άνθρωπο; Το ήξερε απόλυτα. Ο Θεός είναι παντογνώστης και παντοδύναμος, και έτσι ήξερε τα πάντα πριν την αρχή του χρόνου. Παρ' όλα αυτά, δημιούργησε τους ανθρώπους και από τότε τους καλλιεργεί.

Αν είστε γονείς, πιθανόν να το καταλαβαίνετε αυτό πιο εύκολα. Πόσο δύσκολο είναι να γεννάτε παιδιά και να τα ανατρέφετε! Όταν η γυναίκα είναι έγκυος, ένα σωρό βάσανα, όπως η ναυτία, την ακολουθούν για εννέα μήνες. Την ώρα της γέννας, μεγάλοι πόνοι συνοδεύουν την μητέρα. Για να ταΐσουν, να ντύσουν και να διδάξουν τα παιδιά τους, οι γονείς κάνουν τεράστιες προσπάθειες κι εργάζονται σκληρά μέρα—νύχτα. Όταν τα παιδιά γυρνούν στο σπίτι αργά, οι γονείς τους ανησυχούν γι' αυτά. Όταν αδιαθετήσουν, οι γονείς νιώθουν περισσότερο πόνο από τα παιδιά.

Γιατί, όμως, οι γονείς ανατρέφουν τα παιδιά τους παρά όλον αυτόν τον πόνο και τις προσπάθειες; Ο λόγος είναι ότι οι γονείς θέλουν αντικείμενα με τα οποία θα μπορούν να μοιρασθούν αγάπη, δηλαδή, τα οποία θα είναι ικανά να νιώσουν την αγάπη των γονιών τους και να αγαπούν τους γονείς τους από την καρδιά τους. Για τους γονείς, ακόμη και τέτοια βάσανα φέρνουν ευτυχία. Επιπλέον, αν τα παιδιά μοιάζουν πολύ στους γονείς τους, τι θαυμάσια που είναι! Βέβαια, δεν μπορούν όλα τα παιδιά να είναι φιλότιμα προς τους γονείς τους. Μερικά παιδιά αγαπούν και σέβονται τους γονείς τους, ενώ άλλα τους στενοχωρούν.

Ομοίως, γνωρίζοντας όλα τα βάσανα σχετικά με την ανατροφή των παιδιών, οι γονείς δεν θεωρούν τέτοια πράγματα ως βάσανα. Αντιθέτως, κάνουν τεράστιες προσπάθειες, προσδοκώντας ότι τα παιδιά τους θα μεγαλώσουν καλά και ότι θα είναι η χαρά τους. Κατά τον ίδιο τρόπο, ο Θεός γνώριζε ότι τα ανθρώπινα όντα θα ήταν ανυπάκουα, ότι θα γίνονταν διεφθαρμένα, και ότι θα προκαλούσαν λύπη, αλλά ήξερε κι ότι θα υπάρξουν και μερικά αληθινά τέκνα, τα οποία επρόκειτο να μοιράζονται αγάπη μαζί Του. Ετσι, ο Θεός έπλασε τα ανθρώπινα όντα και τα αναθρέφει εκουσίως.

Ο Θεός Θέλει να Τον Δοξάζουν τα Αληθινά Του Τέκνα

Ο Θεός καλλιεργεί ανθρώπινα πνεύματα επί της γης, όχι μόνο για να αποκτήσει αληθινά τέκνα, αλλά και για να Τον δοξάζουν. Ο Θεός μπορεί να δέχεται δόξα από μεγάλη κουστωδία αγγέλων και από την ουράνια στρατιά τους για πάντα. Ομως, αυτό που αληθινά επιθυμεί είναι να Τον δοξάζουν τα καλλιεργημένα, αληθινά Του τέκνα, από τα βάθη της καρδιάς τους.

Ο Θεός λέει στον Ησαΐα, εδάφιο 43:7, «*πάντες όσοι καλούνται με το όνομά Μου, διότι δημιούργησα αυτούς διά την δόξαν Μου, έπλασα αυτούς και έκαμα αυτούς.*» και στην Α' Προς Κορινθίους, εδάφιο 10:31, σάς δίνει οδηγίες, «*Είτε λοιπόν τρώγετε είτε πίνετε είτε πράττετε τι, πάντα πράττετε εις δόξαν Θεού.*»

Ο Θεός είναι ο Δημιουργός, η Αγάπη και η Δικαιοσύνη. Εστειλε τον ένα και μονογενή Του Υιό για να μας σώσει, και ετοίμασε τους ουρανούς και την αιώνια ζωή. Είναι άξιος και με το πάρα πάνω να δοξασθεί. Εκτός αυτού, θέλει να ανταποδώσει την δόξα σε αυτούς που Τον δοξάζουν.

Επομένως, πρέπει να γίνετε αληθινά παιδιά Του Θεού, τα οποία θα μπορούν να μοιράζονται αγάπη μαζί Του αιωνίως, καταλαβαίνοντας τον λόγο που επιθυμεί ο Θεός να δοξάζεται μέσω των πνευματικώς καλλιεργημένων τέκνων Του.

Ο Θεός Χωρίζει το Σιτάρι από το Άχυρο

Οι αγρότες καλλιεργούν την γη διότι θέλουν να θερίσουν σοδειά εν αφθονία. Και ο Θεός καλλιεργεί τις ψυχές των ανθρωπίνων όντων επί της γης για να αποκτήσει αληθινά τέκνα, τα οποία θα τον αγαπούν και θα τον δοξάζουν από την καρδιά τους, αλλά και θα μοιράζονται αγάπη μαζί Του στον ουρανό αιώνια.

Στον θερισμό, το σιτάρι και το άχυρο υπάρχουν πάντα ταυτόχρονα, έτσι οι αγρότες χωρίζουν το σιτάρι από το άχυρο, μαζεύουν το σιτάρι στους αχυρώνες τους, και καίνε το άχυρο με φωτιά. Κατά τον ίδιο τρόπο, ο Θεός θα χωρίσει το σιτάρι από το άχυρο στο τέλος της καλλιέργειας των ανθρωπίνων πνευμάτων.

Εκείνος κρατώντας το φτυάρι στο χέρι Του, θα καθαρίσει το αλώνι Του, και θα συνάξει τον σίτον Του στην αποθήκη, αλλά το δε άχυρο θα το κατακάψει σε άσβεστη πυρά (Κατά Ματθαίον 3:12).

Επομένως, πρέπει να πιστεύετε σταθερά ότι ο Θεός καλλιεργεί ανθρώπινα πνεύματα επί της γης, και την κατάλληλη ώρα θα μαζέψει το σιτάρι — τα αληθινά τέκνα — στον παράδεισο για αιώνια ζωή, αλλά θα κάψει το άχυρο με την άσβηστη φωτιά της κόλασης.

Τότε, ας ερευνήσουμε πιο βαθιά το είδος των ανθρώπων που είναι το σιτάρι και το είδος που είναι το άχυρο στα μάτια του Θεού, και τα είδη των τόπων που είναι ο παράδεισος και η κόλαση.

Το Σιτάρι και το Άχυρο

Το σιτάρι συμβολίζει εκείνους που δέχονται τον Ιησού Χριστό, που περπατούν εν την αλήθεια, και που μοιράζονται αγάπη με τον Θεό. Είναι παιδιά του φωτός, τα οποία ανακτούν την χαμένη εικόνα του Θεού, και κάνουν ό,τι προστάξει ο Θεός.

Αντιθέτως, το άχυρο αντιπροσωπεύει εκείνους οι οποίοι δεν δέχονται τον Ιησού Χριστό, ή εκείνους που ισχυρίζονται ότι πιστεύουν, αλλά δεν ζουν σύμφωνα με τον Λόγο του Θεού, ακολουθώντας τις ατομικές τους πονηρές επιθυμίες.

Στην Α' Επιστολή Προς τον Τιμόθεο, εδάφιο 2:4, περιγράφεται ο Θεός μας ως εκείνος *«ο οποίος θέλει να σωθούν πάντες οι άνθρωποι και να έλθουν σε επίγνωση της αληθείας.»* Δηλαδή, ο Θεός θέλει να είναι όλοι οι άνθρωποι το σιτάρι και να μπουν στην βασιλεία των ουρανών. Ο Θεός προσπαθεί να σας κάνει να το συνειδητοποιήσετε αυτό με πολλούς τρόπους και σας καθοδηγεί προς την οδό της σωτηρίας. Ωστόσο, μερικοί άνθρωποι τελικά παραβαίνουν το θέλημα του Θεού και την πρόνοιά Του ανάλογα με την δική τους ελεύθερη βούληση. Αυτοί οι άνθρωποι, ενώπιον του Θεού, δεν είναι ούτε από τα κτήνη καλύτεροι, διότι έχουν χάσει τις ανθρώπινες αξίες.

Οι αγρότες καίνε το *άχυρο* στη φωτιά, ή το χρησιμοποιούν ως λίπασμα, διότι αν μαζευτεί το σιτάρι μαζί με το *άχυρο* μέσα στον αχυρώνα, το σιτάρι θα σαπίσει. Άρα, ο Θεός δεν θα επιτρέψει το *άχυρο* να μπει μέσα στο βασίλειο των ουρανών όπου θα βρίσκεται το σιτάρι. Αντίθετα με τα ζώα, ο άνθρωπος έχει αιώνια ψυχή, διότι ο Θεός εμφύσησε την πνοή της ζωής μέσα του όταν τον έπλασε. Ετσι, ο Θεός δεν μπορεί να καταστρέψει το «*άχυρο*», ή να τους αφήσει να εκμηδενιστούν.

Είναι αναπόφευκτο ότι ο Θεός θα μαζέψει το «σιτάρι» στον ουρανό και ότι θα τους επιτρέψει να χαρούν την αιώνια ευτυχία, και ότι θα καίει τα *άχυρα* στην άσβεστη φωτιά της κόλασης εις τους αιώνας των αιώνων. Επομένως, πρέπει να έχετε υπόψη σας αυτό το γεγονός, για να μην ριχτείτε μέσα στο πυρ της κόλασης.

Η Ομορφιά του Παραδείσου και η Φρίκη της Κόλασης

Από τη μια μεριά, ο Παράδεισος είναι τόσο όμορφος, που δεν συγκρίνεται με τίποτε άλλο σ' αυτόν τον κόσμο. Λόγου χάριν, τα άνθη σ' αυτό τον κόσμο σύντομα μαραίνονται, αλλά τα άνθη στα ουράνια ούτε μαραίνονται ούτε πέφτουν, διότι τα πάντα στον Παράδεισο είναι αιώνια. Οι δρόμοι είναι φτιαγμένοι από καθαρό χρυσάφι το οποίο είναι καθάριο σαν το γυαλί, ο Ποταμός της Ζωής λάμποντας σαν καθαρό κρύσταλλο κυλάει ανάμεσά τους, και τα σπίτια είναι κατασκευασμένα από διαφόρων ειδών λαμπερά κοσμήματα. Όλα είναι τόσο όμορφα που σε αφήνουν άναυδο (παρακαλώ ανατρέξτε στα βιβλία *Παράδεισος Ι & ΙΙ*).

Από την άλλη, η κόλαση είναι ο τόπος όπου τα σκουλήκια δεν

πεθαίνουν, και η φωτιά δεν σβήνει. Ολοι εκεί θα αλατισθούν με φωτιά (Κατά Μάρκον 9:48-49). Επιπλέον, υπάρχει η λίμνη του καιόμενου θειαφιού στην κόλαση, η οποία είναι εφτά φορές πιο ζεστή από την λίμνη του πυρός (Αποκάλυψις 20:10, 15). Οσοι δεν έχουν σωθεί πρέπει να ζουν στην λίμνη της φωτιάς που δεν σβήνει ή στην λίμνη με το καιόμενο θειάφι για πάντα. Πόσο φρικτό και φοβερό που είναι να ζει κανείς εκεί αιωνίως (παρακαλώ ανατρέξτε στο βιβλίο *Κόλαση*)!

Επομένως, ο Ιησούς είπε στο Κατά Μάρκον Ευαγγέλιο 9:43 ότι *«Και αν το χέρι σου σε σκανδαλίζει, κόψ' το· είναι καλύτερο σε σένα να μπεις μέσα στη ζωή κουλός, παρά έχοντας τα δύο χέρια να πας στην κόλαση, στην ακατάσβεστη φωτιά»*

Γιατί έπρεπε ο Θεός της αγάπης να δημιουργήσει και την απαίσια Κόλαση και τον όμορφο Παράδεισο; Αν οι κακοήθεις άνθρωποι επιτρέπονταν να μπαίνουν σε τόπο όπου θα κατοικούν οι αγαθοί και οι αγαπημένοι του Θεού, θα είναι οδυνηρό για τους αγαθούς και τα ουράνια θα μολυνθούν από το κακό. Με λίγα λόγια, ο Θεός δημιούργησε την κόλαση επειδή αγαπάει τα ανθρώπινα όντα και θέλει να δώσει μόνο το καλύτερο στα τέκνα Του.

Η Κρίση του Μεγάλου Λευκού Θρόνου

Οπως ο αγρότης που σπέρνει σπόρους και τους θερίζει χρόνο με τον χρόνο, ο Θεός καλλιεργεί ανθρώπινες ψυχές από τον καιρό που ο Αδάμ εκδιώχθηκε από τον Κήπο της Εδέμ, και θα συνεχίσει να το κάνει μέχρι να επιστρέψει ο Ιησούς.

Ο Θεός φανέρωσε την βούλησή Του στους πατέρες της πίστεως, όπως στον Νώε, στον Αβραάμ, στον Μωυσή, στον Ιωάννη τον

Βαπτιστή, στον Πέτρο, και στον απόστολο Παύλο. Σήμερα, καλλιεργεί συνέχεια ανθρώπινες ψυχές μέσω των κληρικών Του και των εργατών Του. Ωστόσο, όπως έρχεται αναγκαστικά το τέλος μετά από κάθε αρχή, έτσι και η καλλιέργεια των ανθρωπίνων ψυχών δεν θα διαρκέσει για πάντα.

Στην Β' Επιστολή του Πέτρου, εδάφιο 3:8, αναφέρεται *«Όμως, αυτό το ένα ας μη σας διαφεύγει, αγαπητοί, ότι στον Κύριο μία ημέρα είναι σαν 1.000 χρόνια, και 1.000 χρόνια σαν μία ημέρα.»* Όπως ο Θεός ξεκουράστηκε την έβδομη ημέρα μετά την εξαήμερη δημιουργία της οικουμένης, έτσι και ο ερχομός του Ιησού και η Καινούργια Χιλιετία, η περίοδος του Σαββάτου, θα έρθει έξι χιλιάδες έτη μετά από την ανυπακοή του Αδάμ. Μετά από αυτό, μέσω της Κρίσεως του Μεγάλου Λευκού Θρόνου, ο Θεός θα επιτρέψει στο σιτάρι να εισέλθει στον Παράδεισο και θα ρίξει το άχυρο μέσα στο πυρ της Κόλασης.

Άρα, προσεύχομαι στο όνομα του Κυρίου Ιησού Χριστού να καταλάβετε την πρόνοια του Θεού και την αγάπη της καλλιέργειας των ανθρωπίνων όντων βαθιά, να ζήσετε ζωή ευλογημένη, και να δοξάσετε τον Θεό με θερμή ελπίδα για τον Παράδεισο.

Κεφάλαιο 3

Το Δέντρο της Γνώσης του Καλού και του Κακού

- Ο Αδάμ και η Εύα στον Κήπο της Εδέμ
- Ο Αδάμ Παράκουσε με την Δική του Ελεύθερη Βούληση
- Οι απολαβές της Αμαρτίας Είναι ο Θάνατος
- Γιατί Τοποθέτησε ο Θεός το Δέντρο της Γνώσεως στον Κήπο της Εδέμ;

···Το Μήνυμα του Σταυρού

Και ο Κύριος ο Θεός πήρε τον άνθρωπο, και τον έβαλε στον κήπο της Εδέμ για να τον εργάζεται, και να τον φυλάει.. Και ο Κύριος ο Θεός έδωσε προσταγή στον Αδάμ, λέγοντας: Από κάθε δέντρο του παραδείσου θα τρως ελεύθερα,. από το δέντρο της γνώσης του καλού και του κακού, όμως, δεν θα φας απ' αυτό· επειδή, την ίδια ημέρα που θα φας απ' αυτό, θα πεθάνεις οπωσδήποτε.

Γένεση 2:15-17

Όσοι δεν γνωρίζουν την απέραντη αγάπη του Θεού του Δημιουργού και την βαθιά πρόνοιά Του για την ανατροφή των αληθινών τέκνων Του, μπορεί να ρωτήσουν, «Γιατί τοποθέτησε ο Θεός το δέντρο της γνώσεως του καλού και του κακού στον Κήπο της Εδέμ;» «Γιατί επέτρεψε στον πρώτο άνθρωπο να πάρει τον δρόμο της καταστροφής;» Νομίζουν ότι ο άνθρωπος ίσως να μην πέθαινε, και να απολάμβανε μια ευτυχισμένη ζωή αιωνίως στον Κήπο της Εδέμ, αν ο Θεός δεν είχε τοποθετήσει εκεί το δέντρο.

Μερικοί λένε και ορισμένα πράγματα όπως «Ο Θεός μπορεί να μην ήξερε εκ των προτέρων ότι ο Αδάμ θα έτρωγε το φρούτο από το δέντρο της γνώσης του καλού και του κακού», διότι δεν πιστεύουν στην παντοδυναμία και στην παντογνωσία του Θεού. Μήπως τοποθέτησε το δέντρο στον Κήπο της Εδέμ με ελλιπή διορατικότητα, δίχως να γνωρίζει για την μελλοντική ανυπακοή του Αδάμ; Ή μήπως έβαλε ο Θεός το δέντρο εκεί σκοπίμως και καθοδήγησε τον άνθρωπο στην οδό του θανάτου; Ασφαλώς όχι!

Τότε, γιατί τοποθέτησε ο Θεός το δέντρο της γνώσης του καλού και του κακού στο κέντρο του Κήπου της Εδέμ; Γιατί παράκουσε ο Αδάμ την προσταγή του Θεού και έπεσε μέσα στην οδό του θανάτου;

Ο Αδάμ και η Εύα στον Κήπο της Εδέμ

Ο Θεός έπλασε τον άνθρωπο από το χώμα της γης και εμφύσησε μέσα στα ρουθούνια του την πνοή της ζωής, και ο άνθρωπος έγινε έμψυχο ον (Γένεση 2:7). Το έμψυχο ον είναι ένα πνευματικό ον, το οποίο όταν πλαστεί αρχικά δεν έχει καθόλου γνώσεις. Ας πάρουμε ένα απλό παράδειγμα. Ενα νεογέννητο βρέφος δεν έχει καθόλου σοφία ή γνώσεις. Το μωρό, μέσα στον εγκέφαλό του, έχει ένα μνημονικό σύστημα, αλλά δεν έχει ποτέ δει, ακούσει, ή διδαχθεί τίποτα. Ετσι, το μωρό μπορεί να ενεργήσει μόνο από ένστικτο.

Με παρόμοιο τρόπο, ο Αδάμ δεν είχε καθόλου πνευματική σοφία ή γνώσεις όταν αρχικά έγινε ζωντανό ον.

Ο Αδάμ Έμαθε την Γνώση της Ζωής από τον Θεό.

Ο Θεός φύτεψε έναν κήπο στην ανατολή, στην Εδέμ, και έβαλε εκεί τον Αδάμ. Ο Θεός έδωσε ο Ίδιος στον Αδάμ τη γνώση της ζωής και της αλήθειας, περπατώντας μαζί του εκεί, για να μπορεί ο Αδάμ να ελέγχει και να διοικεί τον Κήπο της Εδέμ.

Η Γένεση, εδάφιο 2:19, αναφέρει, *«Και ο Κύριος ο Θεός έπλασε από τη γη όλα τα ζώα του αγρού, και όλα τα πουλιά του ουρανού, και τα έφερε προς τον Αδάμ, για να δει πώς θα τα ονομάσει· και ό,τι όνομα θα έδινε ο Αδάμ σε κάθε έμψυχο, αυτό και να είναι το όνομά του.»* Ο Αδάμ ήταν λοιπόν αρκετά εφοδιασμένος με τη γνώση της ζωής ώστε να μπορεί να κυριαρχεί υπέρ όλων των πραγμάτων.

Επίσης, δεν φαινόταν καλό στον Θεό να είναι ο Αδάμ μονάχος του. Ετσι, ο Θεός τον έκανε να πέσει σε βαθύ ύπνο, για να του δημιουργήσει έναν κατάλληλο βοηθό. Ο Θεός πήρε ένα από τα πλευρά του άνδρα κλείνοντας το κενό με σάρκα, ενώ ο άνδρας κοιμόταν. Μετά, έπλασε μια γυναίκα απ' το πλευρό που είχε βγάλει από τον άνδρα, και του την έφερε. Ο Θεός έβαλε τον Αδάμ να ενωθεί με την γυναίκα του, κι έγιναν σάρκα μία (Γένεση 2:20-22).

Αυτό δεν έγινε επειδή ένοιωθε ο ίδιος ο Αδάμ μοναξιά, αλλά επειδή ο Θεός ήταν μόνος Του για μεγάλο χρονικό διάστημα πριν την έναρξη του χρόνου και ήξερε τι είναι η μοναξιά. Του Θεού η μεγάλη αγάπη και χάρη, Τον καθοδήγησαν να πλάσει την βοηθό του Αδάμ, και Αυτός, γνωρίζοντας εκ των προτέρων την κατάσταση του Αδάμ, ευλόγησε τον άνδρα και την γυναίκα του να είναι καρπεροί, να ακμάσουν, και να γεμίσουν την γη.

Η Μακρά Ζωή του Αδάμ στον Κήπο της Εδέμ

Τότε, πόσο καιρό ζούσαν ο Αδάμ με την γυναίκα του στον Κήπο της Εδέμ; Η Βίβλος δεν το συζητάει αυτό λεπτομερώς, αλλά πρέπει να ξέρετε ότι έζησαν εκεί πιο πολύ χρόνο από όσο νομίζει ο περισσότερος κόσμος.

Η Βίβλος αναφέρει όλα αυτά τα γεγονότα μέσα σε λίγους στίχους. Ετσι, πολύς κόσμος νομίζει ότι ο Αδάμ έφαγε τον απαγορευμένο καρπό και έπεσε στην καταστροφή όχι πολύ αργότερα από όταν τον έβαλε ο Θεός στον Κήπο της Εδέμ. Μερικοί ρωτούν: «Η Βίβλος λέει ότι η ιστορία των ανθρωπίνων όντων διαρκεί έξι χιλιάδες έτη, αλλά πώς μπορείτε να εξηγήσετε πολλά απολιθώματα τα οποία χρονολογούνται εδώ και πολλές εκατοντάδες χιλιάδες χρόνια;»

Η ιστορία της ανθρώπινης καλλιέργειας στην Βίβλο διαρκεί περίπου 6000 έτη, αρχίζοντας από την περίοδο που ο Αδάμ και η

Εύα εκδιώχθηκαν από τον Κήπο της Εδέμ. Δεν συμπεριλαμβάνει την μακρά περίοδο κατά την οποία ο Αδάμ και η Εύα είχαν ζήσει στον Κήπο της Εδέμ. Καθώς πέρασε πολύς χρόνος, υπήρξαν μεγάλες γεωλογικές και γεωγραφικές μεταβολές, όπως η αντίδραση του φλοιού της γης, καθώς και αρκετοί κύκλοι αναπαραγωγής και εξαφάνισης που είχαν συμβεί πάνω σε αυτή την γη.

Μόλις ευλόγησε ο Θεός τον Αδάμ και την γυναίκα του στην Γένεση, εδάφιο 1:28, ο πρώτος άνθρωπος, ο Αδάμ, πριν αναθεματισθεί, είχε περπατήσει με τον Θεό και είχε γεννήσει πολλά παιδιά επί μακρόν, και είχε γεμίσει τον Κήπο της Εδέμ. Ως αφέντης όλων των πλασμένων πραγμάτων, ο Αδάμ κατέκτησε και διοίκησε την γη, καθώς και τον Κήπο της Εδέμ.

Ο Αδάμ Παράκουσε με την Δική του Ελεύθερη Βούληση

Ο Θεός έδωσε ελεύθερη βούληση στον Αδάμ και στην Εύα, και τους επέτρεψε να απολαμβάνουν αφθονία και χαρά στον Κήπο της Εδέμ. Ωστόσο, υπήρχε ένα πράγμα το οποίο απαγόρευε ο Θεός: τους διέταξε να μην φάνε από το δέντρο της γνώσης του καλού και του κακού.

Αν ο Αδάμ είχε καταλάβει τα βάθη της καρδιάς του Θεού, και αν Τον αγαπούσε αληθινά, δεν θα είχε φάει τον απαγορευμένο καρπό, διότι θα γνώριζε την προσταγή του Θεού. Ομως, δεν υπάκουσε αυτή τη συγκεκριμένη διαταγή διότι δεν αγαπούσε τον Θεό αληθινά.

Ο Θεός τοποθέτησε το δέντρο της γνώσης του καλού και του κακού στον Κήπο της Εδέμ και κατέστησε τον αυστηρό νόμο μεταξύ Θεού και ανθρώπου. Επέτρεψε στον άνθρωπο να διατηρήσει την εντολή με την δική του ελεύθερη βούληση. Αυτό το έκανε επειδή ήθελε να αποκτήσει αληθινά τέκνα, τα οποία θα τον υπάκουαν από τα βάθη της καρδιάς τους.

Ο Αδάμ Αμέλησε τον Λόγο του Θεού

Στην Βίβλο, ο Θεός συχνά υπόσχεται ευλογίες σε εκείνους που υπακούν όλες τις εντολές Του και που λαμβάνουν υπόψη τους όλον τον Λόγο Του (Δευτερονόμιο 15:4-6, 28:1-14). Κι όμως, ποιος υπακούει όλες τις εντολές Του; Ακόμη και η Βίβλος παραδέχεται ότι υπάρχουν ελάχιστοι άνθρωποι στον κόσμο που μπορούν.

Ο Θεός θα είχε διδάξει στον πρώτο άνθρωπο, τον Αδάμ, ότι θα απολάμβανε την αιώνια ζωή και τις ευλογίες Του όσο υπάκουε τον Θεό, αλλά ότι θα κατέληγε στον αιώνιο θάνατο αν παράκουε τον Θεό. Ο Θεός τον προειδοποίησε να μην φάει από το δέντρο της γνώσης του καλού και του κακού.

Εντούτοις, ο Αδάμ και η Εύα αγνόησαν την προσταγή του Θεού, και έφαγαν τον απαγορευμένο καρπό. Ο Σατανάς προσπαθούσε εξ αρχής να διαταράξει το σχέδιό του Θεού για την ανατροφή αληθινών και πνευματικών τέκνων. Εν τέλει, ο Σατανάς πέτυχε και τους δελέασε να τον φάνε μέσω του φιδιού που ήταν πιο πονηρό από κάθε άλλο άγριο θηρίο (Γένεση 3:1). Ο Αδάμ και η Εύα παράκουσαν την διαταγή του Θεού. Πώς, λοιπόν, παράκουσε ο Αδάμ την διαταγή του Θεού αν και ήταν ζωντανό πνεύμα και είχε διδαχθεί μονάχα την αλήθεια από τον Θεό;

Στη Γένεση, στο εδάφιο 2:15, βρίσκουμε ότι ο Θεός όρισε τον Αδάμ να διοικεί και να φροντίζει τον Κήπο της Εδέμ. Ο Αδάμ έλαβε την δύναμη και την εξουσία από τον Θεό για να κυβερνά και να τον φρουρεί. Ο Θεός τον έβαλε να τον φρουρεί, μην τυχόν και ο εχθρικός διάβολος και ο Σατανάς εισβάλουν. Εντούτοις, ο Σατανάς πέτυχε να εξουσιάσει το ερπετό και να βάλει σε πειρασμό τον Αδάμ και την Εύα μέσω του φιδιού. Πώς ήταν αυτό δυνατόν;

Με λίγα λόγια, ο Σατανάς είναι ένα πονηρό πνεύμα που έχει εξουσία στο βασίλειο του αέρα. Ο Σατανάς δεν έχει σχήμα. Στην Προς Εφεσίους Επιστολή, στο εδάφιο 2:2, γίνεται αναφορά στον Σατανά ως πρίγκιπα της δύναμης του αέρος, ως το πνεύμα που τώρα λειτουργεί εντός των υιών της απείθειας.

Επειδή ο Σατανάς είναι σαν τα ραδιοκύματα που πετούν πάνω από τον αέρα, ο Σατανάς μπόρεσε να ελέγξει τον όφι στον Κήπο της Εδέμ για να βάλει σε πειρασμό τον Αδάμ και την Εύα. Η Γένεση, στο πρώτο κεφάλαιο, αναφέρει μια επαναλαμβανόμενη χαρακτηριστική φράση. Στο τέλος κάθε μέρας της δημιουργίας, η Βίβλος επαναλαμβάνει, «Ο Θεός είδε ότι ήταν καλό.» Αυτή η φράση δεν λέχθηκε την δεύτερη ημέρα, όταν έγινε η επέκταση.

Πάλι, στην Προς Εφεσίους Επιστολή, στο εδάφιο 2:2, αναφέρεται ένα χρονικό διάστημα, *«μέσα στο οποίο κάποτε περπατήσατε, σύμφωνα με το πολίτευμα του κόσμου τούτου, σύμφωνα με τον άρχοντα της εξουσίας του αέρα, του πνεύματος, που σήμερα ενεργεί στους γιους της απείθειας.»* Ο Θεός γνώριζε εκ των προτέρων ότι τα ακάθαρτα πνεύματα θα είχαν εξουσία στο βασίλειο του αέρα.

Η Εύα Έπεσε στον Πειρασμό του Φιδιού

Ο όφις είναι απλώς ένα από τα ζώα του χωραφιού. Πώς

κατόρθωσε να βάλει σε πειρασμό την Εύα να παρακούσει την εντολή του Θεού;

Στον Κήπο της Εδέμ, οι άνθρωποι ήταν ικανοί να επικοινωνούν με κάθε ζωντανό πλάσμα, όπως τα άνθη, τα δέντρα, τα πτηνά, τα θηρία, κλπ. Η Εύα, λοιπόν, μπορούσε να επικοινωνεί και με τον όφι. Αρχικά, τα φίδια τα αγαπούσαν οι άνθρωποι και είχαν φιλικές σχέσεις μαζί τους, αντίθετα με την σύγχρονη εποχή. Ηταν τόσο απαλά, καθαρά, μακριά, στρογγυλά, και σοφά, ώστε η Εύα τα ευνοούσε. Την γνώριζαν καλά και την ευχαριστούσαν. Η ίδια περίπτωση ισχύει και με τα σκυλιά, τα οποία τα ευνοούν οι ιδιοκτήτες τους, επειδή είναι πιο έξυπνα και ακολουθούν καλύτερα από κάθε άλλο ζώο.

Κι όμως, πολύς κόσμος λέει, «Τα φίδια είναι απαίσια, δηλητηριώδη, και σιχαμερά.» Αντιπαθούν τα φίδια σχεδόν ενστικτωδώς, επειδή τα φίδια είναι αυτά τα οποία ξεγέλασαν τον πρώτο άνθρωπο, τον Αδάμ και την γυναίκα του, την Εύα, για να παρακούσουν την εντολή του Θεού, και τους έσπρωξαν προς την οδό του θανάτου.

Για να καταλάβετε την φύση του φιδιού, πρέπει να γνωρίζετε τα χαρακτηριστικά του αρχικού χώματος. Κάθε χώμα έχει διαφορετικά συστατικά και διαφορετική σύνθετη αναλογία αυτών. Ανάλογα με τα στοιχεία που θα προστεθούν στο χώμα θα γίνει καλό ή φτωχό. Οταν ο Θεός έπλασε όλων των ειδών τα ζώα του αγρού και όλων των ειδών τα πτηνά του ουρανού, διάλεξε το χώμα που ήταν κατάλληλο για κάθε ζώο (Γένεση 2:19).

Ο Θεός, αρχικά, δεν έκανε το φίδι πονηρό. Το έκανε αρκετά σοφό για να το αγαπούν οι άνθρωποι. Εντούτοις, το φίδι έγινε πονηρό όταν το διαπέρασε η αμαρτωλή φύση. Αν το φίδι δεν είχε δεχθεί την φωνή του Σατανά, κι αν εκτελούσε μόνο το θέλημα του

Θεού, θα είχε μείνει σοφό και αγαθό ζώο. Επειδή άκουγε και υπάκουε την φωνή του Σατανά, όμως, το φίδι έγινε πονηρό ζώο, και εξαπάτησε την Εύα για να πέσει μέσα στον θάνατο.

Επειδή η Εύα Άλλαξε τον Λόγο του Θεού

Ο όφις ήξερε τι είχε πει ο Θεός στον Αδάμ: «*Από κάθε δέντρο του παραδείσου θα τρως ελεύθερα, από το δέντρο της γνώσης του καλού και του κακού, όμως, δεν θα φας απ' αυτό· επειδή, την ίδια ημέρα που θα φας απ' αυτό, θα πεθάνεις οπωσδήποτε*» (Γένεση 2:16-17). Κι έτσι, ο όφις ρώτησε πονηρά την Εύα, «*Στ' αλήθεια, είπε ο Θεός: Μη φάτε από κάθε δέντρο του παραδείσου;*» (Γένεση 3:1)

Πώς αποκρίθηκε η Εύα στον όφι;

> *Από τον καρπό των δέντρων του παραδείσου μπορούμε να φάμε· από τον καρπό, όμως, του δέντρου, που είναι στο μέσον του παραδείσου, ο Θεός είπε: Μη φάτε απ' αυτόν, μήτε να τον αγγίξετε, για να μη πεθάνετε* (Γένεση 3:2-3).

Ο Θεός έδωσε στον Αδάμ σαφή προειδοποίηση: «*Από το δέντρο της γνώσης του καλού και του κακού, όμως, δεν θα φας απ' αυτό· επειδή, την ίδια ημέρα που θα φας απ' αυτό, θα πεθάνεις οπωσδήποτε*» (Γένεση 2:17). Τόνισε ότι δεν πρόκειται να είναι ποτέ ζωντανοί αν φάνε από το δέντρο. Ωστόσο, η απάντηση της Εύας δεν ήταν τόσο προφανής. Αποκρίθηκε μόνο αόριστα, «Θα πεθάνετε.» Παρέλειψε την λέξη «οπωσδήποτε.» Μ' άλλα λόγια, η Εύα εννοούσε, «Αν φάτε τον απαγορευμένο καρπό, ίσως να πεθάνετε, ίσως και να μην πεθάνετε.»

Δεν φύλαξε στον νου της την εντολή του Θεού, και αμφέβαλε λιγάκι ως προς τον Λόγο του Θεού. Οταν ο όφις άκουσε την αόριστη και αμφίβολη απάντησή της, βιάσθηκε να την δελεάσει πιο σφιχτά. Διαστρέβλωσε την ίδια την εντολή του Θεού. Το φίδι είπε στην γυναίκα, «Δεν θα πεθάνετε σίγουρα.» Αρχισε να αλλάζει την εντολή του Θεού και να ενθαρρύνει την γυναίκα: *«Αλλ' ο Θεός ξέρει ότι την ίδια ημέρα που θα φάτε απ' αυτόν, τα μάτια σας θα ανοιχτούν, και θα είστε σαν θεοί, γνωρίζοντας το καλό και το κακό»* (Γένεση 3:5). Την έβαλε πάλι σε πειρασμό, ερεθίζοντας την περιέργειά της πιο πολύ.

Η Εύα Παράκουσε με την Ελεύθερη Βούλησή της

Αφού ο Σατανάς εμφύσησε αμαρτωλές επιθυμίες στη γυναίκα μέσω της αναληθούς σκέψης της, το δέντρο της φαινόταν διαφορετικό από ό,τι γνώριζε μέχρι τότε. Η Γένεση στο εδάφιο 3:6 αναφέρει, *«Και η γυναίκα είδε ότι το δέντρο ήταν καλό για τροφή, και ότι ήταν αρεστό στα μάτια, και το δέντρο ήταν επιθυμητό στο να δίνει γνώση· και αφού πήρε από τον καρπό του, έφαγε· και έδωσε και στον άνδρα της μαζί της, κι αυτός έφαγε.»*

Επρεπε να είχε διώξει τον πειρασμό του όφι κατηγορηματικά και τελείως. Οι λαχτάρες του αμαρτωλού ανθρώπου, ο πόθος των οφθαλμών της, και η περηφάνια της ζωής την κυρίευσαν, και την οδήγησαν στην αμαρτία της ανυπακοής.

Μερικοί λένε, «Μήπως έφαγαν ο Αδάμ και η Εύα τον καρπό του δέντρου της γνώσης του καλού και του κακού επειδή είχαν μέσα τους την αμαρτωλή φύση»; Δεν είχαν καμιά αμαρτωλή φύση μέσα τους, αλλά μόνο καλοσύνη, πριν παρακούσουν. Είχαν μόνο την δική τους ελεύθερη βούληση, με την οποία μπορούσαν να φάνε ή να μην φάνε το απαγορευμένο φρούτο ενάντια στην εντολή του Θεού.

Με το πέρασμα του χρόνου, παραμέλησαν την εντολή του Θεού. Τότε, τους έβαλε σε πειρασμό ο Σατανάς με τον όφι, και υπέκυψαν στον πειρασμό. Με αυτόν τον τρόπο, η αμαρτία γεννήθηκε μέσω αυτών, και παραβίασαν την τάξη που είχε εγκαταστήσει ο Θεός.

Είναι παρόμοια περίπτωση με την ανάπτυξη της κακοήθειας στα παιδιά. Ακόμη και ένα παιδί που είναι κακόβουλο στις πράξεις και στα λόγια, δεν είναι πάντοτε έτσι κακό ή πανούργο εκ γενετής. Αρχικά, μιμείται τα χυδαία λόγια άλλων παιδιών, ή βρίζει δίχως να ξέρει το νόημα των λέξεων. Η μπορεί να ακολουθήσει κάποιο αγόρι που χτυπάει ένα άλλο, και να του αρέσει να χτυπάει άλλα αγόρια και να τα βλέπει να ξεσπάνε σε δάκρυα. Κι έτσι, χτυπάει τους άλλους επανειλημμένως, και το κακό συλλαμβάνεται και μεγαλώνει μέσα του.

Με τον ίδιο τρόπο, ο Αδάμ στην αρχή δεν είχε αμαρτωλή φύση. Μόλις παράκουσε την εντολή του Θεού και έφαγε από το δέντρο με την ελεύθερη βούλησή του, συνέλαβε την αμαρτία, και η πονηριά εγκαταστάθηκε μέσα του.

Οι Απολαβές της Αμαρτίας Είναι ο Θάνατος

Οπως είπε ο Θεός στον Αδάμ, «Να μην φας από το δέντρο της γνώσης του καλού και του κακού. Οταν φάτε από αυτό, σίγουρα θα πεθάνετε,» ο Αδάμ και η Εύα αναμφίβολα πέθαναν όταν έφαγαν από το δέντρο. Στην Επιστολή του Ιακώβου, 1:15, αναφέρεται,

«Έπειτα, η επιθυμία, αφού συλλάβει, γεννάει την αμαρτία· και η αμαρτία, μόλις εκτελεστεί, γεννάει τον θάνατο.»

Στην Προς Ρωμαίους Επιστολή, 6:23, διδάσκεται ο νόμος του πνευματικού βασιλείου σχετικά με την συνέπεια της αμαρτίας, *«Ο μισθός της αμαρτίας είναι θάνατος.»* Ας ερευνήσουμε πώς ήρθε ο θάνατος στον Αδάμ και στην Εύα εξαιτίας της παρακοής τους.

Ο Θάνατος των Πνευμάτων τους

Ο Θεός είπε καθαρά στον Αδάμ, «Από το δέντρο της γνώσης του καλού και του κακού, όμως, δεν θα φας, επειδή, την ίδια ημέρα που θα φας απ' αυτό, θα πεθάνεις οπωσδήποτε.» Εντούτοις, δεν πέθαναν αμέσως μετά την ανυπακοή τους προς την εντολή του Θεού. Έζησαν μακρά ζωή και γέννησαν πολλά παιδιά. Τότε, ποιος ήταν ο «θάνατος» για τον οποίον τους είχε προειδοποιήσει ο Θεός;

Δεν εννοούσε μόνο τον θάνατο των σωμάτων τους, αλλά τον θάνατο των πνευμάτων τους. Οι άνθρωποι είναι πλασμένοι με πνεύμα που μπορεί να επικοινωνεί με τον Θεό, με ψυχή που είναι ο δούλος του πνεύματός τους, και με σώμα, εντός του οποίου κατοικούν το πνεύμα και η ψυχή τους. Στην Προς Θεσσαλονικείς Α' Επιστολή, 5:23, αναφέρεται ότι οι άνθρωποι αποτελούνται από πνεύμα, ψυχή, και σώμα. Όταν ο Αδάμ και η Εύα παράκουσαν την προσταγή του Θεού, το πνεύμα τους, ο αφέντης του ανθρώπου, πέθανε.

Ο Θεός είναι άμεμπτος και άσπιλος, και είναι ο Άγιος που κατοικεί εντός απλησίαστου φωτός, ώστε οι αμαρτωλοί δεν μπορούν να είναι μαζί Του. Ο Αδάμ ήταν ικανός να επικοινωνεί με τον Θεό όταν ήταν ζωντανό πνεύμα, αλλά δεν μπορούσε πλέον να επικοινωνεί με τον Θεό όταν πέθανε το πνεύμα του εξαιτίας της αμαρτίας.

Η Αρχή της Οδυνηρής Ζωής

Ο Κήπος της Εδέμ ήταν ένας πολύ άφθονος και όμορφος τόπος όπου δεν υπήρχε καμία ανησυχία και αγωνία, και ο Αδάμ με την Εύα μπορούσαν να ζήσουν εκεί αιώνια, τρώγοντας από το δέντρο της ζωής. Αλλά, εκδιώχθηκαν απ' τον Κήπο της Εδέμ αφού αμάρτησαν. Από εκείνη την στιγμή, άρχισαν τα βάσανα και οι δυσκολίες τους.

Η γυναίκα άρχισε να έχει πολλούς πόνους στην τεκνοποιία. Άρχισε να ποθεί τον άνδρα της, και ο άνδρας της άρχισε να την διαφεντεύει. Μόνο όταν καλλιεργούσε την καταραμένη γη με σκληρούς, οδυνηρούς κόπους, μπορούσε ο άνθρωπος να φάει από αυτήν τις υπόλοιπες μέρες της ζωής του (Γένεση 3:16-17).

Ο Θεός λέει στον Αδάμ στη Γένεση, στο εδάφιο 3:18-19, *«Αγκάθια δε και τριβόλια θα βλαστάνει για σένα· και θα τρως το χορτάρι του χωραφιού· με τον ιδρώτα του προσώπου σου θα τρως το ψωμί σου, μέχρις ότου επιστρέψεις στη γη, από την οποία πάρθηκες· επειδή, γη είσαι και σε γη θα επιστρέψεις.»*

Μέσω τούτων των στίχων, ο Θεός υπονοεί ότι ο άνθρωπος πρέπει να επιστρέψει σε μια χούφτα χώματος. Επειδή ο Αδάμ, ο προπάτορας όλης της ανθρωπότητας, διέπραξε την αμαρτία της παρακοής και το πνεύμα του πέθανε, όλοι οι απόγονοί του γεννιούνται αμαρτωλοί και οδεύουν την οδό του θανάτου.

Στην Προς Ρωμαίους Επιστολή, στο εδάφιο 5:12, καταγράφεται η αιώνια κληρονομιά του Αδάμ: *«Γι' αυτό, όπως διαμέσου ενός ανθρώπου η αμαρτία μπήκε μέσα στον κόσμο, και με την αμαρτία ο θάνατος, και με τον τρόπο αυτό ο θάνατος πέρασε μέσα σε όλους τους ανθρώπους, για τον λόγο ότι όλοι αμάρτησαν.»*

Όλοι οι Άνθρωποι Γεννιούνται με το Προπατορικό Αμάρτημα

Ο Θεός επιτρέπει στους ανθρώπους να είναι καρπεροί και να πληθαίνουν μέσω των σπόρων της ζωής που τους δίνει όταν τους δημιουργεί. Οι άνθρωποι συλλαμβάνονται με την ενοποίηση ενός σπέρματος και ενός ωαρίου, τα οποία δίνει ο Θεός σε κάθε άνδρα και σε κάθε γυναίκα ως σπόρους της ζωής. Επειδή το σπέρμα ή το ωάριο έχει τα χαρακτηριστικά του κάθε γονέα, το μωρό που συλλαμβάνεται με την ενοποίηση του σπέρματος και του ωαρίου μοιάζει με τους γονείς του/της στην εμφάνιση, στον χαρακτήρα, στα γούστα, στις συνήθειες, στις προτιμήσεις, στην στάση περπατήματος, και σε άλλα.

Κατ' αυτόν τον τρόπο, η αμαρτωλή φύση του Αδάμ έχει μεταδοθεί σ' όλους τους απογόνους του, εφόσον αμάρτησε ο Αδάμ, ο προπάτορας όλων των ανθρώπων. Λέγεται «το προπατορικό αμάρτημα.» Οι απόγονοι του Αδάμ γεννιούνται με το προπατορικό αμάρτημα. Ετσι, όλοι οι άνθρωποι είναι αναπόφευκτα αμαρτωλοί.

Μερικοί άπιστοι παραπονιούνται, «Γιατί ή πώς στο καλό είναι δυνατόν να είμαι εγώ αμαρτωλός; Δεν έχω διαπράξει ουδεμία αμαρτία.» Η, άλλοι ρωτούν, «Πώς είναι δυνατόν να μεταδόθηκε σε εμένα η αμαρτία του Αδάμ;»

Ας πάρουμε το παράδειγμα ενός παιδιού. Μια μητέρα που θηλάζει έχει ένα παιδί που δεν είναι ακόμη ενός χρόνου. Θηλάζει κι ένα άλλο παιδί μπροστά στα μάτια του δικού της παιδιού. Είναι πολύ πιθανόν ότι το μωρό θα συγχυστεί και θα προσπαθήσει να σπρώξει μακριά το άλλο μωρό. Αν δεν σταματήσει η μητέρα να θηλάζει το άλλο μωρό, ή αν το μωρό δεν πάψει να βυζαίνει το στήθος της, το παιδί της πιθανόν να σπρώξει ή να χτυπήσει την μητέρα ή το άλλο μωρό. Αν η μητέρα συνεχίσει να δίνει γάλα στο άλλο μωρό, το δικό της μωρό πιθανόν να βάλει τα κλάματα.

Αν και κανείς δεν δίδαξε στο μωρό τον φθόνο, την ζήλια, το μίσος, την πλεονεξία, ή το να χτυπάει, το μωρό είχε όλα αυτά τα κακά πράγματα στο μυαλό του από τον καιρό που γεννήθηκε. Αυτό το γεγονός εξηγεί ότι οι άνθρωποι γεννιούνται με το προπατορικό αμάρτημα, το οποίο κληρονομήθηκε από τους γονείς τους.

Πόσο περισσότερο αμαρτάνει ο καθένας από μόνος του κατά την διάρκεια της ζωής του; Πρέπει να καταλάβετε ότι όχι μονάχα οι αμαρτωλές πράξεις, αλλά και κάθε είδους πονηριά στον νου του ανθρώπου είναι αμαρτία ενώπιον του Θεού, ο οποίος είναι το φως το ίδιο. Ο Θεός διακρίνει και παρακολουθεί την πονηριά στο μυαλό, όπως το μίσος, την πλεονεξία, την επίκριση, και πολλά άλλα.

Ετσι, η Βίβλος μάς λέει ότι ουδείς δεν θα ανακηρυχθεί δίκαιος εν όψει του Θεού τηρώντας τον νόμο, και ότι όλοι οι άνθρωποι είναι κατώτεροι της δόξας του Θεού διότι έχουν αμαρτήσει (Προς Ρωμαίους 3:20, 23).

Όχι Μόνο ο Άνθρωπος, Αλλά και Όλα τα Πράγματα Αναθεματίστηκαν

Οταν ο Αδάμ, ο οποίος ήταν αφέντης όλης της δημιουργίας, αμάρτησε και αναθεματίστηκε, η γη και όλα τα ζωντανά, όλα τα ζώα του αγρού και τα πτηνά του αέρος αναθεματίστηκαν μαζί του. Από τότε, δημιουργήθηκαν βλαβερά και δηλητηριώδη έντομα, όπως οι μύγες και τα κουνούπια που μεταδίδουν πολλών ειδών νοσήματα.

Η γη άρχισε να παράγει αγκάθια και γαϊδουράγκαθα, και οι άνθρωποι μπορούσαν να θερίζουν τα φυτά για την τροφή τους μόνο με οδυνηρούς κόπους και με τον ιδρώτα του προσώπου τους. Οι άνθρωποι αναγκάσθηκαν να μάθουν για τα δάκρυα, την λύπη, τον πόνο, τις νόσους, τον θάνατο, και για άλλα παρόμοια, διότι ήταν καταραμένοι σε τούτη την γη.

Ετσι, η Προς Ρωμαίους Επιστολή, εδάφιο 8:20-22 αναφέρει, *«Επειδή, η φύση υποτάχθηκε στη ματαιότητα, όχι θελητικά, αλλά εξαιτίας εκείνου που την υπέταξε, με την ελπίδα ότι, και η ίδια η κτίση θα ελευθερωθεί από τη δουλεία της φθοράς, και θα μεταβεί στην ελευθερία της δόξας των παιδιών του Θεού. Επειδή, ξέρουμε καλά ότι ολόκληρη η κτίση συστενάζει, και συμπάσχει με ωδίνες, μέχρι και τώρα.»*

Τότε, πώς αναθεματίστηκε το φίδι; Στη Γένεση, εδάφιο 3:14, ο Θεός είπε στο πονηρό φίδι που έβαλε σε πειρασμό τους ανθρώπους για να αμαρτήσουν, *«Επειδή έκανες τούτο, επικατάρατο να είσαι ανάμεσα σε όλα τα κτήνη, και όλα τα ζώα του χωραφιού· επάνω στην κοιλιά σου θα περπατάς, και θα τρως χώμα, όλες τις ημέρες της ζωής σου.»* Τα φίδια, πάντως, δεν τρώνε χώμα αλλά ζώα, όπως πουλιά, βατράχους, ποντίκια, ή έντομα. Ο Θεός είπε ξεκάθαρα, «Και θα τρως χώμα όλες τις ημέρες της ζωής σου.» Πώς πρέπει να ερμηνεύσετε αυτό τον στίχο;

Το «χώμα» εδώ συμβολίζει *«τους ανθρώπους που είναι πλασμένοι από το χώμα της γης»* (Γένεση 2:7), και «ο όφις» αντιπροσωπεύει τον εχθρό διάβολο και τον Σατανά (Αποκάλυψη 20:2). Το «Θα τρως χώμα, όλες τις ημέρες της ζωής σου» συμβολίζει το ότι ο Σατανάς και ο διάβολος καταβροχθίζουν τους ανθρώπους που δεν ζουν σύμφωνα με τον Λόγο του Θεού, αλλά προτιμούν να περπατούν στο σκοτάδι.

Ακόμη και τα τέκνα του Θεού αντιμετωπίζουν βάσανα και

δυσκολίες που τους φέρνουν ο διάβολος και ο Σατανάς, αν διαπράττουν κακοήθειες και αν αμαρτάνουν ενάντια στη βούληση του Θεού. Σήμερα, ο Σατανάς και ο διάβολος τριγυρίζουν σαν το βρυχώμενο λιοντάρι, ψάχνοντας για κάποιον να καταβροχθίσουν (Α' Επιστολή Πέτρου 5:8). Αν βρουν κάποιον, θα τον/την σκλαβώσουν με την κατάρα της αμαρτίας, και θα σύρουν αυτό το πρόσωπο στον δρόμο της καταστροφής. Αν είναι δυνατόν, προσπαθούν να βάλουν σε πειρασμό ακόμη και τα τέκνα του Θεού.

Ο Σατανάς και ο διάβολος βάζουν σε πειρασμό εκείνους που λένε, «Πιστεύω στον Θεό» ενώ δεν είναι βέβαιοι για τον Λόγο του Θεού, και τους οδηγούν στην οδό του θανάτου. Συνήθως, ο Σατανάς και ο διάβολος προσπαθούν να σας δελεάσουν μέσω των πιο κοντινών σας προσώπων, σαν τον/την σύζυγό σας, τον φίλο ή τον συγγενή σας-όπως δελέασαν την Εύα μέσω του όφι, ένα από τα πιο αγαπημένα της ζώα.

Φερ' ειπείν, ο/η σύζυγος ή ο φίλος σας μπορεί να ρωτήσει, «Δεν σου αρκεί να παρίστασαι στην Κυριακάτικη Πρωινή λειτουργία; Είναι ανάγκη να πηγαίνεις πάντα και στην βραδινή Κυριακάτικη λειτουργία;» ή «Πάντα προσπαθείς όσο μπορείς για να συναθροίζεσαι κάθε μέρα;» «Ο Θεός διακρίνει και γνωρίζει και την πιο βαθιά εσωτερική σου σκέψη, διότι είναι παντογνώστης και παντοδύναμος. Είναι απαραίτητο να φωνάζεις δυνατά στην προσευχή σου;»

Ο Θεός σάς διέταξε να θυμόσαστε την Κυριακή και να την κρατάτε αγία (Εξοδος 20:8), να προσπαθείτε να συναθροίζεστε εις το όνομα του Κυρίου (Προς Εβραίους 10:25), και να προσεύχεστε δυνατά (Ιερεμίας 33:3). Ο Σατανάς δεν μπορεί να παρασύρει ή να κάνει να αμαρτήσουν εκείνοι που κατοικούν στον Λόγο του Θεού ολοκληρωτικά (Κατά Ματθαίον 7:24-25).

Όπως αναφέρεται στην Προς Εφεσίους Επιστολή, 6:11, *«ντυθείτε την πανοπλία του Θεού, για να μπορέσετε να σταθείτε ενάντια στις μεθοδείες του διαβόλου.»* πρέπει να εφοδιαστείτε με τον Λόγο της Αληθείας του Θεού και να διώξετε μέσω της πίστης τον εχθρό διάβολο και τον Σατανά.

Γιατί Τοποθέτησε ο Θεός το Δέντρο της Γνώσης στον Κήπο της Εδέμ;

Ο Θεός δεν τοποθέτησε το δέντρο της γνώσεως του καλού και του κακού στον Κήπο της Εδέμ για να οδηγήσει τους ανθρώπους στην καταστροφή, αλλά για να τους χαρίσει αληθινή ευτυχία. Δίχως να κατανοεί το βαθύ Του σχέδιο, πολύς κόσμος παρεξηγεί την αγάπη και την δικαιοσύνη του Θεού, και δεν πιστεύουν στον Θεό. Ζουν μια πληκτική ή ανούσια ζωή, δίχως να βρίσκουν τον πραγματικό σκοπό της ζωής τους.

Γιατί, λοιπόν, τοποθέτησε ο Θεός το δέντρο της γνώσεως του καλού και του κακού στον Κήπο της Εδέμ, και πώς σας φέρνει αυτό μεγάλες ευλογίες;

Ο Αδάμ και η Εύα δεν Ήξεραν την Αληθινή Ευτυχία

Ο Κήπος της Εδέμ ήταν πανέμορφος και άφθονος πέρα από την φαντασία σας. Ο Θεός έφτιαξε διαφόρων ειδών δέντρα να βλασταίνουν από το έδαφος, ευχάριστα στους οφθαλμούς και καλά για τροφή. Στο κέντρο του Κήπου υπήρχε το δέντρο της ζωής και το δέντρο της γνώσης του καλού και του κακού (Γένεση 2:9).

Γιατί, τότε, τοποθέτησε ο Θεός το δέντρο της γνώσης του καλού και του κακού στο κέντρο του Κήπου, μαζί με το δέντρο της ζωής, ώστε να φαίνεται καλά; Ο Θεός δεν είχε ποτέ σκοπό να οδηγήσει τους ανθρώπους στην οδό της καταστροφής δελεάζοντάς τους να φάνε από το δέντρο. Υπήρχε η πρόνοια του Θεού για να μας επιτραπεί να καταλάβουμε την σχετικότητα, μέσω του δέντρου της γνώσης του καλού και του κακού, και για να γίνουμε αληθινά και πνευματικά Του τέκνα, τα οποία θα είναι ικανά να νιώθουν την καρδιά Του.

Καθώς οι άνθρωποι έχουν δοκιμάσει δάκρυα, θλίψη, φτώχεια, ή αρρώστιες, ίσως νομίζουν ότι ο Αδάμ και η Εύα μάλλον ήταν πολύ ευτυχισμένοι στον Κήπο της Εδέμ, επειδή δεν είχαν εμπειρίες από πόνο, δάκρυα, λύπες, φτώχεια ή αρρώστιες σ' αυτό τον κόσμο. Όμως, οι άνθρωποι στον Κήπο της Εδέμ δεν γνώριζαν ούτε αληθινή ευτυχία ούτε αληθινή αγάπη, διότι δεν είχαν ζήσει την σχετικότητα.

Ας πάρουμε ένα παράδειγμα. Υπάρχουν δυο αγόρια. Το ένα γεννήθηκε και μεγάλωσε στην φτώχεια, ενώ το άλλο γεννήθηκε στην αφθονία και την απολάμβανε. Αν δώσετε στο καθένα ένα πολύ ακριβό παιχνίδι για δώρο, πως θα αντιδράσει το καθένα; Αφενός, το αγόρι που μεγάλωσε στην αφθονία δεν θα είναι πολύ ευγνώμον, διότι σπανίως νιώθει την αξία ενός παιχνιδιού. Αφετέρου, το άλλο αγόρι που μεγάλωσε στην φτώχεια θα είναι πολύ ευγνώμον και θα θεωρεί το παιχνίδι πολύ πολύτιμο.

Η Αληθινή Ευτυχία Έρχεται Μέσω της Σχετικότητας

Κατά τον ίδιο τρόπο, εκείνοι που δεν βιώνουν απόλυτα την

ελευθερία ή την αφθονία, γνωρίζουν και απολαμβάνουν την αληθινή ευτυχία ή την αληθινή ελευθερία. Αντίθετα με τον Κήπο της Εδέμ, σε τούτο τον κόσμο υπάρχουν πολλά σχετικά πράγματα. Αν επιθυμείτε να γνωρίσετε και να απολαύσετε την πραγματική αξία των πραγμάτων, θα πρέπει να βιώσετε την σχετικότητα. Δεν θα μπορέσετε να διακρίνετε την πραγματική τους αξία πλήρως μέχρι να βιώσετε και τις αντίθετες πλευρές.

Λόγου χάριν, αν επιθυμείτε να γνωρίσετε την αληθινή ευτυχία, θα πρέπει να ζήσετε την δυστυχία. Αν επιθυμείτε να γνωρίσετε την αξία της αληθινής αγάπης, πρέπει να δοκιμάσετε το μίσος. Δεν μπορείτε να αντιληφθείτε την αξία της υγείας σας πλήρως μέχρι να νιώσετε τον πόνο της νόσου ή της αδιαθεσίας. Δεν θα καταλάβετε την αξία της αιώνιας ζωής, και δεν θα είστε ευγνώμονες προς τον Πατέρα Θεό που προετοιμάζει τον Παράδεισο, μέχρι να συνειδητοποιήσετε ότι σίγουρα υπάρχει ο θάνατος και η κόλαση.

Ο πρώτος άνθρωπος, ο Αδάμ, απολάμβανε να τρώει ό,τι επιθυμούσε, και είχε την εξουσία να διοικεί τα πάντα στον Κήπο της Εδέμ. Τα απέκτησε όλα αυτά δίχως οδυνηρούς κόπους και δίχως τον ιδρώτα του μετώπου του. Γι' αυτό, δεν εξέφρασε ευγνωμοσύνη προς τον Θεό που του τα έδωσε όλα αυτά, κι ούτε γνώριζε την χάρη και την αγάπη Του στην καρδιά του.

Αργότερα, ο Αδάμ παράκουσε την εντολή του Θεού όταν έφαγε τον καρπό. Μέχρι τότε ήταν ζωντανό πνεύμα, αλλά αφού αμάρτησε, το πνεύμα του πέθανε και έγινε άνθρωπος της σάρκας. Η γυναίκα του και αυτός εκδιώχθηκαν από τον Κήπο της Εδέμ, και ήρθαν να ζήσουν σε τούτη τη γη. Άρχισε να υπομένει πράγματα που δεν είχε βιώσει ποτέ στον Κήπο της Εδέμ: δάκρυα, θλίψη, αρρώστιες, πόνο, ατυχία, θάνατο, κλπ. Τελικά, δοκίμασε όλα αυτά τα οποία είναι τα αντίθετα από την ευτυχία στον Κήπο της Εδέμ.

Σε αυτή την διαδικασία, ο Αδάμ και η Εύα μπόρεσαν να καταλάβουν και να νιώσουν πώς είναι η ευτυχία και η δυστυχία, και πόσο πολύτιμη ήταν η ελευθερία και η αφθονία που τους είχε χορηγήσει ο Θεός στον Κήπο της Εδέμ.

Η ζωή σας θα είναι δίχως νόημα αν ζείτε αιώνια, δίχως να γνωρίζετε τι είναι η ευτυχία και η δυστυχία. Ακόμη και αν έχετε δυσκολίες τώρα, η ζωή σας θα είναι πιο πολύτιμη και θα έχει περισσότερο νόημα αν αργότερα μπορέσετε να νιώσετε αληθινή ευτυχία.

Φερ' ειπείν, ακόμη και αν οι γονείς περιμένουν ότι τα παιδιά τους θα καταβάλουν μεγάλους κόπους στην μελέτη, επιτρέπουν στα παιδιά τους να πάνε σχολείο. Αν αγαπούν τα παιδιά τους, οι γονείς θα τα βοηθήσουν πρόθυμα να μελετήσουν σκληρά ή να δοκιμάσουν πολλά καλά πράγματα. Είναι η ίδια περίπτωση με την καρδιά του Πατέρα Θεού, ο οποίος έστειλε τους ανθρώπους σ' αυτό τον κόσμο και τους καλλιεργεί ως αληθινά τέκνα Του μέσω ποικίλων εμπειριών.

Για τον ίδιο λόγο, ο Θεός τοποθέτησε το δέντρο της γνώσης του καλού και του κακού στον Κήπο της Εδέμ και δεν εμπόδισε τον Αδάμ και την Εύα να φάνε απ' αυτό με την ελεύθερη βούλησή τους. Τα σχεδίασε όλα έτσι ώστε να έχουν οι άνθρωποι διάφορες εμπειρίες χαράς, θυμού, λύπης και ηδονής σε τούτο τον κόσμο, και για να γίνουν δικά Του αληθινά τέκνα μέσω της ανθρώπινης καλλιέργειας.

Μέσω οδυνηρών εμπειριών, θα μπορέσουν εν τέλει να καταλάβουν την πραγματική αξία και το νόημα αυτών των πραγμάτων, ένα – ένα στο βάθος της καρδιάς τους.

Επειδή θα έχουν μάθει και θα έχουν νιώσει αληθινή ευτυχία μέσω της ανθρώπινης καλλιέργειας, τα τέκνα του Θεού δεν θα προδώσουν τον Θεό ξανά, αντίθετα μ' ό,τι έκανε ο Αδάμ στον Κήπο της Εδέμ, ασχέτως πόσος χρόνος θα περάσει. Αντίθετα, θα Τον αγαπούν όλο και πιο πολύ, θα γεμίσουν με χαρά και ευγνωμοσύνη, και θα Του αποδώσουν σπουδαιότερη δόξα.

Η Αληθινή Ευτυχία στον Παράδεισο

Τα τέκνα του Θεού που έχουν βιώσει δάκρυα, λύπη, πόνο, ασθένειες, θάνατο κλπ, σε τούτο τον κόσμο, θα εισέλθουν στον αιώνιο Παράδεισο και θα απολαμβάνουν αιώνια ευτυχία, αγάπη, χαρά, και ευχαριστία για πάντα. εκεί. Θα νιώθουν την χαρά της αιώνιας ευτυχίας στον Παράδεισο.

Σ' αυτόν τον σαρκικό κόσμο, όλα σαπίζουν και πεθαίνουν, αλλά δεν υπάρχει σήψη, θάνατος, δάκρυα και λύπη στο αιώνιο ουράνιο βασίλειο. Ο χρυσός έχει ύψιστη αξία στον κόσμο αυτόν, αλλά στη Νέα Ιερουσαλήμ στον ουρανό όλοι οι δρόμοι είναι κατασκευασμένοι από καθαρό χρυσάφι. Οι ουράνιες οικείες είναι οικοδομημένες από πανέμορφα και πολύτιμα κοσμήματα. Είναι τόσο θαυμάσια και όμορφα!

Εγώ θεωρούσα τον χρυσό και τα κοσμήματα ως πολυτιμότατα μέχρι να γνωρίσω τον Θεό, αλλά από την στιγμή που έμαθα για το αιώνιο βασίλειο, άρχισα να θεωρώ τα πάντα σε αυτόν τον κόσμο μάταια ή ανάξια. Η ζωή σ' αυτόν τον κόσμο είναι μια στιγμή σε σύγκριση με το ουράνιο βασίλειο. Αν πράγματι πιστεύετε και ελπίζετε για τον αιώνιο ουρανό, ποτέ δεν θα αγαπήσετε ετούτο τον κόσμο. Αντιθέτως, θα σκέφτεστε μόνο τι θα πρέπει και τι θα μπορούσατε να κάνετε για να σώσετε τουλάχιστον ένα ακόμη άτομο, ή πώς θα μπορούσατε να εκχριστιανίσετε όλους τους ανθρώπους παντού στον κόσμο. Θα συσσωρεύετε ανταμοιβές για τον εαυτόν σας στον ουρανό, προσφέροντας το καλύτερο στον Θεό μ' όλη σας την καρδιά, όχι προσπαθώντας να μαζέψετε θησαυρούς για τον εαυτόν σας επί της γης.

Ο απόστολος Παύλος κατάφερε να διασχίσει τον σκληρό του δρόμο μέχρι τέλους με χαρά και ευγνωμοσύνη, διότι είδε τον τρίτο ουρανό που του έδειξε ο Θεός σε όραμα. Αναγκάστηκε να αντέξει τεράστιες δυσκολίες ως απόστολος για τους μη—Ιουδαίους. Ο Θεός του έδειξε την τρανή ομορφιά των ουρανών και τον ενθάρρυνε να ακολουθήσει τον δρόμο του μέχρι το τέλος, με ελπίδα για τον Παράδεισο. Τον χτύπησαν με ράβδους, τον μαστίγωσαν βαριά, τον λιθοβόλησαν, τον φυλάκισαν συχνά, και έχυσε το αίμα του κηρύττοντας το Ευαγγέλιο του Κυρίου. Παρ' όλα αυτά, ο Παύλος ήξερε ότι όλα αυτά θα επιβραβευτούν τα μέγιστα και απερίγραπτα στον ουρανό. Στο τέλος, όλες οι δυσκολίες του συνέβησαν για μεγάλες ουράνιες ευλογίες.

Οι άνθρωποι του Θεού δεν ελπίζουν σε τούτο τον κόσμο. Λαχταρούν μονάχα το ουράνιο βασίλειο. Τούτος ο κόσμος, στα μάτια του Θεού είναι μια στιγμή, ενώ η ζωή στο ουράνιο βασίλειο είναι αιώνια. Δεν υπάρχουν δάκρυα, ή θλίψη, ή βάσανα, ή θάνατος στα ουράνια. Και έτσι, μπορούν να ζουν πάντα χαρούμενα, ελπίζοντας σε σπουδαία χαρίσματα με τα οποία θα τους επιβραβεύσει ο Θεός στον ουρανό, ανάλογα με το τι έχουν σπείρει ή πράξει.

Επομένως, προσεύχομαι εις το όνομα του Κυρίου ημών Ιησού Χριστού να καταλάβετε την σπουδαία αγάπη και την πρόνοια του Θεού του Δημιουργού, και να προετοιμάσετε τον εαυτό σας για να εισέλθετε στον Παράδεισο, ώστε να απολαμβάνετε αιώνια ζωή και αληθινή ευτυχία σε έναν καταπληκτικά όμορφο και ένδοξο ουρανό.

Κεφάλαιο 4

Το Απόκρυφο Μυστικό πριν την Αρχή του Χρόνου

- Η Εξουσία του Αδάμ Παραδίδεται στον Διάβολο
- Ο Νόμος για την Εξαγορά της Γης
- Το Απόκρυφο Μυστικό Πριν την Αρχή του Χρόνου
- Ο Ιησούς Εχει τα Προσόντα Σύμφωνα με τον Νόμο

…Το Μήνυμα του Σταυρού

Μάλιστα, μιλάμε σοφία ανάμεσα στους τελείους· σοφία, όμως, όχι τούτου του αιώνα, ούτε των αρχόντων τούτου του αιώνα, που φθείρονται· αλλά, μιλάμε σοφία Θεού, μυστηριώδη, που ήταν κρυμμένη, την οποία ο Θεός προόρισε πριν από τους αιώνες προς δική μας δόξα· την οποία κανένας από τους άρχοντες τούτου του αιώνα δεν γνώρισε, επειδή, αν θα γνώριζαν, δεν θα σταύρωναν τον Κύριο της δόξας.

Προς Κορινθίους Α' 2:6-8

Ο Αδάμ και η Εύα έπεσαν σε πειρασμό στον Κήπο της Εδέμ εξαιτίας του όφι, παράκουσαν την εντολή του Θεού, και έφαγαν από το δέντρο της γνώσης του καλού και του κακού, διότι είχαν στο μυαλό τους την επιθυμία να γίνουν σαν τον Θεό. Ως αποτέλεσμα, οι ίδιοι και όλοι οι απόγονοί τους έγιναν αμαρτωλοί.

Από την σκοπιά ενός ανθρωπίνου όντος, ο Αδάμ και η Εύα θεωρούνται αξιοθρήνητοι, επειδή εκδιώχθηκαν από τον Κήπο της Εδέμ και επειδή θα έπρεπε να πάρουν την οδό του θανάτου. Μιλώντας πνευματικά, όμως, πρόκειται για καταπληκτική ευλογία του Θεού, αφού θα τους δοθεί η ευκαιρία να απολαμβάνουν σωτηρία, αιώνια ζωή, και ουράνιες ευλογίες μέσω του Ιησού Χριστού.

Μέσω της ανθρώπινης καλλιέργειας, το μυστικό που είχε κρυφτεί για την δική σας δόξα πριν από την αρχή του χρόνου, αποκαλύφθηκε, και η οδός της σωτηρίας ανοίχθηκε ευρέως σ' όλα τα έθνη. Ας ψάξουμε βαθύτερα μέσα στο μυστικό που είχε κρυφτεί πριν αρχίσει ο χρόνος, και τον τρόπο με τον οποίον ανοίχθηκε η οδός της σωτηρίας.

Η Εξουσία του Αδάμ Παραδίδεται στον Διάβολο

Στο Κατά Λουκάν Ευαγγέλιο, εδάφιο 4:5-6, βρίσκουμε τον διάβολο να βάζει σε πειρασμό τον Ιησού που είχε μόλις τελειώσει νηστεία 40 ημερών.

> *Και ο διάβολος, ανεβάζοντάς τον σε ένα ψηλό βουνό, του έδειξε όλα τα βασίλεια της οικουμένης μέσα σε μια στιγμή χρόνου· και ο διάβολος είπε σ' Αυτόν: Σε Σένα θα δώσω ολόκληρη αυτή την εξουσία και τη δόξα τους· επειδή, σε μένα είναι παραδομένη, και τη δίνω σε όποιον θέλω·*

Ο διάβολος είπε ότι θα παρέδινε την εξουσία στον Ιησού διότι είχε παραδοθεί σ' αυτόν από κάποιον. Γιατί επέτρεψε ο Θεός, ο οποίος κυβερνά τα πάντα, να παραδοθεί όλη η εξουσία στον διάβολο;

Στη Γένεση, εδάφιο 1:28, «αναφέρεται «και τους ευλόγησε ο Θεός· και είπε σ' αυτούς ο Θεός: Αυξάνεστε και πληθύνεστε και γεμίστε τη γη, και κυριεύστε την, και εξουσιάζετε επάνω στα ψάρια της θάλασσας, κι επάνω στα πουλιά του ουρανού κι επάνω σε κάθε ζώο που κινείται επάνω στη γη.»

Ο Αδάμ έλαβε την εξουσία και την δύναμη για να διοικεί και να κυβερνά τα πάντα από τον Θεό. Ήταν ο αφέντης όλων των πραγμάτων, αλλά μετά από πολύ καιρό, ο ίδιος και η γυναίκα του εξαπατήθηκαν για να φάνε από το δέντρο της γνώσης του καλού και του κακού από το πονηρό φίδι. Διέπραξε αμαρτία ανυπακοής ενάντια στον Θεό.

Στην Προς Ρωμαίους Επιστολή, εδάφιο 6:16, αναφέρεται, «Δεν ξέρετε ότι σε όποιον παριστάνετε τον εαυτό σας ως δούλο για υπακοή, είστε δούλοι εκείνου στον οποίο υπακούτε: Ή της αμαρτίας για θάνατο, ή της υπακοής για δικαιοσύνη;» Είστε δούλοι της αμαρτίας ή της δικαιοσύνης. Αν πράττετε αμαρτίες, είστε δούλοι της αμαρτίας και θα οδηγηθείτε προς τον θάνατον. Αν υπακούτε τον Λόγο της δικαιοσύνης, όμως, είστε δούλοι της δικαιοσύνης και θα εισέλθετε στα ουράνια.

Ο Αδάμ διέπραξε την αμαρτία της ανυπακοής προς τον Θεό κι έγινε δούλος της αμαρτίας. Επομένως, δεν μπορούσε πλέον να κατέχει όλη την εξουσία και την ισχύ που του είχε χαρίσει ο Θεός. Ήταν αναγκασμένος να παραδώσει την εξουσία και την ισχύ στον διάβολο, αφού όλα τα υπάρχοντα ενός δούλου φυσικά ανήκουν στον αφέντη του. Με λίγα λόγια, ο Αδάμ παρέδωσε την εξουσία και την δύναμη που του είχε δώσει ο Θεός στον διάβολο, διότι αμάρτησε και έγινε δούλος της αμαρτίας.

Η ανυπακοή του Αδάμ κατέληξε σε αμαρτίες όλων των ανθρώπων. Προξένησε σε αυτόν και σε όλους τους απογόνους του να υπηρετούν τον διάβολο ως δούλοι και να καταδικασθούν σε θάνατο.

Ο Νόμος για την Εξαγορά της Γης

Τι πρέπει να κάνουν οι άνθρωποι για να απελευθερωθούν από τον εχθρικό διάβολο και τον Σατανά, και για να σωθούν από τις αμαρτίες και τον θάνατο; Μερικοί λένε, «Ο Θεός τους συγχωρεί όλους άνευ όρων διότι ο Θεός είναι η αγάπη. Βρίθει από ευσπλαχνία και έλεος.» Κι όμως, στην Προς Κορινθίους Α΄, εδάφιο 14:40, αναφέρεται, *«Όλα ας γίνονται με ευσχημοσύνη και με τάξη.»* Ο Θεός κάνει τα πάντα με τάξη, σύμφωνα με τον νόμο του πνευματικού βασιλείου. Ο Θεός δεν εκτελεί τίποτε ενάντια στο πνευματικό βασίλειο, διότι είναι ο Θεός της δικαιοσύνης και της αμεροληψίας.

Στο πνευματικό βασίλειο, υπάρχει νόμος για την τιμωρία των

αμαρτωλών, ο οποίος λέει, «Οι απολαβές της αμαρτίας είναι ο θάνατος.» Υπάρχει, επιπλέον, και ο νόμος της εξιλέωσης των αμαρτωλών. Αυτός ο πνευματικός νόμος πρέπει να εφαρμοσθεί για να ανακτηθεί η εξουσία που ο Αδάμ παρέδωσε στον διάβολο.

Τότε, ποιος είναι ο νόμος της λύτρωσης των αμαρτωλών; Είναι ο νόμος για την εξαγορά της γης που αναγράφεται στην Παλαιά Διαθήκη. Πριν την αρχή του χρόνου, ο Πατέρας Θεός είχε προετοιμάσει κρυφά τον δρόμο της ανθρώπινης σωτηρίας σύμφωνα με αυτόν τον νόμο.

Ποιος Είναι ο Νόμος της Εξαγοράς της Γης;

Είναι η εντολή του Θεού προς τους Ισραηλίτες στο Λευιτικόν 25:23-24.

> *ΚΑΙ η γη δεν θα πουλιέται σε απαλλοτρίωση· επειδή, δική μου είναι η γη· για τον λόγο ότι, εσείς είστε ξένοι και πάροικοι μπροστά μου. Γι' αυτό, σε ολόκληρη τη γη της ιδιοκτησίας σας, θα επιτρέπετε την εξαγορά της γης. Αν φτωχύνει ο αδελφός σου, και πουλήσει κάποια από τα κτήματά του, και έρθει ο πλησιέστερος συγγενής του, για να τα εξαγοράσει, τότε θα εξαγοράσει ό,τι πούλησε ο αδελφός του.*

Κάθε κομμάτι γης ανήκει στον Θεό και δεν επιτρέπεται να πουληθεί μόνιμα. Αν κάποιος πουλήσει την γη του λόγω φτώχειας, ο Θεός επιτρέπει στον ίδιο ή στον πλησιέστερο συγγενή του να εξαγοράσει την γη. Αυτός είναι ο νόμος της εξαγοράς της γης.

Ο λαός του Ισραήλ συντάσσει τα πιστοποιητικά του συμβολαίου για την γη σύμφωνα με τον νόμο της εξαγοράς της γης ώστε να μην πουληθεί η γη μόνιμα, όταν αγοράζουν και πουλάνε γη.

Ο πωλητής και ο αγοραστής καταγράφουν τα λεπτομερή περιεχόμενα του συμβολαίου της γης στο πιστοποιητικό, ώστε ο πωλητής ή ο πλησιέστερος συγγενής του να μπορεί αργότερα να την εξαγοράσει. Φτιάχνουν ένα αντίγραφο και επικυρώνουν και οι δυο την σφραγίδα τους στα δυο συμβόλαια ενώπιον δύο ή τριών μαρτύρων. Το ένα συμβόλαιο σφραγίζεται σε φάκελο και φυλάγεται σε αποθήκη του ιερού ναού. Το άλλο συμβόλαιο φυλάγεται σε δωμάτιο της εισόδου, ανοικτό και άνευ σφραγίδας. Ο νόμος για την εξαγορά της γης επιτρέπει στον πωλητή και στον πλησιέστερο συγγενή του να εξαγοράσουν την γη οποτεδήποτε.

Ο Νόμος για την Εξαγορά της Γης και η Ανθρώπινη Καλλιέργεια

Γιατί προετοίμασε ο Θεός την οδό της ανθρώπινης σωτηρίας σύμφωνα με τον νόμο για την εξαγορά της γης; Η Γένεση, στα χωρία 3:19 και 23, αναφέρει καθαρά ότι ο νόμος για την εξαγορά της γης έχει άμεση σχέση με την σωτηρία της ανθρωπότητας.

Με τον ιδρώτα του προσώπου σου θα τρως το ψωμί σου, μέχρις ότου επιστρέψεις στη γη, από την οποία πάρθηκες· επειδή, γη είσαι και σε γη θα επιστρέψεις (Γένεση 3:19).

> Γι' αυτό, ο Κύριος ο Θεός τον έβγαλε έξω από τον παράδεισο της Εδέμ, για να καλλιεργεί τη γη από την οποία πάρθηκε (Γένεση 3:23).

Ο Θεός είπε στον Αδάμ μετά την ανυπακοή του, «Διότι είσαι χώμα, και στο χώμα θα επιστρέψεις.» Εδώ, η λέξη «χώμα» συμβολίζει τους ανθρώπους, που έχουν πλαστεί από χώμα. Επομένως, οι άνθρωποι επιστρέφουν στο χώμα μετά θάνατον.

Ο νόμος της εξαγοράς της γης λέει ότι όλα τα εδάφη ανήκουν στον Θεό και δεν επιτρέπεται να πουληθούν μόνιμα (Λευιτικόν 25:23-25). Αυτοί οι στίχοι σημαίνουν ότι όλοι οι άνθρωποι, έχοντας πλαστεί από το χώμα της γης, ανήκουν στον Θεό, και δεν είναι δυνατό να πουληθούν μόνιμα. Επίσης, δείχνει ότι καμία εξουσία ή δύναμη που είχε λάβει ο Αδάμ από τον Θεό στον Κήπο της Εδέμ δεν μπορεί να πουληθεί μόνιμα, διότι ανήκει στον Θεό.

Η εξουσία του Αδάμ παραδόθηκε στον εχθρό διάβολο και στον Σατανά, αλλά, εκείνος που είναι κατάλληλος για να εξαγοράσει την χαμένη εξουσία του Αδάμ, θα μπορεί να την λυτρώσει από τον εχθρό διάβολο. Ετσι, ο Θεός της δικαιοσύνης προόρισε έναν τέλειο λυτρωτή σύμφωνα με τον νόμο της εξαγοράς της γης. Ο λυτρωτής αυτός είναι ο Σωτήρας όλων των ανθρώπων.

Το Απόκρυφο Μυστικό Πριν την Αρχή του Χρόνου

Πριν αρχίσει ο χρόνος, ο Θεός της αγάπης γνώριζε ότι ο Αδάμ θα Τον παράκουγε και ότι όλοι οι απόγονοί του θα καταλήξουν στην οδό του θανάτου. Προετοίμασε την οδό της ανθρώπινης σωτηρίας κρυφά, και την έκρυψε μέχρι να φθάσει ο χρόνος που Εκείνος επέλεξε.

Αν ο διάβολος γνώριζε για το σχέδιο του Θεού, θα είχε δυσχεράνει τον Θεό από το να λύσει την αμαρτία και τον θάνατο όλων των ανθρώπων, ώστε να μην χάσει ο ίδιος την εξουσία του. Στην Α' Προς Κορινθίους, εδάφιο 2:7, λέγεται, *«Αλλά, μιλάμε σοφία Θεού, μυστηριώδη, που ήταν κρυμμένη, την οποία ο Θεός προόρισε πριν από τους αιώνες προς δική μας δόξα.»*

Ο Ιησούς Χριστός, η Σοφία Θεού

Στην Προς Ρωμαίους Επιστολή, χωρίο 5:18-19, λέγεται, *«Όπως, λοιπόν, εξαιτίας ενός αμαρτήματος ήρθε κατάκριση σε όλους τους ανθρώπους, έτσι και εξαιτίας μιας δικαιοσύνης ήρθε σε όλους τους ανθρώπους δικαίωση για ζωή. Επειδή, όπως με την παρακοή του ενός ανθρώπου οι πολλοί καταστάθηκαν αμαρτωλοί, έτσι και με την υπακοή του ενός οι πολλοί θα κατασταθούν δίκαιοι.»*

Ολοι οι άνθρωποι θα γίνονταν δίκαιοι και θα σώζονταν μέσω της υπακοής ενός ανθρώπου, όπως κι έγιναν αμαρτωλοί όλοι οι άνθρωποι, και κατέληξαν στον δρόμο του θανάτου, εξαιτίας της ανυπακοής ενός ανθρώπου.

Ετσι, ο Θεός έστειλε τον Ιησού Χριστό, τον οποίο είχε προετοιμάσει ως την οδό της σωτηρίας μυστικά, και άφησε τον Ιησού να σταυρωθεί και να αναστηθεί. Από τότε, όποιος πιστεύει σε Αυτόν σώζεται. Στην Α' Προς Κορινθίους, εδάφιο 1:18, ο Θεός μάς λέει, *«Επειδή, ο λόγος του σταυρού σ'εκείνους μεν που χάνονται είναι μωρία, σε μας, όμως, που σωζόμαστε είναι δύναμη Θεού.»*

Ακούγεται σαν ανοησία σε μερικούς ανθρώπους ότι ο Υιός του Θεού του Παντοκράτορα προσβλήθηκε και δολοφονήθηκε από τα πλάσματά Του. Εντούτοις, αυτό το «ανόητο» σχέδιο του Θεού είναι πολύ σοφότερο από το πιο σοφό ανθρώπινο σχέδιο, και «η αδυναμία» του Θεού είναι πιο ισχυρή από την ισχυρότερη ανθρώπινη δύναμη (Προς Κορινθίους Α', 1:19-24). Η Βίβλος λέει ρητώς ότι κανείς δεν μπορεί ποτέ να γίνει δίκαιος στα μάτια του Θεού απλώς τηρώντας τον νόμο. Κι όμως, ο Θεός άνοιξε την οδό της σωτηρίας σε όλους όσους πιστεύουν στον Ιησού Χριστό κατά αυτόν τον εύκολο τρόπο.

Ο μισθός της αμαρτίας είναι ο θάνατος. Ετσι, κανείς δεν θα μπορούσε να σωθεί αν δεν είχε πεθάνει ο Ιησούς για τις αμαρτίες μας. Ο Ιησούς σταυρώθηκε λόγω των αμαρτιών μας και αναστήθηκε με την δύναμη του Θεού. Ομοίως, ο Θεός ετοίμασε τον δρόμο που ίσως φαίνεται αδύναμος ή ανόητος, και τον έκρυψε για πολύ καιρό.

Ο Θεός είχε κρύψει τον Ιησού Χριστό και την σταύρωσή Του εξαιτίας του εχθρού διαβόλου και του Σατανά, οι οποίοι, αν γνώριζαν περί αυτών, θα παρεμπόδιζαν την οδό της ανθρώπινης σωτηρίας. Ο διάβολος ποτέ δεν θα είχε σκοτώσει τον Ιησού επάνω στον σταυρό αν γνώριζε ότι ο Θεός είχε ετοιμάσει τον δρόμο της σωτηρίας μέσω του σταυρού για να λυτρώσει κάθε άνθρωπο από τις αμαρτίες, για να τους σώσει από τον θάνατο, και για να ανακτήσει την εξουσία του Αδάμ από τον διάβολο.

Και πάλι, θυμηθείτε την Α' Προς Κορινθίους Επιστολή, χωρίο 2:7-8: *«Αλλά, μιλάμε σοφία Θεού, μυστηριώδη, που ήταν κρυμμένη, την οποία ο Θεός προόρισε πριν από τους αιώνες προς δική μας δόξα·την οποία κανένας από τους άρχοντες τούτου του αιώνα δεν γνώρισε, επειδή, αν θα γνώριζαν, δεν θα* σταύρωναν τον *Κύριο της δόξας.*»

Ο Ιησούς Έχει τα Προσόντα Σύμφωνα με τον Νόμο

Οπως κάθε συμβόλαιο έχει κανονισμούς, έτσι και το πνευματικό βασίλειο έχει έναν κανόνα, ο οποίος υπαγορεύει ότι ο λυτρωτής πρέπει να έχει τα κατάλληλα προσόντα για να αποκαταστήσει την χαμένη εξουσία του Αδάμ από τον διάβολο, σύμφωνα με τον νόμο για την εξαγορά της γης.

Για παράδειγμα, ας υποθέσουμε ότι υπάρχει ένας άνθρωπος που αντιμετωπίζει την χρεοκοπία στην επιχείρησή του. Εχει μεγάλο χρέος, αλλά δεν έχει την ικανότητα να το ξεπληρώσει. Αν έχει έναν πλούσιο αδελφό που να τον αγαπάει, ο αδελφός του θα ξεπληρώσει αμέσως όλα του τα χρέη.

Ολοι οι άνθρωποι που είναι αμαρτωλοί από τον καιρό της πτώσης του Αδάμ, έχουν ανάγκη έναν λυτρωτή που θα είναι ικανός να τους εξαγνίσει από τις αμαρτίες. Ποια, τότε, είναι τα προσόντα του λυτρωτή; Γιατί λέει η Βίβλος ότι μόνο ο Ιησούς έχει την ικανότητα;

Πρώτον, ο Λυτρωτής Πρέπει να Είναι Άνθρωπος

Στο Λευιτικόν, χωρίο 25:25, αναφέρεται «*Αν φτωχύνει ο αδελφός σου, και πουλήσει κάποια από τα κτήματά του, και έρθει ο πλησιέστερος συγγενής του για να τα εξαγοράσει, τότε θα εξαγοράσει ό,τι πούλησε ο αδελφός του.*» Ο νόμος για την εξαγορά της γης λέει ότι αν φτωχύνει ένας άνθρωπος και πουλήσει την ιδιοκτησία του, ο πλησιέστερος συγγενής του έχει δικαίωμα να εξαγοράσει ό,τι πουλήθηκε.

Στην Α' Προς Κορινθίους, εδάφιο 15:21-22 αναφέρεται, *«Επειδή, βέβαια, διαμέσου ανθρώπου ήρθε ο θάνατος, έτσι και διαμέσου ανθρώπου η ανάσταση των νεκρών. Επειδή, όπως όλοι πεθαίνουν λόγω συγγένειας με τον Αδάμ, έτσι και όλοι θα ζωοποιηθούν, ερχόμενοι σε συγγένεια με τον Χριστό.»* Το πρώτο προσόν του Λυτρωτή που μπορεί να αποκαταστήσει την εξουσία του Αδάμ, είναι ότι πρέπει να είναι άνθρωπος. Αυτό το γεγονός περιγράφεται άλλη μια φορά λεπτομερώς στην Αποκάλυψη, εδάφιο 5:1-5:

> *Και είδα στο δεξί χέρι εκείνου που καθόταν επάνω στον θρόνο ένα βιβλίο, γραμμένο από μέσα και από πίσω, κατασφραγισμένο με επτά σφραγίδες. Και είδα έναν ισχυρό άγγελο να κηρύττει με δυνατή φωνή: Ποιος είναι άξιος να ανοίξει το βιβλίο και να λύσει τις σφραγίδες του;. Και κανένας δεν μπορούσε μέσα στον ουρανό ούτε επάνω στη γη ούτε κάτω από τη γη, να ανοίξει το βιβλίο ούτε και να το βλέπει.. Και εγώ έκλαιγα πολύ, ότι δεν βρέθηκε κανένας άξιος να το ανοίξει και να διαβάσει το βιβλίο, ούτε και να το βλέπει.. Και ένας από τους πρεσβύτερους μού λέει: Μη κλαις· πρόσεξε, υπερίσχυσε το Λιοντάρι, που είναι από τη φυλή του Ιούδα, η ρίζα του Δαβίδ, να ανοίξει το βιβλίο, και να λύσει τις επτά σφραγίδες του.*

Η φράση «ένα βιβλίο, γραμμένο από μέσα και από πίσω,

κατασφραγισμένο με επτά σφραγίδες» υποδεικνύει το συμβόλαιο που έκανε ο Θεός και ο διάβολος όταν ο Αδάμ παράκουσε τον Θεό και έγινε αμαρτωλός. Ο απόστολος Ιωάννης δεν έβρισκε κανέναν που να ήταν άξιος να σπάσει τις σφραγίδες και να ανοίξει την περγαμηνή, στον ουρανό ή στην γη, ή κάτω από τη γη.

Ο λόγος ήταν επειδή οι άγγελοι στον ουρανό δεν είναι άνθρωποι, όλοι οι άνθρωποι επί της γης είναι αμαρτωλοί ως απόγονοι του Αδάμ, και κάτω από τη γη, υπάρχουν μόνο ακάθαρτα πνεύματα που ανήκουν στον διάβολο, καθώς και νεκρές ψυχές που πρόκειται να πέσουν μέσα στην κόλαση.

Εκείνη την ώρα, ένας πρεσβύτερος είπε στον Ιωάννη, «Μη κλαις πρόσεξε, υπερίσχυσε το Λιοντάρι, που είναι από τη φυλή του Ιούδα, η ρίζα του Δαβίδ, να ανοίξει το βιβλίο, και να λύσει τις επτά σφραγίδες του.» Εδώ, «η Ρίζα του Δαβίδ» αναφέρεται στον Ιησού, ο οποίος γεννήθηκε ως απόγονος του Βασιλιά Δαβίδ της φυλής του Ιούδα (Πράξεις Των Αποστόλων 13:22-23). Αρα, ο Ιησούς έχει το προσόν του πρώτου όρου του νόμου της εξαγοράς της γης.

Μερικοί ίσως λένε, «Ο Θεός είναι το Απόλυτο. Ο Ιησούς σίγουρα είναι Θεός επειδή είναι ο Υιός του Θεού. Δεν είναι ποτέ άνθρωπος.» Θυμηθείτε, όμως, στο Κατά Ιωάννη Ευαγγέλιο, εδάφιο 1:1, όπου αναφέρεται *«Ο Λόγος ήταν ο Θεός,»* και στο Κατά Ιωάννη Ευαγγέλιο, εδάφιο 1:14, όπου αναφέρεται *«Και ο Λόγος έγινε σάρκα, και κατοίκησε ανάμεσά μας»*, Ο Θεός, ο οποίος ήταν ο Λόγος, έγινε σάρκα και έζησε εδώ στη γη ανάμεσά μας.

Ήταν ο Ιησούς, του οποίου η αρχική φύση ήταν ο Θεός, και ο οποίος σαρκώθηκε όπως ο άνθρωπος. Ήταν ο Λόγος εντός της φύσης Του, καθώς και ο Υιός του Θεού. Είχε ανθρώπινη και θεία φύση. Όμως, γεννήθηκε και μεγάλωσε με ανθρώπινη ομοιότητα στην σάρκα. Η ιστορία της ανθρωπότητας είναι διαιρεμένη σε δυο τμήματα, με την εποχή της γέννησης του Ιησού ως σημείο τμήσης: π.Χ., Προ Χριστού, και μ.Χ., Μετά Χριστόν. Αυτό από μόνο του μαρτυράει ότι ο Ιησούς σαρκώθηκε και κατέβηκε σε τούτη τη γη. Η γέννηση του Ιησού, η ανατροφή Του, και η σταύρωση, είναι επίσης τμήματα αυτού του προφανούς γεγονότος.

Ο Ιησούς, επομένως, είναι άνθρωπος και έχει το προσόν να είναι ο Λυτρωτής μας.

Δεύτερον, Δεν επιτρέπεται να είναι απόγονος του Αδάμ

Ο οφειλέτης δεν μπορεί να ξεπληρώσει τα χρέη άλλων ανθρώπων. Εκείνος που δεν έχει χρέη, και που έχει την ικανότητα να βοηθά τους άλλους, μπορεί να τα ξεπληρώσει. Με τον ίδιο τρόπο, ο λυτρωτής όλων των ανθρώπων πρέπει να είναι άψογος και άμεμπτος για να λυτρώσει όλον τον κόσμο από τις αμαρτίες και τον θάνατο. Όλοι οι άνθρωποι είναι απόγονοι του Αδάμ και αμαρτωλοί, επειδή ο πρώτος πρόγονος όλων των ανθρώπων, ο Αδάμ, αμάρτησε. Κανένας από τους απογόνους του δεν έχει τα προσόντα για να είναι ο λυτρωτής όλου του κόσμου, διότι όλοι τους είναι αμαρτωλοί. Ούτε καν κάποιος από τους σπουδαιότερους ανθρώπους της ιστορίας μπορεί να πάρει την ευθύνη για τις αμαρτίες των άλλων.

Έχει ο Ιησούς αυτό το προσόν;

Στο Κατά Ματθαίον χωρίο 1:18-21 περιγράφεται η γέννηση του Ιησού. Συνελήφθη από το Άγιο Πνεύμα, και όχι από την ένωση ανδρός και γυναικός. Το εδάφιο λέει:

Και η γέννηση του Ιησού Χριστού ήταν ως εξής:

Αφού η μητέρα του Μαρία αρραβωνιάστηκε με τον Ιωσήφ, πριν βρεθούν μαζί, βρέθηκε έγκυος, από το Άγιο Πνεύμα. Και ο άνδρας της, ο Ιωσήφ, επειδή ήταν δίκαιος, και μη θέλοντας να την εκθέσει δημόσια, θέλησε να τη διώξει κρυφά. Και ενώ αυτός τα συλλογίστηκε αυτά, ξάφνου, ένας άγγελος του Κυρίου, παρουσιάστηκε σ' αυτόν σε όνειρο, λέγοντας: «Ιωσήφ, γιε του Δαβίδ, μη φοβηθείς να παραλάβεις τη Μαριάμ, τη γυναίκα σου· επειδή, αυτό που γεννήθηκε μέσα της είναι από το Άγιο Πνεύμα· και θα γεννήσει έναν γιο, και θα αποκαλέσεις το όνομά του Ιησού· επειδή, αυτός θα σώσει τον λαό του από τις αμαρτίες τους

Ο Ιησούς ήταν απόγονος του Δαβίδ σύμφωνα με την γενεαλογία Του (Κατά Ματθαίον 1, Κατά Λουκά 3:23-37). Ομως, συνελήφθη από το Αγιο Πνεύμα πριν ενωθεί η Μαρία με τον Ιωσήφ. Επομένως, δεν έχει αμαρτωλή φύση.

Ολοι γεννιούνται με το προπατορικό αμάρτημα, διότι κληρονομούν την αμαρτωλή φύση από τους γονείς τους. Με άλλα λόγια, όταν αμάρτησε ο Αδάμ, κληροδότησε την αμαρτωλή του φύση σ' όλους τους απογόνους του. Η αμαρτωλή φύση έχει κληρονομηθεί από όλους τους ανθρώπους μέχρι σήμερα, και αυτή η αμαρτία λέγεται το «προπατορικό αμάρτημα.» Για αυτόν τον λόγο, όλοι οι απόγονοι του Αδάμ είναι αμαρτωλοί, και δεν είναι ικανοί να λυτρώσουν κανέναν άλλον άνθρωπο.

Επομένως, ο Πατέρας Θεός σχεδίασε ώστε ο Υιός Του, ο Ιησούς, να συλληφθεί από το Αγιο Πνεύμα στην μήτρα της Παρθένου

Μαρίας. Κατ' αυτόν τον τρόπο, ο Ιησούς ενσαρκώθηκε και κατέβηκε σε τούτο τον κόσμο, αλλά δεν ήταν απόγονος του Αδάμ.

Τρίτον, πρέπει να έχει την δύναμη να νικήσει τον διάβολο

Πάλι, στο Λευιτικόν, εδάφιο 25:26-27, αναφέρεται:

> *Και αν ο άνθρωπος δεν έχει συγγενή για να τα εξαγοράσει, αλλά ευπόρησε και βρήκε αρκετά χρήματα για να τα εξαγοράσει,. τότε ας μετρήσει τα χρόνια της πώλησής του, και ας αποδώσει το επιπλέον στον άνθρωπο, στον οποίο τα πούλησε, και ας επιστρέψει στα κτήματά του.*

Εν συντομία, ο εξαγοραστής πρέπει να έχει την δύναμη να εξαγοράσει την πουλημένη γη. Ενας φτωχός άνθρωπος δεν είναι ικανός να ξεπληρώσει το χρέος του φίλου του ακόμη και αν επιθυμεί να το κάνει. Κατά τον ίδιο τρόπο, ο λυτρωτής πρέπει να μην έχει καμία αμαρτία για να μπορεί να σώσει κάθε άνθρωπο από τις αμαρτίες του. Η έλλειψη αμαρτιών είναι η δύναμη του κάθε ατόμου στο πνευματικό βασίλειο.

Ο Λυτρωτής πρέπει να κατέχει την ισχύ να νικήσει τον εχθρό διάβολο και τον Σατανά, και να αποκαταστήσει την χαμένη εξουσία του Αδάμ Δηλαδή, ο Λυτρωτής πρέπει να μην έχει ούτε το προπατορικό αμάρτημα, ούτε ατομική αμαρτία. Μονάχα ένας αναμάρτητος λυτρωτής μπορεί να νικήσει τον διάβολο και να απελευθερώσει όλους τους ανθρώπους από τον διάβολο.

Ήταν ο Ιησούς αναμάρτητος;

Ο Ιησούς δεν είχε το προπατορικό αμάρτημα, διότι συνελήφθη από το Άγιο Πνεύμα. Υπάκουε πλήρως τον νόμο του Θεού, διότι ανατράφηκε υπό τον έλεγχο γονέων που είχαν φόβο Θεού. Πραγματοποιούσε τον νόμο με αγάπη. Έκανε περιτομή την όγδοη ημέρα μετά την γέννησή Του (Κατά Λουκάν 2:21). Ποτέ δεν διέπραξε δικές Του αμαρτίες, και υπάκουε μόνο την βουλή του Πατέρα Θεού, μέχρι που σταυρώθηκε σε ηλικία 33 χρονών (Α' Επιστολή Πέτρου 2:22-24, Προς Εβραίους 7:26).

Ο Ιησούς ήταν ικανός να νικήσει τον διάβολο και να λυτρώσει όλους τους ανθρώπους, επειδή δεν είχε απολύτως καμία αμαρτία. Το «αναμάρτητόν» Του μαρτυρήθηκε μέσω των πολλαπλών Του έργων δύναμης. Εδίωχνε δαίμονες, έκανε τους τυφλούς να δουν, τους κουφούς ν' ακούσουν, τους παράλυτους να περπατήσουν, και γιάτρευε κάθε είδους ανίατη νόσο. Μια βαριά θύελλα ηρέμησε και ένας άγριος άνεμος σταμάτησε, όταν επέπληξε τον άνεμο και είπε στο νερό, «Σώπα, ησύχασε» (Κατά Μάρκον 4:39)

Τέλος, πρέπει να κατέχει θυσιαστήρια αγάπη

Ακόμη και ένας πλούσιος άνθρωπος δεν θα εξαγόραζε την γη, αν δεν είχε αγάπη για τον άνθρωπο που πούλησε την γη. Κατά τον ίδιο τρόπο, ο λυτρωτής πρέπει να έχει αγάπη για τους αμαρτωλούς, μέχρι του σημείου να θυσιάσει Τον Εαυτό Του για να λύσει μια και καλή τα προβλήματα της αμαρτίας.

Στη Ρουθ, εδάφιο 4:1-6, ο Βοόζ ήξερε πολύ καλά για την φτώχεια της Ναομί και μίλησε στον πλησιέστερο συγγενή της — έναν εξαγοραστή για να εξαγοράσει την γη της, αν ήθελε. Κι όμως, ο άνθρωπος αυτός αρνήθηκε, λέγοντας στον Βοόζ, «*Δεν μπορώ να εκπληρώσω το συγγενικό μου χρέος, μήπως και φθείρω την κληρονομιά μου· εκπλήρωσε εσύ το συγγενικό μου χρέος, επειδή εγώ δεν μπορώ να το εκπληρώσω*» (εδάφιο 6). Δεν εξαγόρασε την γη για την Ναομί και την Ρουθ, παρόλο που ήταν αρκετά πλούσιος για να το κάνει. Ο λόγος ήταν επειδή δεν κατείχε θυσιαστήρια αγάπη.

Ο Βοόζ έγινε εξαγοραστής νόμιμα και παντρεύτηκε την Ρουθ, επειδή είχε αρκετή αγάπη για να εξαγοράσει την γη για την Ναομί. Ο γιος τον οποίο γέννησαν ο Βοόζ και η Ρουθ, ήταν ο προ-προπάππους του Βασιλιά Δαβίδ και καταγράφηκε στην οικογενειακή γενεαλογία του Ιησού.

Ο Ιησούς σταυρώθηκε εν αγάπη. Ο Ιησούς ήταν ο Λόγος, αλλά έγινε σάρκα και ήρθε σε τούτη την γη. Δεν ήταν απόγονος του Αδάμ διότι συνελήφθη μέσω του Αγίου Πνεύματος. Κι έτσι γεννήθηκε δίχως το προπατορικό αμάρτημα. Είχε την δύναμη να λυτρώσει όλους τους ανθρώπους από αμαρτίες, διότι ήταν αναμάρτητος.

Εντούτοις, δεν θα μπορούσε να είχε γίνει ο Λυτρωτής χωρίς πνευματική και θυσιαστήρια αγάπη, ακόμη και αν είχε τα άλλα τρία προσόντα. Έπρεπε να λάβει την ποινή των αμαρτημάτων, την οποία ήταν καταδικασμένοι να αντικρίσουν οι αμαρτωλοί, ώστε να λυτρώσει όλο τον κόσμο από τις αμαρτίες.

Έπρεπε να τον μεταχειρισθούν σαν τον σοβαρότερο και πιο επικίνδυνο εγκληματία, και να κρεμαστεί στον τραχύ ξύλινο σταυρό. Έπρεπε να αντέξει προσβολές και κοροϊδίες, και να χύσει όλο το αίμα και το νερό από το σώμα Του, για να σώσει όλους τους ανθρώπους. Έπρεπε να πληρώσει ένα υψηλό τίμημα και να κάνει τεράστια θυσία.

Δεν θα βρείτε πουθενά στην ιστορία της ανθρωπότητας

περιστατικό όπου ένας άμεμπτος πρίγκιπας πέθανε για τον μοχθηρό και χαζό λαό του. Ο Ιησούς είναι ο μονογενής Υιός του Παντοδύναμου Θεού, ο Βασιλεύς των βασιλέων, ο Κύριος των κυρίων, και ο Αφέντης όλης της κτίσης. Αυτός ο σπουδαίος, υψηλόφρων, και άμεμπτος Ιησούς κρεμάστηκε στον σταυρό και πέθανε χύνοντας το αίμα Του. Πόσο αμέτρητη αγάπη είχε για εμάς;

Πράγματι, ο Ιησούς σ' όλη Του την ζωή έκανε μόνο αγαθές πράξεις. Εδινε συγχώρεση στους αμαρτωλούς, θεράπευε όλων των ειδών τους αρρώστους, μετέδιδε τα καλά νέα της ειρήνης, της χαράς και της αγάπης, και έδινε στον κόσμο ειλικρινή ελπίδα για τον ουρανό και την σωτηρία. Πάνω απ' όλα, έδωσε την ίδια την ζωή Του για τους αμαρτωλούς.

Στην Προς Ρωμαίους Επιστολή, εδάφιο 5:7-8, αναφέρεται, *«Δεδομένου ότι, με δυσκολία θα πεθάνει κάποιος για έναν δίκαιο· για τον αγαθό, βέβαια, ίσως και να τολμάει κάποιος να πεθάνει.. Ο Θεός, όμως, δείχνει τη δική Του αγάπη σε μας, επειδή, ενώ εμείς ήμασταν ακόμα αμαρτωλοί, ο Χριστός πέθανε για χάρη μας.»* Ο Πατέρας Θεός έστειλε τον μονογενή Του Υιό, τον Ιησού, για εμάς, που δεν είμαστε ούτε δίκαιοι, ούτε αγαθοί, και Του επέτρεψε να κρεμαστεί στον σταυρό και να πεθάνει εκεί πάνω. Εδειξε την τρανή Του αγάπη κατ' αυτόν τον τρόπο.

Ετσι, προσεύχομαι εις το όνομα του Κυρίου να καταλάβετε ότι δεν μπορείτε να σωθείτε εν ονόματι κανενός άλλου εκτός του Ιησού Χριστού, να αποκτήσετε το δικαίωμα να γίνετε τέκνο του Θεού αποδεχόμενοι τον Ιησού Χριστό, και να απολαμβάνετε πάντα θριαμβευτική ζωή στην βεβαιότητα της σωτηρίας !

Κεφάλαιο 5

Γιατί Είναι ο Ιησούς ο Μόνος Σωτήρας Μας;

- Η Πρόνοια της Σωτηρίας μέσω του Ιησού Χριστού
- Γιατί Κρεμάστηκε ο Ιησούς στον Ξύλινο Σταυρό;
- Κανένα Άλλο Όνομα στον Κόσμο εκτός από «Ιησούς Χριστός»

Το Μήνυμα του Σταυρού

Αυτός είναι η πέτρα, που εξουθενώθηκε από σας τους οικοδομούντες, η οποία έγινε ακρογωνιαία πέτρα. Και δεν υπάρχει διαμέσου κανενός άλλου η σωτηρία επειδή, ούτε άλλο όνομα είναι δοσμένο κάτω από τον ουρανό ανάμεσα στους ανθρώπους, διαμέσου του οποίου πρέπει να σωθούμε.

Πράξεις Των Αποστόλων 4:11-12

Θα αγαπήσετε τον Θεό με όλη σας την καρδιά όταν καταλάβετε την βαθιά και επαγρυπνούσα πρόνοιά Του για την ανθρώπινη σωτηρία. Επιπλέον, πρέπει να θαυμάσετε την αγάπη Του και την σοφία Του, όταν αντιληφθείτε την πρόνοια της σωτηρίας μέσω του Ιησού Χριστού.

Τότε, πώς επιτελέστηκε μέσω του Ιησού Χριστού η πρόνοια της σωτηρίας που παρέμενε κρυφή από πριν την αρχή του χρόνου; Σας είπα νωρίτερα, ότι ο Θεός της δικαιοσύνης είχε προετοιμάσει εκείνον που είχε τα προσόντα να λυτρώσει όλον τον κόσμο σύμφωνα με τον πνευματικό νόμο, και ότι δεν υπάρχει ουδείς άλλος υπό τον ουρανό εκτός από τον Ιησού, ο οποίος έχει αυτά τα προσόντα.

Ο Ιησούς είναι ο μόνος ο οποίος ήταν άνθρωπος αλλά όχι απόγονος του Αδάμ, επειδή συνελήφθη μέσω του Αγίου Πνεύματος και εσαρκώθη στη γη. Επίσης, είχε την ισχύ και την αγάπη για να λυτρώσει όλο τον κόσμο. Ετσι, μπόρεσε να ανοίξει τον δρόμο της σωτηρίας για όλη την ανθρωπότητα με την σταύρωσή Του.

Επομένως, στις Πράξεις Των Αποστόλων, εδάφιο 4:12 αναφέρεται, *«Και δεν υπάρχει διαμέσου κανενός άλλου η σωτηρία· επειδή, ούτε άλλο όνομα είναι δοσμένο κάτω από τον ουρανό ανάμεσα στους ανθρώπους, διαμέσου του οποίου πρέπει να σωθούμε.»* Οποιος δεχθεί και πιστέψει εις τον Ιησού Χριστό του συγχωρούνται όλες τις αμαρτίες και σώζεται. Θα εξέλθει στο φως από το σκοτάδι και θα λάβει την εξουσία και τις ευλογίες των τέκνων του Θεού.

Τώρα, θα εξηγήσω γιατί είναι απαραίτητο να πιστεύετε στον Ιησού ο οποίος σταυρώθηκε για να σωθείτε εσείς και για να λάβετε την εξουσία και τις ευλογίες των τέκνων Του Θεού.

Η Πρόνοια της Σωτηρίας μέσω του Ιησού Χριστού

Ο Θεός προετοίμασε την οδό της σωτηρίας πριν την αρχή του χρόνου. Το Βιβλίο της Γένεσης προφήτευσε για τον Ιησού και για το μυστικό της ανθρώπινης σωτηρίας μέσω του σταυρού.

Στη Γένεση, εδάφιο 3:14-15 αναφέρεται:

> *Και ο Κύριος ο Θεός είπε στο φίδι: Επειδή έκανες τούτο, επικατάρατο να είσαι ανάμεσα σε όλα τα κτήνη, και όλα τα ζώα του χωραφιού· επάνω στην κοιλιά σου θα περπατάς, και θα τρως χώμα, όλες τις ημέρες τής ζωής σου και θα στήσω έχθρα ανάμεσα σε σένα και στη γυναίκα, κι ανάμεσα στο σπέρμα σου και στο σπέρμα της αυτό θα σου συντρίψει το κεφάλι, κι εσύ θα του λογχίσεις τη φτέρνα του.*

Όπως συζητήθηκε και πριν, πνευματικά ο «όφις» αναφέρεται στον εχθρό διάβολο και το «θα τρως χώμα» συμβολίζει τον εχθρό διάβολο να βασιλεύει τους ανθρώπους που φτιάχτηκαν από το χώμα της γης. Επίσης, η «γυναίκα» αναφέρεται στο «Ισραήλ» και «το σπέρμα της γυναίκας» αναφέρεται στον Ιησού. Η φράση «εσύ [ο όφις] θα του λογχίσεις τη φτέρνα» συμβολίζει ότι θα σταυρωθεί ο Ιησούς, και «αυτό [το σπέρμα της γυναίκας] θα συντρίψει [τον όφι σ]το κεφάλι», υπονοεί ότι ο Ιησούς θα καταστρέψει το στρατόπεδο του εχθρού διαβόλου και του Σατανά όταν αναστηθεί εκ νεκρών.

Ο Σατανάς Δεν Μπορούσε να Εκπληρώσει το Σχέδιο του Θεού

Ο Θεός είχε κρατήσει αυτή την πρόνοια της σωτηρίας μυστικό, για να μην ξέρει και να μην αντιληφθεί την σοφία Του ο εχθρός διάβολος και Σατανάς

Ο εχθρός διάβολος και Σατανάς έκανε προσπάθεια να σκοτώσει τον καρπό της γυναίκας πριν συντριβεί. Νόμιζε ότι θα μπορεί να κρατήσει για πάντα την εξουσία που του είχε παραδοθεί από τον Αδάμ, ο οποίος είχε παρακούσει το Θεό. Εντούτοις, ο εχθρός διάβολος και Σατανάς δεν γνώριζε ποιος είναι ο καρπός της γυναίκας Ετσι, προσπάθησε να φονεύσει τους προφήτες τους οποίους αγαπούσε ο Θεός από τον καιρό της Παλαιάς Διαθήκης.

Οταν γεννήθηκε ο Μωυσής, ο εχθρός διάβολος και Σατανάς έβαλε τον Φαραώ, τον βασιλιά της Αιγύπτου, να σκοτώσει κάθε αγόρι που γεννιόταν από Εβραία γυναίκα (Εξοδος 1:15-22). Οταν ο Ιησούς συνελήφθη μέσω του Αγίου Πνεύματος και σαρκώθηκε στη γη, ο εχθρός διάβολος και Σατανάς έβαλε τον Βασιλιά Ηρώδη να κάνει την ίδια πράξη

Κι όμως, ο Θεός γνώριζε ήδη το σχέδιο του εχθρού Σατανά Ο άγγελος Κυρίου παρουσιάσθηκε στον Ιωσήφ σε όνειρο και του είπε να πάει στην Αίγυπτο με το βρέφος και την μητέρα Ο Θεός επέτρεψε στην οικογένεια να ζήσει εκεί μέχρι να πεθάνει ο Βασιλεύς Ηρώδης.

Η Σταύρωση του Ιησού Επιτράπηκε από τον Θεό

Ο Ιησούς μεγάλωσε με την προστασία του Θεού και άρχισε την διακονία Του από την ηλικία των 30 ετών Περιπατούσε στη Γαλιλαία, διδάσκοντας στις συναγωγές, γιατρεύοντας κάθε μορφή αρρώστιας και κάθε μορφή νόσου ανάμεσα στους ανθρώπους, ανασταίνοντας νεκρούς, και κηρύττοντας το ευαγγέλιο στους φτωχούς (Κατά Ματθαίον 4:23, 11:5).

Εν τω μεταξύ, ο εχθρός διάβολος και Σατανάς πάλι σχεδίαζε να βάλει τους αρχιερείς, τους νομοδιδάσκαλους, και τους Φαρισαίους να φονεύσουν τον Ιησού. Ομως, όπως γνωρίζετε από την Βίβλο, άνθρωπος ακάθαρτος δεν μπορούσε ν' αγγίξει τον Ιησού διότι όλα τα επεισόδια κατά την διάρκεια της ζωής Του έλαβαν μέρος με την πρόνοια του Θεού.

Ο Θεός επέτρεψε στον εχθρό διάβολο και Σατανά να σταυρώσει τον Ιησού μόνο τρία χρόνια μετά την διακονία Του. Συνεπώς, ο Ιησούς φόρεσε ένα στεφάνι με αγκάθια και πέθανε επάνω στον σταυρό, υποφέροντας τρομερό πόνο από τα καρφιά που κάρφωσαν στα χέρια και στα πόδια Του.

Η σταύρωση είναι η πιο σκληρή μορφή εκτέλεσης. Ο εχθρός διάβολος ευχαριστήθηκε πάρα πολύ όταν φόνευσε τον Ιησού μ' αυτό τον απάνθρωπο τρόπο. Ο Σατανάς τραγουδούσε από τη χαρά της νίκης διότι νόμιζε ότι θα συνεχίσει να βασιλεύει τον κόσμο, εφόσον δεν θα υπήρχε κανείς για να ανατρέψει το καθεστώς του. Κι όμως, υπήρχε το κρυμμένο μυστικό της πρόνοιας του Θεού.

Ο Εχθρός Διάβολος Παραβίασε τον Πνευματικό Νόμο

Ο Θεός δεν χρησιμοποιεί την απόλυτη δύναμη της κυριαρχίας Του ενάντια στον νόμο, διότι είναι δίκαιος. Ετοίμασε την οδό της σωτηρίας μέσω του πνευματικού νόμου πριν την αρχή του χρόνου, διότι εκτελεί τα πάντα σύμφωνα με τον πνευματικό νόμο.

Εφόσον η ανταμοιβή της αμαρτίας είναι ο θάνατος σύμφωνα με τον πνευματικό νόμο (Προς Ρωμαίους 6:23), κανείς δεν αντικρίζει τον θάνατό του αν δεν έχει αμαρτάνει. Κι όμως, ο εχθρός διάβολος και Σατανάς σταύρωσε τον Ιησού που ήταν άμεμπτος και άψογος (Πέτρου Α' Επιστολή 2:22-23). Κάνοντάς το αυτό, ο εχθρός διάβολος παραβίασε τον πνευματικό νόμο και ξεγελάσθηκε από το ίδιο του το τέχνασμα. Έγινε εργαλείο για την ανθρώπινη σωτηρία, η οποία είχε σχεδιασθεί από τον Θεό. Ο καρπός της γυναίκας συνέτριψε το κεφάλι του, όπως προφητεύθηκε στη Γένεση.

Γενικά, το φίδι μπορεί να αντισταθεί όταν πατάτε την ουρά του ή αν κόψετε το σώμα του, αλλά δεν μπορεί να αντισταθεί αν κρατήσετε σφιχτά το κεφάλι του. Άρα, η φράση, «και θα στήσω έχθρα ανάμεσα σε σένα και στη γυναίκα, κι ανάμεσα στο σπέρμα σου και στο σπέρμα της αυτό θα σου συντρίψει το κεφάλι, κι εσύ θα του λογχίσεις τη φτέρνα του.» πνευματικά σημαίνει ότι ο εχθρός Σατανάς θα χάσει την ισχύ του και την εξουσία του εξαιτίας του Ιησού Χριστού. Το χτύπημα στην φτέρνα του καρπού της γυναίκας από τον όφι, πνευματικά σημαίνει ότι ο Σατανάς θα σταυρώσει τον Ιησού, και αυτό πραγματοποιήθηκε όπως προφητεύθηκε στη Γένεση, στο εδάφιο 3:15.

Σωτηρία μέσω της Σταύρωσης του Ιησού

Η οδός της σωτηρίας, την οποία είχε κρύψει ο Θεός πριν την αρχή του χρόνου, πραγματοποιήθηκε όταν αναστήθηκε ο Ιησούς την τρίτη ημέρα μετά την σταύρωσή Του.

Πριν περίπου 6000 έτη, ο Αδάμ υποχρεώθηκε να παραδώσει την εξουσία που του δόθηκε από τον Θεό, στον εχθρό διάβολο, όταν παραβίασε τον νόμο του πνευματικού βασιλείου με την απειθαρχία του (Κατά Λουκάν 4:6). Όμως, 4000 έτη αργότερα, ο Σατανάς πήρε τον δρόμο της καταστροφής παραβιάζοντας τον πνευματικό νόμο.

Επομένως, ο εχθρός διάβολος αναγκάσθηκε να απελευθερώσει εκείνους που δέχτηκαν τον Ιησού ως Σωτήρα τους και όσους πίστεψαν στο όνομά Του, και κατέληξαν να λάβουν το δικαίωμα να γίνουν τέκνα του Θεού. Ο εχθρός διάβολος θα είχε σταυρώσει τον Ιησού αν γνώριζε αυτή την σοφία του Θεού; Καθόλου! Στην Α΄ Προς Κορινθίους Επιστολή, εδάφιο 2:8, μας υπενθυμίζεται ότι, *«Η σοφία την οποία κανένας από τους άρχοντες τούτου του αιώνα δεν γνώρισε, επειδή, αν θα γνώριζαν, δεν θα σταύρωναν τον Κύριο της δόξας.»*

Όσοι στην σημερινή εποχή δεν καταλαβαίνουν αυτή την αλήθεια αναρωτιούνται, «Γιατί δεν μπόρεσε ο Θεός ο Παντοδύναμος να προστατέψει τον Υιό Του από τον θάνατο; Γιατί τον άφησε να πεθάνει επάνω στον σταυρό;» Όμως, αν καταλαβαίνατε πλήρως την πρόνοια του σταυρού, θα ξέρατε γιατί ήταν απαραίτητο να σταυρωθεί ο Ιησούς και πως θα γινόταν ο Βασιλεύς των βασιλέων και Κύριος των κυρίων μετά από την θριαμβευτική Του νίκη ενάντια στον εχθρό διάβολο. Επομένως, όποιος πιστεύει στον Ιησού ως τον Σωτήρα που πέθανε επάνω στον σταυρό και αναστήθηκε τρεις μέρες αργότερα για να λυτρώσει τους ανθρώπους από όλες τις αμαρτίες μπορεί να ανακηρυχθεί δίκαιος και να σωθεί.

Γιατί Κρεμάστηκε ο Ιησούς στον Ξύλινο Σταυρό;

Γιατί, τότε, έπρεπε να κρεμαστεί ο Ιησούς επάνω σ' έναν ξύλινο σταυρό; Γιατί έπρεπε να είναι ο σταυρός ξύλινος; Ανάμεσα σε διάφορες μεθόδους εκτέλεσης, ο Ιησούς πέθανε επάνω στον ξύλινο σταυρό. Σύμφωνα με την Προς Γαλάτας Επιστολή, χωρίο 3:13-14, υπάρχουν τρεις πνευματικοί λόγοι για τους οποίους κρεμάστηκε ο Ιησούς επάνω σε ξύλινο σταυρό.

Πρώτον, για να Μας Λυτρώσει από το Ανάθεμα του Νόμου

Στην Προς Γαλάτας Επιστολή, χωρίο 3:13 αναφέρεται, «*Ο Χριστός μάς εξαγόρασε από την κατάρα τού νόμου, καθώς έγινε κατάρα για χάρη μας επειδή, είναι γραμμένο: 'Επικατάρατος καθένας που κρεμιέται επάνω σε ξύλο.*» Εξηγεί ότι ο Ιησούς μάς λύτρωσε από το ανάθεμα του νόμου όταν κρεμάστηκε επάνω σε ξύλινο σταυρό.

Ολοι οι άνθρωποι είχαν αναθεματισθεί και έτσι ήταν προορισμένοι να πάνε από την οδό του θανάτου εξαιτίας της απειθαρχίας του πρώτου ανθρώπου, του Αδάμ, όπως αναγράφεται και στην Προς Ρωμαίους Επιστολή, εδάφιο 6:23, «*Ο μισθός της αμαρτίας είναι ο θάνατος.*» Ωστόσο, ο Θεός θυσίασε τον Υιό Του τον Ιησού για την ανθρωπότητα και επέτρεψε να κρεμαστεί επάνω σε ξύλινο σταυρό για να λυτρώσει τους ανθρώπους από την κατάρα του νόμου (Δευτερονόμιον 21:23).

Επιπλέον, ο Ιησούς έχυσε το πολύτιμο αίμα Του επάνω στον σταυρό. Παρατηρήστε τους Στίχους 11 και 14 από το Λευιτικόν 17:

> Επειδή, η ζωή της σάρκας είναι στο αίμα κι εγώ το έδωσα σε σας, για να κάνετε εξιλέωση για τις ψυχές σας επάνω στο θυσιαστήριο επειδή, αυτό το αίμα κάνει εξιλασμό υπέρ της ψυχής (στ. 11).

> Επειδή, η ζωή κάθε σάρκας είναι το αίμα της (στ. 14).

Ο συγγραφέας του Λευιτικού γράφει ότι η ζωή είναι αίμα διότι κάθε πλάσμα χρειάζεται αίμα για να ζήσει και δίχως αυτό θα πέθαινε.

Εντούτοις, όταν πεθάνει κάποιος, η σάρκα του επιστρέφει στο χώμα, και η ψυχή του θα πάει ή στον ουρανό ή στην κόλαση. Για να λάβετε αιώνια ζωή πρέπει να συγχωρεθείτε για όλες σας τις αμαρτίες. Για να συγχωρεθείτε για όλες σας τις αμαρτίες πρέπει να χυθεί αίμα όπως υπαγορεύεται στην Επιστολή Προς Εβραίους, χωρίο 9:22, «*Και με αίμα καθαρίζονται σχεδόν όλα σύμφωνα με τον νόμο, και χωρίς χύση αίματος δεν γίνεται άφεση.*» Γι αυτόν τον λόγο, οι άνθρωποι την εποχή της Παλαιάς Διαθήκης έπρεπε να προσφέρουν το αίμα ζώων κάθε φορά που αμάρταιναν. Κι όμως, ο Ιησούς έχυσε το πολύτιμο αίμα Του μια και καλή για να συγχωρεθούν οι άνθρωποι και για να αποκτήσουν αιώνια ζωή, διότι Αυτός ο Ίδιος δεν είχε ούτε το προπατορικό αμάρτημα, ούτε δική Του αμαρτία.

Ομοίως, εσείς μπορείτε να αποκτήσετε αιώνια ζωή χάρη στο πολύτιμο αίμα του Ιησού. Δηλαδή, ο Ιησούς πέθανε στην θέση σας και άνοιξε τον δρόμο για να γίνετε εσείς τέκνο του Θεού.

Δεύτερον, για να Δοθεί η Ευλογία του Αβραάμ

Το πρώτο μισό της Επιστολής Προς Γαλάτας, χωρίο 3:14, αναφέρει ότι, «*Για να 'ρθει στα έθνη η ευλογία του Αβραάμ διαμέσου του Ιησού Χριστού.*» Αυτό σημαίνει ότι ο Θεός δεν δίνει την ευλογία που δόθηκε στον Αβραάμ μόνο στους Ισραηλίτες, αλλά και σε όλα τα Εθνη που καλούνται δίκαια δεχόμενα τον Ιησού ως Σωτήρα τους.

Ο Αβραάμ αποκαλέστηκε «πατέρας της πίστεως» και «φίλος του Θεού», και ζούσε ευλογημένος με παιδιά, υγεία, μακροβιότητα, πλούτη, κ.ο.κ. Ο λόγος που ο Αβραάμ ήταν άφθονα ευλογημένος γράφεται στη Γένεση, 22:15-18:

> *Και ο άγγελος του Κυρίου φώναξε μια δεύτερη φορά στον Αβραάμ από τον ουρανό. Και είπε: Ορκίστηκα στον εαυτό μου, λέει ο Κύριος, ότι, επειδή έπραξες αυτό το πράγμα, και δεν λυπήθηκες τον γιο σου, τον μονογενή σου, ότι εξάπαντος θα σε ευλογήσω, και εξάπαντος θα πληθύνω το σπέρμα σου σαν τα αστέρια του ουρανού, και σαν την άμμο που είναι κοντά στο χείλος της θάλασσας· και το σπέρμα σου θα κυριεύσει τις πύλες των εχθρών σου· και διαμέσου του σπέρματός σου θα ευλογηθούν όλα τα έθνη της γης, επειδή υπάκουσες στη*

φωνή μου.

Ο Αβραάμ υπάκουσε όταν του είπε ο Θεός *«Βγες έξω από τη γη σου, και από τη συγγένειά σου, και από την οικογένεια του πατέρα σου, στη γη που θα σου δείξω»* (Γένεσις 12:1). Και πάλι υπάκουσε, χωρίς δικαιολογία ή παράπονα, όταν του είπε ο Θεός, *«Πάρε τώρα τον γιο σου τον μονογενή, που αγάπησες, τον Ισαάκ, και πήγαινε στον τόπο Μοριά, και πρόσφερέ τον εκεί σε ολοκαύτωμα επάνω σε ένα από τα βουνά, που θα σου πω»* (Γένεσις 22:2). Αυτό ήταν εφικτό για τον Αβραάμ, επειδή πίστευε στον Θεό που μπορούσε να ξαναζωντανέψει τους νεκρούς (Προς Εβραίους 11:19). Ηταν ικανός να είναι Ευλογία και πατέρας της πίστεως εφόσον είχε τόσο στερεά πίστη.

Άρα, τα τέκνα του Θεού που δέχονται τον Ιησού ως Σωτήρα τους πρέπει να κατέχουν την πίστη του Αβραάμ. Τότε θα μπορείτε να δοξάζετε τον Θεό λαμβάνοντας όλες τις ευλογίες της γης.

Τρίτον, για να Δοθεί η Επαγγελία του Πνεύματος

Το δεύτερο μισό της Προς Γαλάτας Επιστολής, χωρίο 3:14, αναφέρει, *«ώστε να λάβουμε την υπόσχεση του Πνεύματος διαμέσου της πίστης.»* Αυτό σημαίνει ότι οποιοσδήποτε πιστεύει ότι ο Ιησούς πέθανε στον ξύλινο σταυρό για όλη την ανθρωπότητα, απαλλάσσεται από το ανάθεμα του νόμου και λαμβάνει την υπόσχεση του Αγίου Πνεύματος. Επιπλέον, οποιοσδήποτε δέχεται τον Ιησού ως τον Σωτήρα, αποκτά την εξουσία του τέκνου του Θεού και το Άγιο Πνεύμα ως δώρο και ως εγγύηση (Κατά Ιωάννη 1:12, Προς Ρωμαίους 8:16).

Όταν λάβετε το Άγιο Πνεύμα, μπορείτε να αποκαλέσετε τον Θεό «Αββά, Πατέρα» (Προς Ρωμαίους 8:15), το όνομά σας αναγράφεται στο Βιβλίο της Ζωής στον ουρανό (Κατά Λουκάν 10:20), και έχετε το πολίτευμα των ουρανών (Προς Φιλιππησίους 3:20). Ο λόγος είναι επειδή το Άγιο Πνεύμα, το οποίο είναι η καρδιά και η ισχύς του Θεού, σας καθοδηγεί προς την αιώνια ζωή βοηθώντας σας να καταλάβετε τον Λόγο του Θεού και να ζείτε σύμφωνα με τον Λόγο Του με πίστη.

Εντούτοις, θα σωθείτε όταν όχι μόνο αναγνωρίσετε τον Ιησού ως Σωτήρα σας, αλλά και όταν πιστέψετε στην καρδιά σας ότι νίκησε την εξουσία της αρχής του θανάτου και αναστήθηκε. Στην Προς Ρωμαίους Επιστολή, χωρίο 10:9, αναφέρεται το εξής: *«αν με το στόμα σου ομολογήσεις Κύριο, τον Ιησού, και μέσα στην καρδιά σου πιστέψεις ότι ο Θεός τον ανέστησε από τους νεκρούς, θα σωθείς.»*

Πριν από την αρχή του χρόνου, ο Θεός είχε προορίσει το μεγάλο σχέδιο για να ενωθούν με τον Θεό οι πιστεύοντες στον Ιησού ως τον Σωτήρα και για να τους οδηγήσει στην σωτηρία. Το σχέδιο είναι πολύ θαυμαστό και μυστήριο. Τα ανθρώπινα όντα ήταν αναγκασμένα να πάρουν τον δρόμο του θανάτου εξαιτίας της αμαρτίας του πρώτου ανθρώπου σύμφωνα με τον νόμο του πνευματικού βασιλείου, ο οποίος ισχυρίζεται ότι «Ο μισθός της αμαρτίας είναι ο θάνατος.» Ωστόσο, μπορούν να απελευθερωθούν από το ανάθεμα του νόμου και να σωθούν με πίστη μέσω του ίδιου νόμου, επειδή ο Σατανάς παραβίασε τον νόμο του πνευματικού βασιλείου.

Τα ανθρώπινα όντα ήταν αναγκασμένα να υποφέρουν από πόνους, βάσανα, και θάνατο που έφερε ο εχθρός διάβολος όταν έγιναν δούλοι της αμαρτίας, λόγω της απειθαρχίας τους. Κι όμως, οποιοσδήποτε δέχεται τον Ιησού ως Σωτήρα, και λαμβάνει το Άγιο Πνεύμα, μπορεί να αποκτήσει σωτηρία, αιώνια ζωή, ανάσταση και άφθονες ευλογίες.

Το Προνόμιο και Η Ευλογία Που Δίδονται στα Τέκνα Του Θεού

Όποιος ανοίξει την καρδιά του και δεχθεί τον Ιησού Χριστό συγχωρείται, αποκτά το δικαίωμα να γίνει παιδί του Θεού, και απολαμβάνει ειρήνη και χαρά στην καρδιά του. Αυτό είναι δυνατόν διότι ο Ιησούς πήρε όλες τις αμαρτίες μας μια για πάντα όταν σταυρώθηκε. Κι έτσι, λέγεται στους Ψαλμούς, χωρίο 103:12, «*Όσο απέχει η ανατολή από τη δύση, τόσο μακριά έστειλε από μας τις ανομίες μας.*» Επίσης, στην Προς Εβραίους Επιστολή, εδάφιο 10:16-18, αναφέρεται ότι, «*Αυτή είναι η διαθήκη που θα κάνω σ' αυτούς ύστερα από τις ημέρες εκείνες*», λέει ο Κύριος: «*Θα δώσω τους νόμους μου στις καρδιές τους, και θα τους γράψω επάνω στις διάνοιές τους*», προσθέτει: «*Και τις αμαρτίες τους και τις ανομίες τους δεν θα τις θυμάμαι πλέον.*» «*Και όπου υπάρχει άφεση τούτων, δεν υπάρχει πλέον προσφορά για αμαρτία.*»

Δεν υπάρχει τίποτε στον κόσμο το οποίο αξίζει να συγκριθεί με το δικαίωμα των τέκνων του Θεού που δίδεται μέσω της πίστης. Σε τούτο τον κόσμο, τα δικαιώματα των παιδιών κάποιου βασιλιά ή προέδρου είναι πολύ ισχυρά. Πόσο σπουδαία, τότε, είναι τα δικαιώματα των τέκνων του Θεού του Δημιουργού, ο οποίος κυριαρχεί επί του κόσμου και κυβερνά την ανθρώπινη ιστορία και την οικουμένη;

Ο Θεός δεν το θεωρεί αληθινή πίστη όταν απλώς ισχυρίζεσθε, «Ο Ιησούς είναι ο Σωτήρας.» Πρέπει να καταλαβαίνετε ποιος είναι ο

Ιησούς Χριστός, γιατί είναι ο μοναδικός Σωτήρας για εσάς, και να έχετε αληθινή πίστη με βάση αυτή την γνώση. Τότε, μ' αυτή την αληθινή πίστη, μπορείτε να συνειδητοποιήσετε την πρόνοια του Θεού που κρύβεται εντός του σταυρού και να ομολογήσετε «Ο Κύριος είναι ο Χριστός και ο Υιός του Αληθινού Θεού.» Περαιτέρω, θα μπορείτε να ζείτε σύμφωνα με την θέληση του Θεού. Δίχως αυτήν την αληθινή πίστη, είναι πολύ δύσκολο να έχετε πίστη που προέρχεται από την καρδιά και να ζείτε σύμφωνα με τον Λόγο του Θεού.

Επομένως, όπως μας είπε ο Ιησούς στο Κατά Ματθαίον Ευαγγέλιο, εδάφιο 7:21, *«Δεν θα μπει μέσα στη βασιλεία των ουρανών καθένας που λέει σε μένα: Κύριε, Κύριε αλλά αυτός που πράττει το θέλημα του Πατέρα μου, ο οποίος είναι στους ουρανούς.»* Ο Ιησούς κήρυξε σαφώς ότι μόνο οι άνθρωποι οι οποίοι δηλώνουν στον Ιησού «Κύριε, Κύριε» και ζουν σύμφωνα με την θέληση και τον Λόγο του Θεού πρόκειται να σωθούν.

Κανένα Άλλο Όνομα στον Κόσμο εκτός από «Ιησούς Χριστός»

Οι Πράξεις Των Αποστόλων, εδάφιο 4, εικονίζουν μια σκηνή στην οποία ο Πέτρος και ο Ιωάννης μαρτυρούν τολμηρά το όνομα του Ιησού Χριστού ενώπιον του Συνεδρίου (Sanhedrin). Πίστευαν ειλικρινά ότι δεν υπήρχε άλλο όνομα εκτός του «Ιησούς Χριστός» μέσω του οποίου θα μπορεί ο άνθρωπος να φτάσει την σωτηρία, και ο Πέτρος ο οποίος ήταν γεμάτος με το Άγιο Πνεύμα, είχε εξουσιοδοτηθεί να διακηρύττει ότι *«Και δεν υπάρχει διαμέσου κανενός άλλου η σωτηρία· επειδή, ούτε άλλο όνομα είναι δοσμένο κάτω από τον ουρανό ανάμεσα στους ανθρώπους, διαμέσου του οποίου πρέπει να σωθούμε»* (Πράξεις Των Αποστόλων 4:12).

Τι πνευματικοί υπαινιγμοί υπάρχουν στο όνομα «Ιησούς Χριστός»; Και ποιος είναι ο λόγος που ο Θεός δεν μας έδωσε κανένα Αλλο όνομα εκτός του Ιησού Χριστού μέσω του οποίου πρέπει να φτάσουμε την σωτηρία;

Η Διάκριση μεταξύ «Ιησούς» και «Ιησούς Χριστός»

Οι Πράξεις Των Αποστόλων, εδάφιο 16:31, μας λένε *«Πίστεψε στον Κύριο Ιησού Χριστό, και θα σωθείς, εσύ και η οικογένειά σου.»* Υπάρχει σημαντικός λόγος που λέγεται «ο Κύριος Ιησούς» και όχι απλώς «ο Ιησούς.»

Εδώ, το όνομα «Ιησούς» αναφέρεται σε έναν άνθρωπο που θα σώσει τον λαό Του από τις αμαρτίες τους. «Χριστός» είναι Ελληνική λέξη, η οποία σημαίνει «Μεσσίας» στα Εβραϊκά. Είναι «ο χρισμένος» (Πράξεις Των Αποστόλων 4:27) και αναφέρεται στον Σωτήρα, που είναι ο Μεσολαβητής μεταξύ Θεού και ανθρώπων. Δηλαδή, «Ιησούς» είναι το όνομα του μελλοντικού Σωτήρα, αλλά «Χριστός» είναι το όνομα του Σωτήρα ο οποίος εχει ήδη σώσει κόσμο.

Την εποχή της Παλαιάς Διαθήκης, ο Θεός έχριζε τον άνθρωπο που θα γινόταν βασιλιάς, ή ιερεύς, ή προφήτης, χύνοντας λάδι στο κεφάλι εκείνου που επρόκειτο να χρισθεί (Λευιτικόν 4:3, Σαμουήλ Α' 10:1, Βασιλέων Α' 19:16). Το λάδι συμβολίζει το Αγιο Πνεύμα. Επομένως, το να χρίσεις κάποιον σημαίνει να δώσεις το Αγιο Πνεύμα στο άτομο που εκλέχθηκε από τον Θεό.

Ο Ιησούς χρίσθηκε Βασιλιάς, Αρχιερέας, και Ανώτατος

Προφήτης, και σαρκώθηκε σε τούτο τον κόσμο για να σώσει όλα τα ανθρώπινα όντα, σύμφωνα με την πρόνοια του Θεού, η οποία είχε προορισθεί πριν την αρχή του χρόνου. Σταυρώθηκε για να μας λυτρώσει, και έγινε Σωτήρας μας όταν την τρίτη ημέρα αναστήθηκε. Αναλόγως, είναι ο Σωτήρας που εχει ολοκληρώσει την πρόνοια της σωτηρίας του Θεού. Δηλαδή, είναι ο Χριστός.

Πριν την σταύρωση του Ιησού, αναφερόμαστε σε Αυτόν μόνο ως «ο Ιησούς.» Ωστόσο, μετά την σταύρωση και την ανάσταση, πρέπει να απευθυνόμαστε σε Αυτόν ως «ο Ιησούς Χριστός», «ο Κύριος Ιησούς» ή «ο Κύριος.»

Πρέπει να γνωρίζετε ότι υπάρχει μεγάλη διαφορά δύναμης μεταξύ του «Ιησούς» και του «Ιησούς Χριστός.» Τον αποκαλούσαν Ιησού πριν ολοκληρώσει την πρόνοια της σωτηρίας, και ο εχθρός ο διάβολος δεν φοβάται αυτό το όνομα πάρα πολύ. Το όνομα «Ιησούς Χριστός», όμως, υπονοεί τα τρία ακόλουθα: το αίμα που μας λύτρωσε από τις αμαρτίες μας την ανάσταση που γκρέμισε την εξουσία του θανάτου και την αιώνια ζωή. Ενώπιον τούτου του ονόματος, πάντως, ο εχθρός διάβολος τρέμει από φόβο.

Πολλοί άνθρωποι παραμελούν αυτό το γεγονός διότι δεν συνειδητοποιούν αυτήν την διαφορά. Κι όμως, είναι αλήθεια ότι οι ενέργειες του Θεού και η απάντηση Του θα διαφέρουν ανάλογα με ποιο όνομα καλέσετε (Πράξεις Των Αποστόλων 3:6).

Οταν προσεύχεσθε στον Θεό στο όνομα του Κυρίου μας Ιησού Χριστού, και φυλάτε στο νου σας αυτό το γεγονός, θα ζείτε νικηφόρα ζωή γεμάτη με άμεσες και άφθονες απαντήσεις από τον Θεό σας τον Παντοδύναμο.

Η Απόλυτη Υπακοή Του Ιησού

Αν και ο Ιησούς ήταν Θεός ως προς τη φύση, δεν θεωρούσε την ισότητα με τον Θεό κάτι το οποίο θα γινόταν κατανοητό, κι ούτε προσκολλιόταν στα δικαιώματα Του ως Θεός. Εκανε τον Εαυτό Του ένα τίποτε. Πήρε την ταπεινή θέση ενός δούλου και παρουσιάσθηκε σε μορφή ανθρωπίνου όντος.

Ο καλός υπηρέτης δεν εχει δική του βούληση. Εργάζεται αναλόγως με την βούληση του αφέντη του αντί την δική του. Είναι καθήκον του υπηρέτη να υπακούει το θέλημα του αφέντη του ασχέτως αν συμφωνεί με το δικό του θέλημα ή με τα δικά του αισθήματα. Ο Ιησούς υπάκουσε την βούληση του Θεού με την καρδιά καλού υπηρέτη, και έτσι μπόρεσε να ολοκληρώσει την αποστολή Του για την ανθρώπινη σωτηρία.

Ο Θεός εξύψωσε τον Ιησού, ο οποίος υπάκουσε την βούληση του Θεού, λέγοντας, «Ναι» και «Αμήν», στο ανώτατο σημείο και επέτρεψε σε πολύ κόσμο να ομολογήσει ότι Αυτός είναι ο Κύριος.

> *Γι αυτό, και ο Θεός τον υπερύψωσε, και του χάρισε όνομα, που είναι το όνομα πάνω από κάθε άλλο ώστε στο όνομα του Ιησού να λυγίσει κάθε γόνατο επουρανίων και επιγείων και καταχθονίων και κάθε γλώσσα να ομολογήσει ότι ο Ιησούς Χριστός είναι Κύριος, σε δόξα του Πατέρα Θεού (Προς Φιλιππησίους Επιστολή 2:9-11).*

Το Όνομα «Κύριος Ιησούς» Δίνει Μαρτυρία για την Δύναμη Του Θεού

Στο Κατά Ιωάννη Ευαγγέλιο, εδάφιο 1:3, αναφέρεται, *«Όλα έγιναν διαμέσου αυτού· και χωρίς αυτόν δεν έγινε ούτε ένα το οποίο έχει γίνει.»* Εφόσον τα πάντα στον κόσμο δημιουργήθηκαν μέσω του Ιησού, εχει την εξουσία να κυριαρχεί υπέρ πάντων ως Πλάστης. Οταν ο Ιησούς ο Υιός του Θεού του Πλάστη διέταζε, τα άψυχα πράγματα, όπως ένας θυελλώδης άνεμος και το κύμα, Τον υπάκουγαν κι ηρεμούσαν, και μια συκιά μαράθηκε αμέσως όταν την καταράστηκε.

Ο Ιησούς είχε την εξουσία να συγχωρεί αμαρτίες και να σώζει τους αμαρτωλούς από την τιμωρία των αμαρτιών τους. Ετσι, ο Ιησούς είπε στον παράλυτο στο Κατά Ματθαίον Ευαγγέλιο, 9:2, *«Έχε θάρρος, παιδί μου· συγχωρεμένες είναι σε σένα οι αμαρτίες σου.»* και στον στίχο 6 είπε, *«Αλλά, για να γνωρίσετε ότι ο Υιός του ανθρώπου έχει εξουσία επάνω στη γη να συγχωρεί αμαρτίες, (λέει τότε στον παράλυτο): Μόλις εγερθείς, σήκωσε το κρεβάτι σου, και πήγαινε στο σπίτι σου.»*

Επιπλέον, ο Ιησούς είχε την δύναμη να γιατρεύει όλων των ειδών τις αρρώστιες και τις αναπηρίες, και να ξαναζωντανεύει τους νεκρούς. Στο Κατά Ιωάννη Ευαγγέλιο, χωρίο 11, περιγράφεται μια σκηνή στην οποία ο νεκρός άνδρας, ο Λάζαρος, βγήκε από τον τάφο με τα χέρια και τα πόδια του τυλιγμένα με λωρίδες από λινό σάβανο όταν του φώναξε ο Ιησούς με δυνατή φωνή, «Λάζαρε, έλα έξω.» Ηταν πεθαμένος για τέσσερις ημέρες ήδη και υπήρχε μια άσχημη οσμή, αλλά περπάτησε και βγήκε από τον τάφο σαν υγιής άνθρωπος.

Παρομοίως, ο Ιησούς σάς δίνει οτιδήποτε ζητάτε με πίστη, διότι κατέχει την θαυμάσια δύναμη του Θεού.

Ο Ιησούς Χριστός, η Αγάπη Του Θεού

Όπως αναφέρεται στην Α' Επιστολή του Ιωάννη, εδάφιο 4:10, *«Σε τούτο βρίσκεται η αγάπη, όχι ότι εμείς αγαπήσαμε τον Θεό, αλλ' ότι αυτός μας αγάπησε και απέστειλε τον Υιό του ως μέσον εξιλασμού για τις αμαρτίες μας.»* Ο Θεός μάς έδειξε την καταπληκτική αγάπη Του. Έστειλε τον ένα και μονογενή Του Υιό ως θυσία εξιλέωσης όταν ήμασταν ακόμη αμαρτωλοί. Ο Θεός αναγκάσθηκε να αντέξει φοβερό πόνο και άνοιξε τον δρόμο για την ανθρώπινη σωτηρία όταν ο Υιός Του ο Ιησούς κρεμάστηκε επάνω στον σταυρό και έχυσε το αίμα Του. Πώς ένιωθε ο Θεός της αγάπης όταν υποχρεώθηκε να δει τον ένα και μονογενή Υιό Του, τον Ιησού, σταυρωμένο; Ο Θεός ήταν ανίκανος να παρακολουθεί καθισμένος στον θρόνο Του. Στο Κατά Ματθαίον 27:51-54 αναφέρεται πόσο υπέφερε ο Θεός όταν σταυρώθηκε ο Ιησούς.

Και ξάφνου, το καταπέτασμα του ναού σχίστηκε στα δύο, από επάνω μέχρι κάτω και η γη σείστηκε, και οι πέτρες σχίστηκαν, και τα μνήματα άνοιξαν, και πολλά σώματα αγίων που είχαν πεθάνει αναστήθηκαν κι αφού βγήκαν από τα μνήματα ύστερα από την ανάστασή Του, μπήκαν μέσα στην αγία πόλη, και εμφανίστηκαν σε πολλούς. Και ο εκατόνταρχος και εκείνοι που μαζί του φύλαγαν τον Ιησού, όταν είδαν τον σεισμό και όσα έγιναν, φοβήθηκαν υπερβολικά, λέγοντας: «Πραγματικά, Υιός του Θεού ήταν αυτός!»

Αυτό δείχνει καθαρά ότι ο Ιησούς δεν σταυρώθηκε εξαιτίας δικών Του αμαρτημάτων αλλά εξαιτίας της μεγάλης αγάπης του Θεού ώστε να καθοδηγήσει όλους τους ανθρώπους προς την οδό της σωτηρίας. Κι όμως, πολύς κόσμος δεν δέχεται και δεν κατανοεί αυτή την καταπληκτική αγάπη του Θεού.

Μετά από την ανυπακοή του Αδάμ, τα ανθρώπινα όντα δεν μπορούσαν να μείνουν με τον Θεό και έγιναν άνθρωποι αμαρτωλής φύσεως. Ωστόσο, ο Ιησούς ήρθε στην γη και έγινε ο Μεσολαβητής μεταξύ του Θεού και ημών για να δώσει τις ευλογίες του Εμμανουήλ σ' όλο τον κόσμο (Κατά Ματθαίον 1:23). Μέσα από τα πάθη και τους πόνους του Ιησού επάνω στον σταυρό, εμείς αποκτούμε αληθινή ειρήνη και ανάπαυση.

Επομένως, εύχομαι να καταλαβαίνετε την τρανή αγάπη του Θεού ο οποίος μάς έδωσε τον μονογενή Του Υιό ως λύτρα για να μας λυτρώσει από αμαρτίες και από τον αιώνιο θάνατο, και την θυσιαστική αγάπη του Κυρίου, ο οποίος, αν και ήταν άμεμπτος, σταυρώθηκε εκ μέρους μας και άνοιξε την οδό της σωτηρίας.

Κεφάλαιο 6

Η Πρόνοια του Σταυρού

- Γεννήθηκε σε Στάβλο και τον Ξάπλωσαν σε Φάτνη
- Η Ζωή του Ιησού στην Φτώχεια
- Μαστιγώθηκε και Εχυσε το Αίμα Του
- Φορώντας το Αγκάθινο Στεφάνι
- Τα Ιμάτια και ο Χιτώνας του Ιησού
- Καρφώθηκε στα Χέρια και στα Πόδια
- Δεν Εσπασαν τα Πόδια του Ιησού, αλλά Τρύπησαν το Πλευρό Του

···Το Μήνυμα του Σταυρού

Αυτός, στην πραγματικότητα, βάσταξε τις ασθένειές μας, και επιφορτίστηκε τις θλίψεις μας ενώ, εμείς Τον θεωρήσαμε τραυματισμένον, πληγωμένον από τον Θεό, και ταλαιπωρημένον. Αυτός, όμως, τραυματίστηκε για τις παραβάσεις μας ταλαιπωρήθηκε για τις ανομίες μας η τιμωρία, που έφερε τη δική μας ειρήνη, ήταν επάνω σ' Αυτόν και διαμέσου των πληγών Του γιατρευτήκαμε εμείς. Όλοι εμείς πλανηθήκαμε σαν πρόβατα στραφήκαμε κάθε ένας στον δικό του δρόμο ο Κύριος, όμως, έβαλε επάνω σ' Αυτόν την ανομία όλων μας.

Ησαΐας 53:4-6

Στο σχέδιο του Θεού για την απόκτηση αληθινών τέκνων, το πιο σημαντικό σημείο είναι ότι ο Ιησούς σαρκώθηκε σ' αυτόν τον κόσμο, πλήχθηκε με διάφορα βάσανα, και πέθανε πάνω στον σταυρό. Μέσω όλων αυτών, ολοκλήρωσε την οδό της σωτηρίας για όλη την ανθρωπότητα.

Η πρόνοια του σταυρού από τον Θεό εχει βαθύ πνευματικό νόημα. ο Ιησούς, ο ένας και μοναδικός Υιός του Θεού, εγκαταλείποντας την ουράνια δόξα, γεννήθηκε μέσα σε φάτνη ζώων, και έζησε στην φτώχεια όλη Του την ζωή.

Επιπλέον, μαστιγώθηκε και Τον κάρφωσαν στα χέρια και στα πόδια, του φόρεσαν αγκάθινο στεφάνι και έχυσε αίμα και νερό όταν Του τρύπησαν το πλευρό με ένα δόρυ. Κάθε βάσανο που υπέφερε ο Ιησούς εμπεριέχει την ακατανίκητη αγάπη του Θεού.

Οταν καταλάβετε πλήρως το πνευματικό νόημα του σταυρού και τα πάθη του Ιησού, η καρδιά σας σίγουρα θα συγκινηθεί με την αγάπη του Θεού και θα αποκτήσετε αληθινή πίστη. Θα μπορέσετε επίσης να λάβετε απαντήσεις για όλα τα προβλήματα στην ζωή σας, όπως την φτώχεια και τις ασθένειες, καθώς και το αιώνιο βασίλειο του ουρανού.

Γεννήθηκε σε Στάβλο και τον Ξάπλωσαν σε Φάτνη

Ο Ιησούς, ο οποίος είναι εκ φύσεως ο Θεός, ήταν ο αφέντης των πάντων στον ουρανό και επί της γης και το πιο ένδοξο ον. Κι όμως, σαρκώθηκε στον κόσμο αυτό για να λυτρώσει τα ανθρώπινα όντα από την αμαρτία και για να τα καθοδηγήσει στην σωτηρία.

Ο Ιησούς είναι ο ένας και μοναδικός Υιός του Παντοκράτορα Θεού του Δημιουργού. Γιατί, τότε, δεν γεννήθηκε σε πολυτελές μέρος ή τουλάχιστον σε αναπαυτικό δωμάτιο; Δεν μπορούσε ο Θεός να του επιτρέψει να γεννηθεί σε υπέροχο μέρος; Γιατί άφησε τον Ιησού να γεννηθεί σε στάβλο και να ξαπλώσει σε φάτνη;

Υπάρχει βαθύ πνευματικό νόημα σε αυτό. Πρέπει να ξέρετε ότι ο Ιησούς γεννήθηκε πνευματικά με τον πιο ένδοξο τρόπο. Αν και ο κόσμος δεν μπορούσε να το δει αυτό με τους σαρκικούς τους οφθαλμούς, ο Θεός ήταν τόσο ευχαριστημένος με την γέννηση του Ιησού, που κύκλωσε το Θείο βρέφος με φώτα δόξας, με την παρουσία μεγάλης ουράνιας στρατιάς αγγέλων. Μπορείτε να πάρετε μια γεύση από τον ενθουσιασμό Του στο Κατά Λουκάν Ευαγγέλιο, χωρίο 2:14, όπου καταγράφεται το ακόλουθο: *«Δόξα στον Θεό εν υψίστοις, και επάνω στη γη ειρήνη, σε ανθρώπους ευδοκίας.»* Ο Θεός είχε ετοιμάσει καλούς ποιμένες και τους Μάγους από την Ανατολή και τους οδήγησε για να πάνε και να λατρέψουν το Θείο βρέφος.

Όλοι οι έπαινοι και η λατρεία συνέβησαν διότι ο Ιησούς επρόκειτο να ανοίξει την θύρα της σωτηρίας με τον ερχομό Του σ' αυτόν τον κόσμο, μέγα πλήθος ανθρώπων θα εισερχόταν στο ουράνιο βασίλειο ως τέκνα του Θεού, και ο Ιησούς, ο Υιός του Θεού επρόκειτο να γίνει Βασιλεύς των βασιλέων και Κύριος των κυρίων.

Η Πρόνοια του Θεού Κρυμμένη στην Γέννηση του Ιησού

Οταν γεννήθηκε ο Ιησούς, ο Καίσαρας Αύγουστος έβγαλε διάταγμα για να γίνει απογραφή όλης της Ρωμαϊκής Αυτοκρατορίας. Ο λαός των Εβραίων βρισκόταν υπό την εξουσία της αποικιοκρατίας της Ρώμης και επέστρεφαν στην γενέτειρα πόλη τους για να καταγραφούν, λαμβάνοντας υπόψη την διαταγή του Καίσαρα.

Κι ο Ιωσήφ πήγε με την αρραβωνιαστικιά του την Μαρία από την πόλη της Ναζαρέτ της Γαλιλαίας στην Βηθλεέμ, την πόλη του Δαβίδ, διότι υπαγόταν στον οίκο και στην γενιά του Δαβίδ. Η Μαρία είχε αρραβωνιαστεί τον Ιωσήφ και συνέλαβε παιδί από το Αγιο Πνεύμα πριν φθάσουν εκεί, και γέννησε τον πρωτότοκο Ιησού κατά την διάρκεια της παραμονής τους εκεί.

Το όνομα «Βηθλεέμ» σημαίνει «Οίκος του Αρτου», και ήταν η γενέτειρα του Βασιλιά Δαβίδ (Σαμουήλ Α, 16:1). Ο Μιχαίας στο εδάφιο 5:2 γράφει τα ακόλουθα για την πόλη της Βηθλεέμ: «*Κι εσύ, Βηθλεέμ Εφραθά, η μικρή, ώστε να είσαι ανάμεσα στις χιλιάδες του Ιούδα, από σένα θα εξέλθει σε μένα ένας άνδρας για να είναι ηγούμενος στον Ισραήλ· που οι έξοδοί του είναι εξαρχής, από ημέρες αιώνα.*» Είχε προφητευθεί ότι η Βηθλεέμ θα είναι η γενέτειρα του Μεσσία.

Εκείνη την εποχή δεν υπήρχε χώρος για την Μαρία και τον Ιωσήφ σε κανένα πανδοχείο, διότι χιλιάδες άνθρωποι βρίσκονταν στην Βηθλεέμ για να καταγραφούν. Εκεί, η Μαρία γέννησε το μωρό μέσα σε στάβλο. Τον τύλιξε με φασκιές και τον τοποθέτησε μέσα σε μια φάτνη, ένα μακρύ δοχείο το οποίο χρησιμοποιούσαν για να ταΐζουν τις αγελάδες και τα άλογα.

Τότε, για ποιο λόγο γεννήθηκε με τέτοιο χαμηλό και ταπεινό τρόπο ο Ιησούς, ο οποίος ήρθε ως Σωτήρας των ανθρώπων;

Για να Λυτρώσει τους Ανθρώπους που Ήταν Όμοιοι με τα Ζώα

Στον Εκκλησιαστή, εδάφιο 3:18, αναφέρεται, *«Εγώ είπα στην καρδιά μου για την κατάσταση των γιων των ανθρώπων, ότι ο Θεός θα τους δοκιμάσει, και θα δουν ότι αυτοί οι ίδιοι είναι κτήνη.»* Οι άνθρωποι που έχουν χάσει την εικόνα του Θεού, είναι σαν τα κτήνη στα μάτια του Θεού. Ο πρώτος άνθρωπος, ο Αδάμ, αρχικά ήταν ένα ζωντανό ον πλασμένο καθ' εικόνα του Θεού. Ήταν και άνθρωπος του πνεύματος διότι ο Θεός του είχε διδάξει μονάχα τον Λόγο της αλήθειας.

Ωστόσο, ο Αδάμ έφαγε τον καρπό του δέντρου της γνώσης του καλού και του κακού αντίθετα με την προσταγή του Θεού, κι έτσι το Πνεύμα του πέθανε και ήταν πλέον ανίκανος να επικοινωνήσει με τον Θεό. Επιπλέον, έπαψε να είναι πια ο αφέντης όλης της πλάσεως. Ο Σατανάς υποκίνησε τον Αδάμ για να ακολουθήσει την αμαρτωλή φύση, και η αγνή και ειλικρινής καρδιά του μεταβλήθηκε σε ακάθαρτη και αναληθή καρδιά.

Στην καθημερινή σας ζωή, ίσως να έχετε ακούσει την έκφραση «Δεν είναι καλύτερος από ζώο.» Τακτικά ακούτε πράγματα για ανθρώπους που δεν είναι καλύτεροι από τα ζώα μέσω των μέσων ενημέρωσης. Για προσωπικό τους συμφέρον, εύκολα ξεγελούν και εξαπατούν τους γείτονές τους, τους πελάτες τους, τους φίλους τους και μέλη της οικογένειάς τους. Γονείς και παιδιά μισιούνται, και ορισμένες φορές φαίνονται έτοιμοι να σκοτωθούν μεταξύ τους.

Οι άνθρωποι τολμούν να κάνουν τέτοιες κακοήθεις πράξεις διότι η ψυχή έχει γίνει ο αφέντης του ανθρώπου από τον καιρό του θανάτου του πνεύματος, και έχουν χάσει την εικόνα του Θεού εξαιτίας των αμαρτημάτων τους. Όπως τα κτήνη, τα οποία έχουν δημιουργηθεί μόνο από ψυχή και σώμα, τέτοιοι άνθρωποι δεν μπορούν να εισέλθουν στον ουρανό κι ούτε μπορούν να αποκαλούν τον Θεό Αββά Πατέρα. Ο Ιησούς γεννήθηκε σε στάβλο για να λυτρώσει τα ανθρώπινα όντα που δεν είναι καλύτερα από τα κτήνη.

Ο Ιησούς Είναι Αληθινή Πνευματική Τροφή

Ξάπλωσαν τον Ιησού σε φάτνη, σε δοχείο για το τάϊσμα των αλόγων, για να είναι πραγματική πνευματική τροφή για τα ανθρώπινα όντα που δεν είναι καλύτερα από τα ζώα (Κατά Ιωάννην 6:51).

Μ' άλλα λόγια, ήταν θεία πρόνοια να οδηγηθεί ο άνθρωπος στην ολοκληρωτική σωτηρία, επιτρέποντάς του να ανακτήσει την χαμένη εικόνα του Θεού και να εκτελέσει ολόκληρο το καθήκον του ανθρώπου. Ποιο είναι λοιπόν ολόκληρο το καθήκον του ανθρώπου; Ο Εκκλησιαστής στο χωρίο 12:13-14 μας δίνει κάποια επίγνωση:

Ας ακούσουμε το συμπέρασμα της όλης υπόθεσης: Να φοβάσαι τον Θεό, και να τηρείς τις εντολές του, δεδομένου ότι αυτό είναι το παν καθήκον του ανθρώπου. Επειδή, ο Θεός θα φέρει σε κρίση κάθε έργο, και κάθε κρυφό πράγμα, είτε αγαθό είτε πονηρό.

Τι σημαίνει να «φοβάσαι τον Θεό»; Στις Παροιμίες, χωρίο 8:13, αναφέρεται «Να φοβοσαστε τον Κύριο είναι να μισείτε την κακοήθεια.» Επομένως, όταν έχετε φόβο Θεού, δεν δέχεστε την κακοήθεια πλέον, και ταυτόχρονα απορρίπτετε κάθε είδους κακοήθειας από την καρδιά σας.

Αν πράγματι φοβόσαστε τον Θεό, πρέπει να κάνετε κάθε προσπάθεια για να αποτάξετε κάθε κακοήθεια, και να αγωνίζεστε ενάντια σε κάθε αμαρτία, και να τις εκβάλλετε μέχρι του σημείου που θα χύσετε αίμα. Όπως οι μαθητές που μελετούν σκληρά για να εξασφαλίσουν ένα καλύτερο μέλλον, πρέπει να κάνετε κάθε προσπάθεια για να έχετε φόβο Θεού και για να εκτελείτε ολόκληρο το καθήκον του ανθρώπου, ώστε να απολαμβάνετε την αγάπη και την ευλογία του Θεού.

Στην Βίβλο, μπορείτε να βρείτε τις εντολές του Θεού που έχουν δοθεί στα τέκνα Του, π.χ. «κάνετε αυτό, εκείνο μην το κάνετε, φυλάξετε τούτο, να απορρίψετε το άλλο.» Από τη μια, ο Θεός μάς λέει ότι τα τέκνα του Θεού πρέπει να «προσεύχονται, να αγαπούν, να δίνουν ευχαριστίες, και πολλά άλλα.» Από την άλλη, ο Θεός μάς διατάζει να μην κάνουμε πράγματα που οδηγούν στον θάνατο, όπως το μίσος, η μοιχεία, και το μεθύσι.

Επίσης, μας λέει να σεβόμαστε συγκεκριμένες εντολές, όπως «Να διατηρείτε την ημέρα της αργίας αγία,» «Να τηρείτε τις υποσχέσεις σας,» και άλλα παρόμοια. Ο Θεός μάς παροτρύνει, επίσης, να απορρίπτουμε κάτι βλαβερό, λέγοντας, «Να αποφεύγετε κάθε είδους κακοήθεια,» «Ξεφορτωθείτε την πλεονεξία σας,» κ.ο.κ.

Ολόκληρο το καθήκον του ανθρώπου είναι να εχει φόβο Θεού

και να φυλάει τις εντολές Του. Ο Θεός θα μας θεωρήσει υπεύθυνους για κάθε πράξη μας κατά την Ημέρα της Κρίσεως, για κάθε κρυφό πράγμα, είτε είναι αγαθό είτε πονηρό. Επομένως, όταν ζείτε σαν τα κτήνη δίχως να εκτελείτε ολόκληρο το καθήκον του ανθρώπου, φυσικά θα πέσετε μέσα στην κόλαση ως συνέπεια της Κρίσεως του Θεού.

Παρομοίως, ο Ιησούς γεννήθηκε σε στάβλο και τον ξάπλωσαν μέσα σε φάτνη για να λυτρώσει τους ανθρώπους που δεν ήταν καλύτεροι από ζώα και για να γίνει αληθινή πνευματική τροφή γι' αυτούς.

Η Ζωή του Ιησού στην Φτώχεια

Στο Κατά Ιωάννην Ευαγγέλιο, χωρίο 3:35 αναφέρεται, *«Ο Πατέρας αγαπάει τον Υιό, και όλα τα έδωσε στο χέρι του.»* Στην Προς Κολοσσαείς Επιστολή, χωρίο 1:16, αναφέρεται, *«Επειδή, διαμέσου αυτού κτίστηκαν τα πάντα, αυτά που είναι μέσα στους ουρανούς κι αυτά που είναι επάνω στη γη, τα ορατά και τα αόρατα, είτε θρόνοι είτε κυριότητες είτε αρχές είτε εξουσίες, τα πάντα κτίστηκαν διαμέσου αυτού και γι' αυτόν.»* Μ' άλλα λόγια, ο Ιησούς είναι ο μοναδικός Υιός του Θεού του Δημιουργού, και ο Κύριος των πάντων στον ουρανό και επί της γης.

Γιατί, τότε, ήρθε σ' αυτόν τον κόσμο σε τόσο φτωχικές και ταπεινές συνθήκες, και γιατί ζούσε στην φτώχεια εφόσον ήταν εκ φύσεως ο Παντοδύναμος Θεός και ήταν πλούσιος με κάθε μέτρο σύγκρισης;

Για να Λυτρώσει τον Άνθρωπο από την Φτώχεια

Στην Β' Επιστολή Προς Κορινθίους, εδάφιο 8:9, αναφέρεται, *«επειδή, ξέρετε τη χάρη του Κυρίου μας Ιησού Χριστού, ότι, ενώ ήταν πλούσιος, έγινε για σας φτωχός, για να γίνετε εσείς πλούσιοι με τη φτώχεια εκείνου.»* Η πρόνοια της καταπληκτικής αγάπης του Θεού εκδηλώνεται εδώ. Ο Ιησούς, αν και ήταν ο Βασιλεύς των βασιλέων, ο Κύριος των κυρίων, και ο μονογενής Υιός του Θεού του Πλάστη, εγκατέλειψε όλη την ουράνια δόξα, ήρθε σε τούτο τον κόσμο, και έζησε στην φτώχεια υποφέροντας την περιφρόνηση και την κακομεταχείριση του κόσμου για να λυτρώσει την ανθρωπότητα από την φτώχεια.

Στην αρχή, ο Θεός ποίησε τον άνθρωπο για να παίρνει και να τρώει τους καρπούς δίχως ιδρώτα και για να απολαμβάνει ευήμερη ζωή δίχως μόχθο. Όμως, αφού παράκουσε τον Λόγο του Θεού ο πρώτος άνθρωπος, ο Αδάμ, και έγινε διεφθαρμένος, μπορούσε πλέον να τρέφεται μόνο με τους οδυνηρούς μόχθους του και με τον ιδρώτα του προσώπου του. Εξαιτίας αυτού, ο άνθρωπος συχνά ζει με στερήσεις και στην φτώχεια.

Η φτώχεια από μόνη της δεν είναι αμαρτία, κι ως εκ τούτου, ο Ιησούς δεν έχυσε το αίμα Του για να μας λυτρώσει από την φτώχεια. Η φτώχεια, όμως, είναι κατάρα που εκδηλώθηκε μετά την απειθαρχία του Αδάμ προς τον Θεό, κι έτσι ο Ιησούς σάς έκανε πλούσιους ζώντας ο ίδιος μες την φτώχεια.

Μερικοί λένε ότι η μακροχρόνια φτώχεια της ζωής του Ιησού σημαίνει πνευματική φτώχεια. Ωστόσο, επειδή ο Ιησούς συνελήφθη μέσω του Αγίου Πνεύματος και είναι ένα με τον Θεό τον Πατέρα, δεν είναι ορθό να νομίζουμε ότι ήταν πνευματικά φτωχός.

Πρέπει να έχετε υπόψη σας το γεγονός ότι ο Ιησούς ζούσε στην φτώχεια για να λυτρώσει εσάς από την φτώχεια και τώρα μπορείτε να ζείτε άνετη ζωή με ευγνωμοσύνη για την αγάπη και την χάρη του Θεού. Μερικοί λένε ότι είναι σφάλμα να ζητούμε χρήματα στην προσευχή μας. Αλλοι πάλι πιστεύουν ότι αν είσαι Χριστιανός πρέπει να ζεις φτωχικά. Κι όμως, αυτή δεν είναι καθόλου η βούληση του Θεού.

Στην Βίβλο, μπορείτε να διαβάσετε πολλά λόγια ευλογίας. Φερ' ειπείν, στο Δευτερονόμιον, εδάφιο 28:2-6 διαβάζετε ότι:

> *Και θα' ρθουν επάνω σου όλες αυτές οι ευλογίες, και θα σε βρουν, αν υπακούσεις στη φωνή του Κυρίου του Θεού σου. Ευλογημένος θα είσαι στην πόλη, και ευλογημένος θα είσαι στο χωράφι. Ευλογημένος ο καρπός της κοιλιάς σου, και ο καρπός της γης σου, και ο καρπός των κτηνών σου, οι αγέλες των βοδιών σου, και τα κοπάδια των προβάτων σου. Ευλογημένο το καλάθι σου και η σκάφη σου. Ευλογημένος θα είσαι όταν μπαίνεις μέσα, και ευλογημένος θα είσαι όταν βγαίνεις έξω.*

Η Γ' Επιστολή Ιωάννου, χωρίο 1:2, μας συμβουλεύει, «*Αγαπητέ, εύχομαι σε όλα να ευοδώνεσαι και να υγιαίνεις, καθώς ευοδώνεται η ψυχή σου.*» Είναι αλήθεια ότι οι εκλεκτοί του Θεού, όπως ο Αβραάμ, ο Ισαάκ, ο Ιακώβ, ο Ιωσήφ, και ο Δανιήλ, όλοι έζησαν πολύ ευήμερες ζωές.

Να Ζείτε Πλούσια Ζωή

Στην δικαιοσύνη Του, ο Θεός σάς αναγκάζει να θερίσετε ό,τι σπέρνετε. Οπως οι γονείς που θέλουν να δώσουν στα παιδιά τους μόνο αγαθά πράγματα, ο στοργικός Θεός σας θέλει να σας δώσει ό,τι ζητάτε με πίστη (Κατά Μάρκον 11:24).

Ο Θεός θέλει να σας δώσει απαντήσεις και ευλογίες, αλλά δεν μπορείτε να λάβετε τίποτε δίχως να ζητήσετε, ούτε όταν ζητάτε αλλά χωρίς διορατικότητα. Επομένως, αν προσπαθήσετε να θερίσετε κάτι δίχως να σπείρετε τίποτε, κοροϊδεύετε τον Θεό και εναντιώνεστε στον πνευματικό νόμο.

Μερικοί ίσως να λένε, «Επιθυμώ να θερίσω αλλά δεν μπορώ γιατί είμαι τόσο φτωχός.» Κι όμως, στην Βίβλο, θα βρείτε πολλούς ανθρώπους οι οποίοι ήταν υπερβολικά φτωχοί αλλά έκαναν κάθε προσπάθεια να σπείρουν, και ως αμοιβή ευλογήθηκαν πλούσια.

Στο Α' βιβλίο των Βασιλέων, κεφάλαιο 17, μαθαίνουμε ότι στην χώρα συνέβη λιμός για τρισίμιση έτη. Ενώ υπήρχε ακόμη ο λιμός, μια χήρα από τα Σαρεπτά της Σιδώνος έφτιαξε μια μικρή πίτα από άρτο για τον προφήτη Ηλία έχοντας μονάχα μια χούφτα αλεύρι μέσα σε ένα πιθάρι, και με λίγο λάδι σε μια κανάτα. Ο Θεός ευχαριστήθηκε τόσο πολύ με τον τρόπο που τα πρόσφερε στον υπηρέτη Του και την ευλόγησε με αφθονία: το πιθάρι με το αλεύρι δεν άδειαζε και το λάδι στην κανάτα δεν τελείωνε μέχρι να στείλει ο Θεός βροχή στη γη (Α' Βασιλέων 17:14).

Σε ένα περιστατικό από την εποχή του Ιησού, μια φτωχή χήρα έβαλε δυο μικρά νομίσματα, αξίας μόνο ενός κλάσματος της πεντάρας, μέσα στο ταμείο του ναού. Εντούτοις, ο Ιησούς την επένευσε, λέγοντας ότι η φτωχή χήρα έβαλε τα περισσότερα απ' όλους. Αυτό συνέβη επειδή χάρισε από την φτώχεια της, δίνοντάς τα όλα – όλα όσα είχε, ενώ οι άλλοι έδιναν μόνο ένα μέρος από τα πλούτη τους (Κατά Μάρκον 12:42-44).

Το πιο σημαντικό πράγμα είναι να είστε διατεθειμένοι να τα δώσετε όλα στον Θεό. Ο Θεός δεν μετράει την ποσότητα της προσφοράς σας, αλλά μυρίζει το ευχάριστο άρωμα της αγάπης και της πίστης που περιέχονται στην προσφορά και σας ευλογεί άφθονα.

Μαστιγώθηκε και Έχυσε το Αίμα Του

Πριν την σταύρωση, οι Ρωμαίοι στρατιώτες κορόιδευαν και απαξίωναν τον Ιησού, χαστουκίζοντάς Τον, φτύνοντάς Τον, κλπ. Επίσης, Τον μαστίγωσαν με ένα μακρύ δερμάτινο λουρί με κρεμαστούς γάντζους από μόλυβδο.

Τις ημέρες εκείνες, οι Ρωμαίοι στρατιώτες ήταν από τους πιο εύρωστους, καλά πειθαρχημένους, και ισχυρότερους στρατούς του κόσμου. Πόσο φοβερός να ήταν άραγε ο πόνος όταν Τον έγδυσαν και Τον μαστίγωσαν; Όταν χτύπησαν το σώμα Του με το μαστίγιο, η σάρκα Του σχίσθηκε, τα κόκκαλά Του εκτέθηκαν και το αίμα ξεχυνόταν.

Για να πραγματοποιηθεί η προφητεία του Ησαΐα *«Έδωσα την πλάτη Μου αυτούς που μαστιγώνουν, και τις σιαγόνες Μου σ'αυτούς που ξεριζώνουν τα γένια δεν έκρυψα το πρόσωπό μου από βρισιές και φτυσίματα»* (Ησαΐας 50:6), ο Ιησούς ποτέ δεν προσπάθησε να αποφύγει την μαστίγωση.

Για να Θεραπεύσει την Αρρώστια και την Ασθένεια

Γιατί, τότε, μαστιγώθηκε ο Ιησούς και γιατί έχυσε το αίμα Του; Γιατί το επέτρεψε ο Θεός αυτό να συμβεί στον Υιό Του; Στο κεφάλαιο 53 του Ησαΐα εξηγείται ο σκοπός για τα πάθη του Ιησού.

Αυτός, όμως, τραυματίστηκε για τις παραβάσεις μας ταλαιπωρήθηκε για τις ανομίες μας η τιμωρία, που έφερε τη δική μας ειρήνη, ήταν επάνω σ' αυτόν και διαμέσου των πληγών του γιατρευτήκαμε εμείς. Όλοι εμείς πλανηθήκαμε σαν πρόβατα στραφήκαμε κάθε ένας στον δικό του δρόμο ο Κύριος, όμως, έβαλε επάνω σ' αυτόν την ανομία όλων μας (Ησαΐα 53:5-6).

Ο Ιησούς τρυπήθηκε και συνετρίβη για τις παραβάσεις και για τις ανομίες μας. Τιμωρήθηκε, μαστιγώθηκε, και μάτωσε για να σας δώσει ειρήνη και για να σας απελευθερώσει από κάθε νόσο.

Στο Κατά Ματθαίον Ευαγγέλιο, κεφάλαιο 9, όταν ο Ιησούς γιάτρεψε έναν παράλυτο ξαπλωμένο σε μία ψάθα, πρώτα του έλυσε το πρόβλημα της αμαρτίας, λέγοντας, «*Συγχωρεμένες είναι σε σένα οι αμαρτίες σου*» (εδάφιο 2). Μονάχα τότε του είπε ο Ιησούς «*Μόλις εγερθείς, σήκωσε το κρεβάτι σου, και πήγαινε στο σπίτι σου*» (εδ. 6).

Στο Κατά Ιωάννην Ευαγγέλιο, κεφάλαιο 5, αφού γιάτρεψε ο Ιησούς έναν που υπήρξε παράλυτος για τριάντα–οκτώ χρόνια, του είπε, «*Δες, έγινες υγιής, στο εξής μη αμάρτανε για να μη σου γίνει κάτι χειρότερο*» (Κατά Ιωάννην 5:14).

Η Βίβλος σάς λέει ότι τα νοσήματα σάς έρχονται εξαιτίας των

αμαρτιών σας. Ετσι, χρειάζεσθε κάποιον ο οποίος θα μπορεί να λύσει το πρόβλημα των αμαρτιών σας, για να είστε ελεύθεροι από νόσους. Δίχως το χύσιμο αίματος, πάντως, δεν είναι δυνατόν να υπάρξει συγχώρεση (Λευιτικόν 17:11).

Γι' αυτό τον λόγο, τον καιρό της Παλαιάς Διαθήκης, όταν διέπραττε κάποιος αμαρτία, ο ιερεύς έσφαζε ένα ζώο ως θυσία εξιλέωσης. Ωστόσο, απ' τον καιρό που ήρθε ο Ιησούς εν σάρκα σ' αυτό τον κόσμο και έχυσε το αμόλυντο, πεντακάθαρο, και ισχυρό Του αίμα, δεν έχετε πλέον ανάγκη να σφάζετε ζώα ως προσφορά. Το άγιο αίμα του Ιησού επανόρθωσε όλες τις ανθρώπινες αμαρτίες του παρελθόντος, του παρόντος, καθώς και του μέλλοντος.

Δέχτηκε τις Αναπηρίες και τις Ασθένειες Μας

Στο Κατά Ματθαίον Ευαγγέλιο, εδάφιο 8:17, αναφέρεται, *«Για να εκπληρωθεί αυτό που ειπώθηκε από τον προφήτη Ησαΐα, λέγοντας: Αυτός πήρε τις ασθένειές μας, και βάσταξε τις αρρώστιες μας.»* Επομένως, αν γνωρίζετε τον λόγο που ο Ιησούς μαστιγώθηκε και έχυσε το αίμα Του, και τον πιστεύετε, δεν έχετε ανάγκη να υποφέρετε από αναπηρίες και ασθένειες.

Στην Α' Επιστολή του Πέτρου, εδάφιο 2:24, αναφέρεται, *«Ο οποίος τις αμαρτίες μας βάσταξε ο ίδιος στο σώμα Του επάνω στο ξύλο, για να ζήσουμε στη δικαιοσύνη, αφού πεθάναμε ως προς τις αμαρτίες με την πληγή του οποίου γιατρευτήκατε.»* Ο παρελθόντας χρόνος χρησιμοποιείται αυτό τον στίχο διότι ο Ιησούς έχει ήδη λυτρώσει την ανθρωπότητα από όλες τις αμαρτίες.

Ασχέτως με τους ισχυρισμούς μας ότι πιστεύουμε το γεγονός ότι ο Ιησούς βάσταξε τις αναπηρίες μας και τα νοσήματά μας με την μαστίγωση και με το μάτωμά Του, γιατί μερικοί από εμάς εξακολουθούμε να υποφέρουμε από αρρώστιες;

Ο Θεός λέει στην Εξοδο, εδάφιο 15:26, *«Αν ακούσεις επιμελώς τη φωνή του Κυρίου του Θεού σου, και πράττεις το αρεστό στα μάτια του, και δώσεις ακρόαση στις εντολές του, και φυλάξεις όλα τα προστάγματά του, δεν θα φέρω επάνω σου καμιά από τις αρρώστιες, που έφερα ενάντια στους Αιγυπτίους· επειδή, εγώ είμαι ο Κύριος, που σε θεραπεύω.»* Αυτό σημαίνει ότι αν κάνετε το σωστό ενώπιον του Θεού, δεν θα σας πλήξει καμία αρρώστια, διότι ο Θεός με τους φλογερούς σαν την φωτιά οφθαλμούς Του σας προστατεύει απ' αυτές.

Ας πάρουμε ένα παράδειγμα. Οταν ένα παιδί έρχεται σπίτι του κλαίγοντας διότι το έδειρε το παιδί του γείτονα, η αντίδραση και η συμπεριφορά των γονέων προς ένα τέτοιο περιστατικό θα διαφέρει πολύ ανάλογα με την πίστη τους.

Ενα άτομο ίσως διδάξει το ακόλουθο στο παιδί του: «Γιατί σε δέρνουν πάντα; Αν σε δείρουν μια φορά, εσύ πρέπει να τους βαρέσεις δυο ή τρεις φορές.» Αλλος γονιός ίσως να επισκεφθεί τον γονέα του παιδιού που έδειρε το δικό του παιδί και να του παραπονεθεί. Αλλος γονιός δεν θα το αντιμετωπίσει ούτε με τον ένα ούτε με τον άλλο τρόπο, αλλά στην καρδιά του ίσως νιώσει ενοχλημένος ή αγανακτισμένος.

Ωστόσο, ο Θεός σάς λέει να υπερνικήσετε την πονηριά με την καλοσύνη, να αγαπάτε ακόμη και τον εχθρό σας, και να αναζητάτε ειρήνη με όλους, λέγοντας, *«Εγώ, όμως, σας λέω, μη αντισταθείτε στον πονηρό· αλλά, όποιος σε ραπίσει στο δεξί σου σαγόνι, στρέψε σ' αυτόν και το άλλο»* (Κατά Ματθαίον 5:39).

Επομένως, αν πράττετε το ορθό ενώπιόν Του, δεν είναι δύσκολο να φυλάγετε τις εντολές και τις προσταγές του Θεού. Όταν συνεχίζετε να προσεύχεσθε και κάνετε ό,τι καλύτερο μπορείτε, η χάρη και η δύναμη του Θεού σάς κυριεύουν και με την βοήθεια του Αγίου Πνεύματος μπορείτε να κάνετε εύκολα οτιδήποτε.

Αν απορρίπτετε τις αμαρτίες και κάνετε το ορθό ενώπιον του Θεού, δεν μπορούν να επέλθουν σ' εσάς ασθένειες. Και αν πάθετε κάποια ασθένεια, ο Θεός ο Θεραπευτής συγχωρεί τις αμαρτίες σας και σας γιατρεύει εντελώς, όταν προσπαθήσετε να βρείτε το λάθος ενώπιον του Θεού και μετανοήσετε γι' αυτό μ' όλη σας την καρδιά.

Φορώντας το Αγκάθινο Στεφάνι

Το στεφάνι στην πραγματικότητα ταιριάζει σε έναν βασιλιά μαζί με την βασιλική του στολή. Αν και ο Ιησούς ήταν ο ένας και μονογενής Υιός του Θεού, ο Βασιλεύς των βασιλέων και ο Κύριος των κυρίων, φόρεσε ένα στεφάνι φτιαγμένο από μακριά και σκληρά αγκάθια, αντί για ένα ωραίο στεφάνι φτιαγμένο από χρυσό, ασήμι και από κοσμήματα.

Τότε, οι στρατιώτες του ηγεμόνα, παίρνοντας τον Ιησού στο πραιτώριο, συγκέντρωσαν εναντίον του ολόκληρο το τάγμα των στρατιωτών. Και αφού τον ξέντυσαν, τον έντυσαν με μια κόκκινη χλαμύδα. Και πλέκοντας ένα στεφάνι από αγκάθια, το έβαλαν επάνω στο κεφάλι του, και του έδωσαν ένα καλάμι στο δεξί του χέρι και καθώς γονάτισαν μπροστά του, τον ενέπαιζαν, λέγοντας: Χαίρε, ο βασιλιάς των Ιουδαίων.

Και, φτύνοντάς τον, πήραν το καλάμι, και χτυπούσαν στο κεφάλι του (Κατά Ματθαίον 27:27-30).

Οι Ρωμαίοι στρατιώτες έπλεξαν αγκάθια και δημιούργησαν ένα στεφάνι πολύ μικρό για τον Ιησού, και το τοποθέτησαν σφικτά στο κεφάλι Του. Ετσι, τα αγκάθια τρυπούσαν το κεφάλι Του και το μέτωπό Του, και αίμα κυλούσε προς τα κάτω, στο πρόσωπό Του. Γιατί επέτρεψε ο Παντοδύναμος Θεός να φορέσει ο ένας και μοναδικός Υιός Του στεφάνι από αγκάθια, να υποφέρει από βασανιστικούς πόνους, και να χύσει το αίμα Του;

Κατά πρώτον, ο Ιησούς φόρεσε το στεφάνι από αγκάθια για να μας λυτρώσει από τις αμαρτίες που διαπράττουμε με τις σκέψεις μας.

Οταν ο άνθρωπος, ο πλασμένος από τον Θεό, επικοινωνούσε μαζί Του και υπάκουγε τον Λόγο Του, δεν διέπραττε αμαρτίες, διότι πάντα σκεπτόταν σύμφωνα με το θέλημα του Θεού και Τον υπάκουγε.

Εντούτοις, μόλις δελεάσθηκε από τον όφι και έλαβε την σκέψη που του έδωσε ο Σατανάς, σύντομα διέπραξε αμαρτία. Ποτέ πριν δεν είχε σκεφθεί να φάει από το δέντρο της γνώσεως του καλού και του κακού. Μετά τον πειρασμό, όμως, έφαγε, διότι φαινόταν να είναι νόστιμο και ευχάριστο στην όψη, καθώς και επιθυμητό για την απόκτηση σοφίας.

Παρομοίως, ο Σατανάς, ο οποίος καθοδήγησε τους πρώτους ανθρώπους, τον Αδάμ και την Εύα, να παρακούσουν τον Θεό, τώρα εργάζεται για να καθοδηγήσει εσάς να πράξετε αμαρτίες με τις σκέψεις σας.

Στον ανθρώπινο εγκέφαλο υπάρχουν κύτταρα που είναι υπεύθυνα για την μνήμη. Εκ γεννήσεως, ό,τι έχετε δει, ακούσει και μάθει, εχει μπει στα κύτταρα μνήμης, μαζί με τα αισθήματά σας για συγκεκριμένα γεγονότα, άτομα, και πληροφορίες. Αυτό το ονομάζουμε «γνώση.» Αυτό το οποίο λέμε «σκέψη» είναι μια διαδικασία αναπαραγωγής αυτών των αποθηκευμένων γνώσεων μέσω της λειτουργίας της ψυχής σας.

Οι άνθρωποι έχουν μεγαλώσει σε διαφορετικά περιβάλλοντα. Οσα έχουν δει, ακούσει και μάθει διαφέρουν από τον ένα στον άλλον, και ό,τι εχει μπει μέσα στο μυαλό τους είναι επίσης διαφορετικό. Ακόμη κι αν ό,τι έχουν δει, ακούσει και μάθει είναι το ίδιο, ο καθένας εχει δικά του αισθήματα εκείνη την στιγμή και έτσι είναι αναπόφευκτο ότι οι άνθρωποι έχουν διαφορετικές ηθικές αξίες.

Ο Λόγος του Θεού συχνά δεν συμφωνεί με τις ατομικές μας γνώσεις και θεωρίες. Φερ' ειπείν, εσείς μπορεί να νομίζετε ότι αν θέλετε να σας επαινέσουν, πρέπει να κάνετε όλα τα απαραίτητα βήματα για να πάρετε τον άλλον με το μέρος σας. Ο Θεός, όμως, σας διδάσκει ότι όποιος ταπεινώσει τον εαυτό του θα υψωθεί (Κατά Ματθαίον 23:12).

Ο περισσότερος κόσμος νομίζει ότι είναι πολύ φυσικό να μισεί τον εχθρό του, αλλά ο Θεός σάς λέει «να αγαπάτε τον εχθρό σας» και «αν πεινάει ο εχθρός σας, να τον ταΐσετε. Αν διψάει, δώστε του κάτι να πιει.»

Οι σκέψεις του Θεού είναι πνευματικές, ενώ του ανθρώπου είναι σαρκικές. Ο Σατανάς σάς δίνει σαρκικές σκέψεις για να σας βάλει σε πειρασμό και για να περιφρονήσετε τον Θεό, σας ενοχλεί για να μην αποκτήσετε αληθινή πίστη, και για να ακολουθήσετε εγκόσμιους τρόπους, οδηγώντας σας τελικά στην αμαρτία και στον αιώνιο θάνατο.

Στο Κατά Ματθαίον Ευαγγέλιο, εδάφιο 16:21 και εξής, ο Ιησούς εξήγησε στους μαθητές Του ότι επρόκειτο να υποφέρει πολλά πάθη, ότι θα πεθάνει επί του σταυρού και ότι θα αναστηθεί την τρίτη μέρα. Ακούγοντας αυτό, ο Πέτρος πήρε τον Ιησού παράμερα και άρχισε να Τον επιπλήττει, λέγοντας, *«Θεός φυλάξοι Κύριε! Αυτό δεν θα συμβεί ποτέ σε Εσένα»* (στίχος 22). Ωστόσο, ο Ιησούς στράφηκε και είπε στον Πέτρο έξω φρενών, *«Πήγαινε οπίσω μου, Σατανά! Για μένα είσαι εμπόδιο επειδή, δεν φρονείς τα πράγματα του Θεού, αλλά εκείνα των ανθρώπων»* (στίχος 23). Οταν ο Ιησούς είπε, έξω φρενών, *«Πήγαινε οπίσω μου, Σατανά»*, δεν εννοούσε ότι ο Πέτρος ήταν ο Σατανάς, αλλά ότι ήταν ο ίδιος ο Σατανάς που λειτουργούσε στις σκέψεις του Πέτρου για να εμποδίσει το έργο του Θεού.

Ο λόγος ήταν ότι ο Ιησούς έπρεπε να αντέξει τον σταυρό για την σωτηρία της ανθρωπότητας σύμφωνα με την βουλή του Θεού, αλλά ο Πέτρος, με τις σαρκικές του σκέψεις, προσπάθησε να Τον εμποδίσει για να μην εκτελέσει το θέλημα του Θεού.

Ο απόστολος Παύλος, στην Προς Κορινθίους Β΄ Επιστολή, εδάφιο 10:3-6, γράφει τα ακόλουθα:

> *Επειδή, αν και περπατάμε με σάρκα, όμως δεν πολεμάμε κατά σάρκα επειδή, τα όπλα του πολέμου μας δεν είναι σαρκικά, αλλά δυνατά με τον Θεό για καθαίρεση οχυρωμάτων. δεδομένου ότι, καθαιρούμε λογισμούς, και κάθε ύψωμα, που αλαζονικά υψώνεται ενάντια στη γνώση του Θεού, και αιχμαλωτίζουμε κάθε νόημα στην υπακοή του Χριστού. και είμαστε έτοιμοι*

να εκδικηθούμε κάθε παρακοή, όταν γίνει πλήρης η υπακοή σας.

Πρέπει να γκρεμίσετε τις αντιλογίες σας και την λογική σας, οι οποίες είναι βαθειά ριζωμένες και συχνά υπονομεύουν το βασίλειο του Θεού. Πάρτε κάθε σκέψη αιχμάλωτη για να την κάνετε υπάκουη στον Χριστό, ώστε να ζείτε σύμφωνα με την αλήθεια, και τότε θα γίνετε άνθρωποι του πνεύματος και της πίστης.

Πρέπει να απορρίψετε την σκέψη ότι πρέπει να ανταποδώσετε το χτύπημα στον πλησίον δυο φορές για να μην ντροπιαστείτε όταν αυτός σας χτυπήσει, διότι τέτοια σαρκική σκέψη είναι ενάντια στην αλήθεια.

Επομένως, πρέπει να εγκαταλείψετε όλες τις αμαρτίες που προέρχονται από τις σκέψεις σας. Για να λύσετε το πρόβλημα των αμαρτιών τελείως, κατ' αρχάς πρέπει να εγκαταλείψετε τον πόθο της σάρκας, τον πόθο των οφθαλμών σας, και την περηφάνια της ζωής. Αυτές είναι οι αναληθείς σκέψεις με τις οποίες τέρπεται ο Σατανάς.

Οι πόθοι της σάρκας, δηλαδή, οι σκέψεις που δημιουργούνται στο μυαλό, είναι επιθυμίες ενάντια στο θέλημα του Θεού. Στην Επιστολή Προς Γαλάτας, εδάφιο 5:19-21, καταγράφονται αυτοί οι πόθοι:

> *Είναι δε φανερά τα έργα της σάρκας, τα οποία είναι: Μοιχεία, πορνεία, ακαθαρσία, ασέλγεια, ειδωλολατρεία, φαρμακεία, έχθρες, φιλονικίες, ζηλοτυπίες, θυμοί, διαπληκτισμοί, διχοστασίες, αιρέσεις, φθόνοι, φόνοι, μέθες, γλεντοκόπια, και τα*

παρόμοια μ' αυτά, για τα οποία σας λέω από πριν, όπως και σας είχα προείπει, ότι αυτοί που τα πράττουν αυτά βασιλεία Θεού δεν θα κληρονομήσουν.

Η ιδία η επιθυμία να κάνετε αυτό το οποίο ο Θεός σάς διατάζει να εγκαταλείψετε, είναι οι πόθοι της σάρκας.

Πόθος των οφθαλμών σημαίνει ότι ο νους σας επηρεάζεται πολύ από αυτά που βλέπετε και ακούτε, και αρχίζετε να επιδιώκετε επιθυμίες που ξυπνούν στο μυαλό σας. Όταν κάποιος αγαπάει τον κόσμο, επιδιώκοντας τους πόθους των οφθαλμών του, μόνο αυτοί οι πόθοι τού φαίνονται άξιοι και δεν ικανοποιείται με τίποτε.

Το περήφανο μυαλό αναφύεται σε κάποιον, όταν του δίνεται η ευκαιρία να αποκτήσει τις απολαύσεις του κόσμου, καθώς επιδιώκει να ικανοποιήσει τις αμαρτωλές του επιθυμίες και τον πόθο των οφθαλμών του. Αυτό λέγεται περηφάνια της ζωής.

Για να λυτρωθούμε από όλων των ειδών τις ανηθικότητες, τις ανομίες, και τα κακά, ο Ιησούς φόρεσε το αγκάθινο στεφάνι και έχυσε το αίμα Του. Καθώς μόνο το άσπιλο και πεντακάθαρο αίμα του Ιησού μπορεί να μας λυτρώσει από τις αμαρτίες μας, Αυτός μας λύτρωσε από όλες τις αμαρτίες που διαπράττονται στις σκέψεις μας φορώντας το αγκάθινο στεφάνι στο κεφάλι Του και χύνοντας το αίμα Του.

Κατά Δεύτερον, ο Ιησούς φόρεσε το αγκάθινο στεφάνι για να επιτρέψει στους ανθρώπους να φορέσουν καλύτερα στεφάνια στον ουρανό.

Ένας άλλος λόγος που φόρεσε το αγκάθινο στεφάνι είναι για να επιτρέψει σ' εσάς ν' αποκτήσετε καλύτερα στεφάνια. Όπως σας

Η Πρόνοια του Σταυρού 131

λύτρωσε απ' την φτώχεια και σας έδωσε πλούτη ζώντας φτωχική ζωή, έτσι φόρεσε και το αγκάθινο στεφάνι για να σας επιτρέψει ν' αποκτήσετε καλύτερα στεφάνια στον ουρανό.

Υπάρχουν αναρίθμητα στεφάνια για τα τέκνα του Θεού στον ουρανό. Σ' ένα αθλητικό γεγονός, υπάρχουν βραβεία, όπως τα χρυσά, τα ασημένια, ή τα μπρούντζινα μετάλλια που δίδονται στους νικητές ανάλογα με την επίδοσή τους. Παρομοίως, υπάρχουν και διάφορα στεφάνια στον ουρανό.

Υπάρχει ένα άφθαρτο στεφάνι που περιγράφεται στην Α' Επιστολή Προς Κορινθίους, στο εδάφιο 9:25: *«Μάλιστα, κάθε αγωνιζόμενος, δείχνει εγκράτεια σε όλα εκείνοι μεν, για να πάρουν φθαρτό στεφάνι, εμείς όμως άφθαρτο.»* Το άφθαρτο στεφάνι ετοιμάζεται για τα τέκνα του Θεού που παλεύουν για να εκδιώξουν τις αμαρτίες τους. Το στεφάνι της δόξας ετοιμάζεται για εκείνους που αποβάλλουν τις αμαρτίες τους και που ζουν σύμφωνα με τον Λόγο του Θεού, και Τον δοξάζουν (Α' Καθολική Επιστολή Πέτρου 5:4). Το στεφάνι της ζωής ετοιμάζεται και αυτό για εκείνους που αγαπούν τον Θεό πολύ, που Του είναι πιστοί μέχρι θανάτου, και εξαγιάζονται εγκαταλείποντας κάθε είδους κακό (Ιακώβου 1:12, Αποκάλυψις 2:10).

Το στεφάνι της δικαιοσύνης δίδεται σ' εκείνους που, σαν τον απόστολο Παύλο, γίνονται άγιοι με την αποβολή όλων των αμαρτιών τους, και περαιτέρω, επιτυγχάνοντας την αποστολή τους πλήρως, σύμφωνα με την θέληση Του Θεού (Προς Τιμόθεον Β' 4:8).

Επίσης, στην Αποκάλυψη, εδάφιο 4:4, περιγράφεται ότι *«Και ολόγυρα στον θρόνο ήσαν 24 θρόνοι· κι επάνω στους θρόνους είδα καθισμένους τους 24 πρεσβυτέρους, ντυμένους με λευκά* ιμάτια· κι επάνω στα κεφάλια τους είχαν χρυσά στεφάνια.» Το χρυσό στεφάνι προορίζεται για ανθρώπους που φθάνουν το επίπεδο του πρεσβυτέρου, και οι οποίοι θα βοηθήσουν τον Θεό στην Νέα Ιερουσαλήμ.

Εδώ, η λέξη «πρεσβύτεροι» δεν αναφέρεται σε ανθρώπους που έχουν λάβει αυτόν τον τίτλο στις εγκόσμιες εκκλησίες, αλλά περιγράφει ανθρώπους τους οποίους αναγνωρίζει ο Θεός ως πρεσβύτερους επειδή είναι άγιοι και πιστοί σε όλον τον οίκο του Θεού, και επειδή κατέχουν αμετάβλητη πίστη από χρυσό.

Ο Θεός χαρίζει διαφορετικά στεφάνια στα τέκνα Του, ανάλογα με τον βαθμό που αποβάλλουν τις αμαρτίες και πόσο επιτυγχάνουν την αποστολή του Θεού. Τα τέκνα του Θεού θα είναι τρανά στον ουρανό και θα λάβουν καλύτερα στεφάνια αν δεν σκέφτονται πώς να ικανοποιήσουν τις επιθυμίες της αμαρτωλής φύσης, και αν συμπεριφέρονται κατάλληλα σύμφωνα με τον λόγο του Θεού (Προς Ρωμαίους 13:13-14), αν τα πάνε καλά με την ψυχή τους, ενώ θα ζουν σύμφωνα με το Άγιο Πνεύμα (Προς Γαλάτας 5:16), και αν εκτελούν το καθήκον και την αποστολή τους πιστά!

Παρομοίως, ο Ιησούς σάς λύτρωσε από όλες τις αμαρτίες που διαπράξατε με τις σκέψεις σας φορώντας το αγκάθινο στεφάνι και χύνοντας αίμα. Πόσο ευγνώμονες πρέπει να είστε, αφού προετοιμάζει καλύτερα στεφάνια στον ουρανό για να σας τα δώσει σύμφωνα με το μέτρο της πίστης σας και με την ολοκλήρωση της αποστολής σας!

Επομένως, πρέπει να αντιλαμβάνεσθε πόσο ένδοξο είναι όταν έχετε τα προσόντα για να λάβετε αυτά τα στεφάνια. Τότε, θα πρέπει να κατέχετε την καρδιά του Κυρίου σας, εγκαταλείποντας κάθε κακό, επιτυγχάνοντας την αποστολή σας, και μένοντας πιστοί σε όλον τον οίκο του Θεού. Εύχομαι να λάβετε το καλύτερο στεφάνι που αξίζετε, στον ουρανό.

Τα Ιμάτια και ο Χιτώνας του Ιησού

Ο Ιησούς, φορώντας ένα αγκάθινο στεφάνι και αιμορραγώντας σε όλο το σώμα Του εξαιτίας του δυνατού μαστιγώματος, έφτασε στον Γολγοθά, τον τόπο της σταύρωσης. Οταν οι Ρωμαίοι στρατιώτες σταύρωσαν τον Ιησού, πήραν τα ενδύματά Του, διανέμοντάς τα σε τέσσερα μερίδια, ένα για τον καθένα τους. Τον χιτώνα δεν το μοίρασαν, αλλά έριξαν κλήρο.

Οι στρατιώτες, λοιπόν, αφού σταύρωσαν τον Ιησού, πήραν τα ιμάτιά του, και έκαναν τέσσερα μερίδια, ένα μερίδιο σε κάθε έναν στρατιώτη, και τον χιτώνα· ο χιτώνας, μάλιστα, ήταν άραφος, υφαντός ολόκληρος, από πάνω μέχρι κάτω. Είπαν, λοιπόν, αναμεταξύ τους: Ας μη τον σχίσουμε, αλλά ας ρίξουμε γι' αυτόν λαχνό, τίνος θα είναι· για να εκπληρωθεί η γραφή που λέει: «Διαμοιράστηκαν τα ιμάτιά μου αναμεταξύ τους, και στον ιματισμό μου έβαλαν κλήρο.» Οι μεν, λοιπόν, στρατιώτες αυτά έκαναν (Κατά Ιωάννην Ευαγγέλιο 19:23-24).

Γιατί ο Λόγος του Θεού αναφέρει λεπτομερώς τα ιμάτια και τον χιτώνα του Ιησού; Η ιστορία του Ισραήλ, από το 70 μ.Χ. είναι βαθειά εμπλεκόμενη με την πνευματική έννοια αυτού του περιστατικού.

Τον Έγδυσαν και Τον Σταύρωσαν

Σύμφωνα με το Κατά Ματθαίον Ευαγγέλιο, εδάφιο 27:22-26, κατ' αίτησιν των Ισραηλιτών που δεν αναγνώριζαν τον Ιησού ως Σωτήρα, ο Ιησούς καταδικάσθηκε σε σταύρωση από τον Πόντιο Πιλάτο, αφού τον κορόιδεψαν και τον περιφρόνησαν με ποικίλους τρόπους.

Αφού του φόρεσαν το αγκάθινο στεφάνι και ενώ τον χλεύαζαν και τον περιγελούσαν, κουβάλησε τον σταυρό στον Γολγοθά και εκεί σταυρώθηκε. Ο Πιλάτος διέταξε τους στρατιώτες να τοποθετήσουν την κατηγορία εναντίον Του γραπτά επάνω από το κεφάλι Του, η οποία έλεγε, *«ΤΟΥΤΟΣ ΕΙΝΑΙ Ο ΙΗΣΟΥΣ Ο ΒΑΣΙΛΕΥΣ ΤΩΝ ΙΟΥΔΑΙΩΝ»* (Κατά Ματθαίον 27:37).

Η αναγγελία γράφτηκε στα Εβραϊκά, στα Λατινικά και στα Ελληνικά. Τα Εβραϊκά ήταν η παραδοσιακή γλώσσα των Εβραίων, του εκλεκτού λαού του Θεού. Τα Λατινικά ήταν η επίσημη γλώσσα της Ρωμαϊκής Αυτοκρατορίας, το πιο ισχυρό έθνος εκείνη την εποχή, και τα Ελληνικά ήταν η γλώσσα που κυριαρχούσε τον πολιτισμό του κόσμου. Αρα, η αναγγελία γράφηκε και στις τρεις αυτές γλώσσες συμβολίζοντας ότι όλος ο κόσμος αναγνώριζε ότι ο Ιησούς ήταν όντως ο Βασιλεύς των Ιουδαίων και ο Βασιλεύς των βασιλέων.

Αφού διάβασαν την αναγγελία (Κατά Ιωάννην 19:21-22), πολλοί Εβραίοι διαμαρτυρήθηκαν στον Πιλάτο να μην γράψει, «Ο Βασιλεύς των Ιουδαίων», αλλά αντί αυτού να γράψει «Αυτός είπε, 'Εγώ είμαι ο Βασιλεύς των Ιουδαίων.'» Ομως, ο Πιλάτος τους αποκρίθηκε, «Ο,τι έγραψα, έγραψα», και το άφησε άθικτο. Αυτό υπονοεί ότι ως κι ο Πιλάτος αναγνώριζε τον Ιησού ως Βασιλιά των Ιουδαίων.

Οπως ο Πιλάτος αναγνώρισε τον Ιησού ως βασιλιά των Ιουδαίων, είναι πράγματι ο μοναδικός Υιός Του Θεού, ο Βασιλεύς των βασιλέων, και ο Κύριος των κυρίων. Παρόλ' αυτά, ενώπιον πολλών ανθρώπων που Τον κοιτούσαν, απογύμνωσαν τον Ιησού βγάζοντας τα ρούχα Του και τον χιτώνα Του, και Τον σταύρωσαν. Κατ' αυτό τον τρόπο, άντεξε μια τέτοια σπαρακτική ντροπή.

Εμείς ζούμε αυτόν τον κακοήθη κόσμο, ξεχνώντας το συνολικό καθήκον του ανθρώπου. Και για να μας λυτρώσει από ποικίλων ειδών ντροπή, ακάθαρτα πράγματα, κακοήθεια, ανομία, και ανηθικότητα, ο Ιησούς ο Βασιλεύς των Βασιλέων απογυμνώθηκε από τα ρούχα και τον χιτώνα Του και με το βλέμμα τόσων ανθρώπων επάνω Του υπέφερε τέτοια ντροπή. Αν καταλαβαίνετε το πνευματικό νόημα αυτό, θα είναι αδύνατον να μην νιώσετε ευγνωμοσύνη γι' αυτό.

Διαιρώντας τα Ιμάτια του Ιησού σε Τέσσερα Μερίδια

Οι Ρωμαίοι στρατιώτες απογύμνωσαν τον Ιησού και Τον σταύρωσαν. Πήραν τα ρούχα Του και τα μοιράσθηκαν στα τέσσερα, αλλά έβαλαν κλήρους για τον χιτώνα Του.

Η κοινή λογική υπαγορεύει ότι τα ενδύματά Του δεν θα ήταν ωραία ή ακριβά. Γιατί, τότε, μοίρασαν τα ιμάτιά Του σε τέσσερα μερίδια οι στρατιώτες;

Μήπως το ήξεραν, από προνοητική σοφία, ότι ο Ιησούς επρόκειτο να τιμηθεί ως ο Μεσσίας, και Μήπως ήθελαν να πάρουν έστω κι ένα ρούχο Του για να το χαρίσουν στους απογόνους τους σαν πολύτιμο οικογενειακό θησαυρό; Οχι, δεν συνέβη κάτι τέτοιο.

Στους Ψαλμούς, εδάφιο 22:18, προφητεύεται, «*Μοίρασαν μεταξύ τους τα ιμάτια μου· και στον ιματισμό μου έβαλαν κλήρο.*» Ο Θεός επέτρεψε τους Ρωμαίους στρατιώτες να πάρουν τα ενδύματά Του για να πραγματοποιηθεί αυτός ο στίχος (Κατά Ιωάννην 19:24).

Τότε, τι πνευματική έννοια έχουν τα ιμάτια του Ιησού; Γιατί διαίρεσαν τα ρούχα του σε τέσσερα μερίδια, ένα για τον καθένα τους; Γιατί δεν μοίρασαν τον χιτώνα Του; Γιατί επέτρεψε ο Θεός να γραφθεί τούτη η ιστορία εκ των προτέρων;

Εφόσον ο Ιησούς είναι ο Βασιλεύς των Ιουδαίων, τα ενδύματα του Ιησού αναφέρονται στο έθνος του Ισραήλ ή στον Εβραϊκό λαό. Καθώς οι Ρωμαίοι στρατιώτες μοίρασαν τα ρούχα του σε τέσσερα μερίδια, αυτά έχασαν το σχήμα τους. Αυτό υπονοεί ότι το Ισραήλ ως έθνος θα καταστραφεί. Δείχνει, επίσης, ότι το όνομα Ισραήλ θα παραμείνει, όπως παρέμειναν και τα μερίδια των ρούχων. Εξάλλου, τα λόγια που γράφθηκαν για τα ενδύματά Του προφήτεψαν ότι ο λαός των Ιουδαίων επρόκειτο να σκορπισθεί σε κάθε κατεύθυνση ως συνέπεια της καταστροφής του έθνους τους. Η ιστορία του Ισραήλ μαρτυράει ότι αυτή η προφητεία εχει πραγματοποιηθεί.

Μέσα σε 40 έτη από τον θάνατο του Ιησού στο σταυρό, ένας Ρωμαίος στρατηγός επονομαζόμενος Τίτος κατάστρεψε την Ιερουσαλήμ. Ο Ναός του Θεού γκρεμίστηκε τελείως δίχως να απομείνει πέτρα για πέτρα. Αφού το έθνος του Ισραήλ έπαψε να

Η Πρόνοια του Σταυρού 137

υπάρχει, οι Εβραίοι διασκορπίσθηκαν παντού, τους καταδίωκαν και τους έσφαζαν. Αυτό εξηγεί γιατί μέχρι και σήμερα οι Εβραίοι ζουν σε όλον τον κόσμο.

Στο Κατά Ματθαίον Ευαγγέλιο, εδάφιο 27:23, αναφέρεται μια φρικιαστική σκηνή κατά την οποίαν ο Πιλάτος λέει στο κακόηθες πλήθος ότι ο Ιησούς ήταν αθώος, αλλά αυτοί κραύγαζαν ακόμη πιο δυνατά να σταυρώσουν τον Ιησού. Σε αντίδραση, ο Πιλάτος πήρε νερό και έπλυνε τα χέρια του για να δείξει ότι ο ίδιος δεν ήταν υπεύθυνος για τον θάνατο του αθώου Ιησού, λέγοντας, *«Είμαι αθώος από το αίμα αυτού του δικαίου· αφορά εσάς»* (στ. 24) Τότε, αποκρίθηκε το πλήθος, *«Το αίμα του ας είναι επάνω μας, και επάνω στα παιδιά μας!»* (στ. 25)

Ενα αξιοσημείωτο στοιχείο είναι ότι η ιστορία του Ισραήλ Δείχνει καθαρά ότι πολλοί Εβραίοι και οι απόγονοί τους χύνουν αίμα, σαν να εκπληρώνουν τις απαιτήσεις τους προς τον Πόντιο Πιλάτο. Εντός τεσσάρων δεκαετιών μετά τον θάνατο του Ιησού, σφάχθηκαν μέχρι 1.1 εκατομμύριο Εβραίοι. Εκτός αυτού, κατά τον Δεύτερο Παγκόσμιο Πόλεμο, η Ναζιστική Γερμανία φόνευσε περίπου 6 εκατομμύρια Εβραίους. Η ταινία «Η Λίστα του Σίντλερ» απεικονίζει τραγικές σκηνές, κατά τις οποίες Εβραίοι, δίχως διακρίσεις μεταξύ γυναικών και αντρών, νέων και γέρων, δολοφονήθηκαν δίχως να φορούν ρούχα. Ακόμη κι ένας εγκληματίας εχει δικαίωμα να φορέσει καθαρά ρούχα όταν θα εκτελεστεί, αλλά τους Εβραίους τους απογύμνωσαν τελείως για την σφαγή τους.

Ο λαός των Εβραίων δεν είχε αναγνωρίσει τον Ιησού τον Μεσσία, και Τον απογύμνωσαν για να Τον σταυρώσουν. Καθώς φώναζαν, «Το αίμα του ας είναι επάνω μας, και επάνω στα παιδιά μας!» τρομερές συμφορές βρήκαν τον λαό των Εβραίων για αιώνες.

Ο Χιτώνας του Ιησού Άρραφος, Υφαντός Ολόκληρος

Στο Κατά Ιωάννη Ευαγγέλιο, εδάφιο 19:23, περιγράφεται ο χιτώνας του Ιησού, *«ο χιτώνας, μάλιστα, ήταν άρραφος, υφαντός ολόκληρος, από πάνω μέχρι κάτω.»* Εδώ, το «άρραφος» στον στίχο σημαίνει ότι ο χιτώνας δεν ήταν ραμμένος έτσι ώστε να ενώνονται διάφορα κομμάτια υφάσματος. Οι άνθρωποι ως επί το πλείστον δεν ενδιαφέρονται για τον τρόπο που κατασκευάζονται τα ρούχα τους ή αν ράβονται από πάνω προς τα κάτω ή από κάτω προς τα πάνω. Τότε, για ποιο λόγο περιγράφεται στην Βίβλο τόσο λεπτομερώς ο χιτώνας του Ιησού;

Η Βίβλος μάς λέει ότι ο πρόγονος όλων των ανθρωπίνων όντων είναι ο Αδάμ, ο πρόγονος της πίστης είναι ο Αβραάμ, και ο πρόγονος του Ισραήλ είναι ο Ιακώβ. Η Βίβλος μάς διδάσκει ότι ο πρόγονος του Ισραήλ είναι ο Ιακώβ και όχι ο Αβραάμ διότι οι δώδεκα φυλές του Ισραήλ κατάγονται από τους δώδεκα γιούς του Ιακώβ. Ο ιδρυτής του έθνους του Ισραήλ είναι ο Ιακώβ αν και ο πρόγονος της πίστης είναι ο Αβραάμ.

Ο Θεός στη Γένεση, εδάφιο 35:10-11, ευλόγησε τον Ιακώβ κατά τούτο τον τρόπο:

> *Το όνομά σου είναι Ιακώβ δεν θα ονομάζεσαι πλέον Ιακώβ, αλλά Ισραήλ θα είναι το όνομά σου και αποκάλεσε το όνομά του Ισραήλ. Και ο Θεός τού είπε: Εγώ είμαι ο Θεός ο Παντοκράτορας να αυξάνεις και να πληθαίνεις από σένα θα γίνουν έθνος, και πλήθος*

εθνών, και βασιλιάδες θα βγουν από την οσφύ σου

Σύμφωνα με τον Λόγο του Θεού που αναφέρεται στους στίχους αυτούς, οι δώδεκα γιοι του Ιακώβ σχημάτισαν την ραχοκοκαλιά του Ισραήλ και το Ισραήλ ήταν ενωμένο κράτος, μέχρι που διαιρέθηκε κατά τις ημέρες του Βασιλιά Ροβοάμ, σχηματίζοντας το Ισραήλ στον Βορρά και την Ιουδαία στον Νότο.

Κατόπιν, το Ισραήλ στον Βορρά αναμίχθηκε με άλλα έθνη, αλλά η Ιουδαία παρέμεινε ενωμένη. Σήμερα, οι άνθρωποι της Ιουδαίας λέγονται Εβραίοι. Το γεγονός ότι ο χιτώνας του Ιησού ήταν δίχως ραφή, υφαντός από πάνω προς τα κάτω σε ένα κομμάτι, σημαίνει ότι το έθνος του Ισραήλ διατήρησε την ενότητά του και την ταυτότητά του ως απόγονοι του Ιακώβ, μέχρι σήμερα.

Ρίχνοντας Κλήρο για τον Χιτώνα του Ιησού Χωρίς να τον Σχίσουν

Εδώ, ο χιτώνας συμβολίζει την καρδιά των ανθρώπων. Εφόσον ο Ιησούς είναι ο βασιλιάς των Ιουδαίων, ο χιτώνας Του αναφέρεται στην καρδιά των Εβραίων.

Οι Ισραηλίτες, ως ο εκλεκτός λαός του Θεού μέσω του προγόνου της πίστεώς τους, του Αβραάμ, έχουν λατρέψει πάνω από όλα τον αληθινό Θεό. Το γεγονός ότι δεν διαίρεσαν τον χιτώνα υπονοεί ότι το Πνεύμα των Εβραίων του Ισραήλ, οι οποίοι λατρεύουν τον Θεό, έχει διατηρηθεί δίχως να σχισθεί σε κομματάκια, παρόλο που το έθνος ή η ίδια η κυβέρνηση του Ισραήλ έχει κατά καιρούς καταστραφεί.

Η αλήθεια είναι ότι η Βίβλος είχε προφητέψει ότι τα άλλα έθνη δεν θα ήταν ικανά να εξολοθρεύσουν το Πνεύμα των Ισραηλιτών, το οποίο κατοικεί βαθειά μέσα στην καρδιά τους. Μ' άλλα λόγια, οι καρδιές τους απέναντι στον Θεό έχουν φυλαχθεί σταθερά, έστω κι αν το έθνος του Ισραήλ καταστράφηκε από τα άλλα έθνη. Εφόσον έχουν τόσο αμετάβλητη καρδιά, ο Θεός διάλεξε τους Ισραηλίτες ως λαό δικό Του και τους εχει χρησιμοποιήσει για να εγκαταστήσει την βασιλεία και την δικαιοσύνη Του.

Ακόμη και σήμερα, οι Ισραηλίτες προσπαθούν να υπακούν τον νόμο με αμετάβλητη καρδιά. Αυτό συμβαίνει επειδή είναι οι απόγονοι του Ιακώβ, ο οποίος είχε ο ίδιος αμετάβλητη καρδιά. Οι Ισραηλίτες αιφνιδίασαν τον κόσμο ολόκληρο όταν απέκτησαν την ανεξαρτησία τους στις 14 Μαΐου του 1948, πολύ μετά αφού έχασαν το κράτος τους. Κατόπιν τούτου, αναπτύχθηκαν ταχέως ως ένα από τα προχωρημένα και με επιρροή κράτη, και έχουν δείξει και πάλι το εθνικό τους Πνεύμα και τα αριστεία τους.

Οπως οι Ρωμαίοι στρατιώτες δεν μπόρεσαν να μοιράσουν το εσωτερικό ρούχο του Ιησού, που ήταν δίχως ραφή, υφαντό σε ένα κομμάτι από πάνω μέχρι κάτω, έτσι και τα έθνη δεν μπορούν να καταστρέψουν το Πνεύμα των Ισραηλιτών που λατρεύουν τον Θεό. Εξάλλου, οι Ισραηλίτες, ως απόγονοι του Ιακώβ, εγκατέστησαν ένα ανεξάρτητο κράτος και πραγματοποίησαν την βούληση του Θεού ως ο εκλεκτός Του λαός.

Το Ισραήλ Κατά το Τέλος Του Κόσμου Όπως Προλέγεται στην Βίβλο

Οπως ο Θεός προείπε την ιστορία του Ισραήλ μέσω των ενδυμάτων και του εσωτερικού ρούχου του Ιησού, έτσι μας έκανε και νύξη για τις τελευταίες ημέρες του κόσμου.

Ο Ιεζεκιήλ, στο εδάφιο 38:8-9, αναφέρει:

> Ύστερα από πολλές ημέρες θα γίνει σε σένα επίσκεψη· στους έσχατους χρόνους θα 'ρθεις στη γη, που ελευθερώθηκε από τη μάχαιρα, και συγκεντρώθηκε από πολλούς λαούς, ενάντια στα βουνά του Ισραήλ, που έγιναν για πάντα έρημα· αυτός, όμως, μεταφέρθηκε από μέσα από τους λαούς, και όλοι θα κατοικήσουν με ασφάλεια. Και θα ανέβεις και θα 'ρθεις σαν ανεμοζάλη· θα είσαι σαν σύννεφο, για να σκεπάσεις τη γη, εσύ, και όλα τα τάγματά σου, και μαζί σου πολύς λαός.

Η φράση «ύστερα από πολλές ημέρες» που αναφέρεται στους στίχους είναι η περίοδος χρόνου από την γέννηση του Ιησού μέχρι την Δευτέρα Παρουσία Του, και η φράση «στους έσχατους χρόνους» αναφέρεται στα τελευταία χρόνια καθώς πλησιάζει η Δευτέρα Παρουσία του Ιησού. «Τα βουνά του Ισραήλ» υποδεικνύουν την Ιερουσαλήμ, η οποία είναι τοποθετημένη στις ορεινές περιοχές, 760 μέτρα περίπου από το επίπεδο της θάλασσας. Άρα, τα λόγια ότι σε μελλοντικά έτη πολύς κόσμος θα μαζευτεί από διάφορα κράτη, προφητεύει ότι οι Ισραηλίτες θα επανέλθουν στην πατρίδα τους από κάθε άκρη του κόσμου όταν θα πλησιάζει η επιστροφή του Ιησού.

Αυτή η πρόβλεψη επαληθεύτηκε όταν το Ισραήλ ρημάχθηκε από την Ρωμαϊκή Αυτοκρατορία το 70 μ.Χ., και έλαβε την ανεξαρτησία του το 1948. Το Ισραήλ ήταν έρημο μέχρι την ανεξαρτησία του, αλλά μεγάλωσε και έγινε ένα από τα πιο ανεπτυγμένα κράτη του κόσμου.

Και η Καινή Διαθήκη προφητεύει την ανεξαρτησία του Ισραήλ. Ο Ιησούς, στο Κατά Ματθαίον Ευαγγέλιο, εδάφιο 24:32-34, μας λέει τα ακόλουθα:

> *Και από τη συκιά μάθετε την παραβολή όταν το κλαδί της γίνει ήδη απαλό, και βγάζει φύλλα, γνωρίζετε ότι πλησιάζει το θέρος. Έτσι κι εσείς, όταν δείτε όλα αυτά, να ξέρετε ότι είναι κοντά, επί θύραις. Σας διαβεβαιώνω, δεν θα παρέλθει αυτή η γενεά, μέχρις ότου γίνουν όλα αυτά.*

Αυτή ήταν η απόκριση του Ιησού στους μαθητές Του οι οποίοι Τον είχαν ρωτήσει για τα σημεία της Δευτέρας Παρουσίας Του και για το τέλος του κόσμου.

Το δέντρο της συκιάς στους στίχους αναφέρεται στο Ισραήλ. Οταν τα φύλλα των δέντρων πέφτουν και φυσάει κρύος άνεμος, ξέρετε ότι πλησιάζει ο χειμώνας. Παρομοίως, μόλις τα κλαδάκια της συκιάς γίνονται τρυφερά και τα φύλλα της ξεφυτρώνουν, ξέρετε ότι πλησιάζει το καλοκαίρι. Με τούτη την παραβολή, ο Ιησούς εξηγεί ότι όταν επανασυσταθεί το Ισραήλ κατόπιν μεγάλης περιόδου καταστροφής, δηλαδή, όταν ο λαός του Ισραήλ αποκτήσει την ανεξαρτησία του, η Δευτέρα Παρουσία του Ιησού θα βρίσκεται πλησίον.

Δεν γνωρίζετε πόσα έτη είναι αυτή η «γενεά» την οποίαν αναφέρει ο Ιησούς στον στίχο, αλλά ξέρετε ότι αυτό που είπε σίγουρα θα πραγματοποιηθεί. Εχετε ήδη δει την ανεξαρτησία του

Ισραήλ, κι έτσι είναι πολύ εύκολο να υπολογίσετε ότι η Δευτέρα Παρουσία του Ιησού είναι πολύ κοντά.

Σημεία για το Τέλος των Καιρών

Στο Κατά Ματθαίον κεφάλαιο 24, όταν οι μαθητές Του ρώτησαν ποια είναι τα σημεία για το τέλος του κόσμου, ο Ιησούς τα εξήγησε λεπτομερώς. Ομως, δεν είπε την συγκεκριμένη ώρα και την ημέρα, λέγοντας, *«Για την ημέρα εκείνη, όμως, και την ώρα, δεν γνωρίζει κανένας, ούτε οι άγγελοι των ουρανών, παρά ο Πατέρας μου, μόνος»* (Κατά Ματθαίον 24:36).

Αυτό σημαίνει ότι Εκείνος σαν Υιός του Ανθρώπου, ο οποίος ήρθε εν σάρκα σε αυτόν τον κόσμο, δεν γνώριζε με ακρίβεια την ώρα και την ημέρα. Ομως δεν εννοεί ότι ο Ιησούς ως ένας από την Αγία Τριάδα δεν γνώριζε περί αυτού μετά την σταύρωση, την ανάσταση, και την ανάληψή Του στους ουρανούς.

Λέγοντας πολλά πράγματα περί των σημείων για το τέλος του κόσμου, ο Ιησούς σάς προειδοποίησε, *«Και επειδή η ανομία θα πληθύνει, η αγάπη των πολλών θα ψυχρανθεί. Εκείνος, όμως, που θα έχει υπομείνει μέχρι τέλους, θα σωθεί»* (Κατά Ματθαίον 24:12-13).

Σήμερα, μπορείτε να το νιώσετε δυνατά ότι η κακοήθεια αυξάνει και η αγάπη παγώνει. Σπανίως βρίσκετε καλόκαρδο άτομο. Στο Κατά Ματθαίον Ευαγγέλιο, χωρίο 24:14, ο Ιησούς είπε, *«Και τούτο το ευαγγέλιο της βασιλείας θα κηρυχθεί σε ολόκληρη την οικουμένη, για μαρτυρία σε όλα τα έθνη· και, τότε, θα 'ρθει το τέλος.»* Το ευαγγέλιο εχει ήδη κηρυχθεί σ' όλες τις γωνιές του κόσμου.

Περαιτέρω, ζούμε σε ένα «Παγκόσμιο χωριό» μέσα στο οποίο κάθε γωνιά του πλανήτη είναι προσιτή είτε μέσω συγκοινωνίας είτε επικοινωνίας. Και αυτό το φαινόμενο εχει προειπωθεί στον Δανιήλ 12:4: *«Κι εσύ, Δανιήλ, κλείσε με ασφαλή τρόπο αυτά τα λόγια, και σφράγισε το βιβλίο, μέχρι τον έσχατο καιρό· τότε, πολλοί θα περιτρέχουν, και η γνώση θα πληθυνθεί.»* Το ευαγγέλιο έχει εξαπλωθεί ταχέως παντού στον κόσμο αυτό.

Είναι αλήθεια ότι αν και το ευαγγέλιο έχει κηρυχθεί σ' όλο τον κόσμο, ίσως να υπάρχουν ορισμένοι άνθρωποι οι οποίοι δεν δέχονται τον Ιησού, διότι δεν ανοίγουν την καρδιά τους. Η, πιθανόν να υπάρχουν μερικές απόμακρες περιοχές στις οποίες δεν εχει ακόμη σκορπισθεί ο σπόρος του ευαγγελίου.

Οι προφητείες στην Παλαιά Διαθήκη έχουν εκπληρωθεί όλες, όπως κι οι περισσότερες προφητείες στην Καινή Διαθήκη. Ολη η Γραφή είναι εμπνευσμένη από το Αγιο Πνεύμα. Επομένως, ο λόγος του Θεού είναι ορθός και αλάνθαστος. Το μικρότερο γράμμα ή η πιο ελάχιστη γραμμή της γραφίδας δεν θα μεταβληθεί στον Λόγο. Ο Θεός έως τώρα έχει εκπληρώσει τον Λόγο Του και τις επαγγελίες Του, και μόνο ελάχιστα πράγματα παραμένουν απραγματοποίητα, συμπεριλαμβανομένης της Δευτέρας Παρουσίας του Κυρίου μας Ιησού Χριστού, των Εφτά Ετών της Μεγάλης Θλίψης, της Νέας Χιλιετίας, και της Μεγάλης Κρίσης του Λευκού Θρόνου.

Καρφώθηκε στα Χέρια και στα Πόδια

Η σταύρωση ήταν μια από τις πιο απάνθρωπες μεθόδους εκτελέσεως για τους φονιάδες και τους προδότες. Τέντωναν τους βραχίονες επάνω σε ξύλινο σταυρό, και κάρφωναν το άτομο στα χέρια και στα πόδια. Το κρέμαγαν επάνω στον σταυρό για πολύ ώρα μέχρι να πεθάνει. Ετσι, επρόκειτο να υποφέρει από υπερβολικό πόνο μέχρι την τελευταία πνοή.

Ο Ιησούς ο Υιός του Θεού έπραττε μονάχα το καλό και δεν είχε κανένα ελάττωμα ή ψεγάδι σ' αυτόν τον κόσμο. Τότε, ποια είναι η αιτία που καρφώθηκε ο Ιησούς μέσω των χεριών και των ποδιών Του, και έχυσε το αίμα Του στον σταυρό;

Ο Πόνος των Καρφιών στα Χέρια και στα Πόδια

Ο Ιησούς καταδικάσθηκε σε θάνατο επάνω στο σταυρό και ήρθε στον τόπο της εκτελέσεως, στον Γολγοθά. Ενας Ρωμαίος στρατιώτης, κρατώντας ένα μεγάλο σιδερένιο καρφί, και ένας άλλος, κρατώντας ένα σφυρί, άρχισαν να καρφώνουν τα χέρια και τα πόδια Του με την διαταγή του εκατόνταρχου. Μετά ύψωσαν τον σταυρό. Φαντάζεστε πόσο οδυνηρό θα έπρεπε να ήταν αυτό;

Ο αθώος Ιησούς ήταν καταδικασμένος να υποφέρει από πόνο όταν τα μεγάλα καρφιά καρφώνονταν μέσα στο σώμα Του, και όταν τραβιόταν το σώμα Του προς τα κάτω από το βάρος Του, και τα καρφωμένα σημεία σκισθήκαν.

Οταν αποκεφάλιζαν κάποιον, ο πόνος τερματιζόταν αμέσως. Ομως, το να πεθαίνεις επάνω στον σταυρό ήταν πολύ πιο οδυνηρό, διότι το άτομο κρεμιόταν, μάτωνε, και υπέφερε από αφυδάτωση και εξάντληση μέχρι την στιγμή του θανάτου του.

Επιπλέον, μια ζεστή μέρα στην έρημο, κάθε είδους έντομο και διάφορα επιβλαβή ζώα πετούσαν γύρω από το σκισμένο Του σώμα για να ρουφήξουν το αίμα που κυλούσε από τις πληγές Του στα καρφωμένα χέρια και πόδια. Επίσης, άνθρωποι κακοήθεις Τον έδειχναν με το δάκτυλό τους, Τον έφτυναν, Τον κορόιδευαν, Τον έβριζαν, και Τον γέμιζαν με προσβολές. Μερικοί άνθρωποι Τον καταφρονούσαν, λέγοντας, *«Αυτός που γκρεμίζει τον ναό, και που σε τρεις ημέρες τον κτίζει, σώσε τον εαυτό σου· αν είσαι Υιός του Θεού, κατέβα από τον σταυρό»* (Κατά Ματθαίον 27:40).

Ανυπόφερτος πόνος συνόδευε τον Ιησού κατά την σταύρωσή Του. Ομως, ο Ιησούς γνώριζε πολύ καλά ότι με το να ανέχεται τις αμαρτίες και τις κατάρες, και με τον θάνατό Του επάνω στον σταυρό, άνοιξε την οδό για την λύτρωση της ανθρωπότητας από τις αμαρτίες και έκανε τους ανθρώπους τέκνα του Θεού. Ο αληθινός του πόνος αντιθέτως, ερχόταν από άλλη πηγή. Υπήρχαν ακόμη μερικοί άνθρωποι οι οποίοι δεν γνώριζαν τούτη την πρόνοια του Θεού, ή οι οποίοι δεν έλαβαν σωτηρία εξαιτίας της πονηράδας τους. Αυτό Του προκαλούσε μεγαλύτερο πόνο.

Αμαρτίες που Διαπράττονται με τα Χέρια και τα Πόδια

Αφού εχει συλληφθεί μέσα στην καρδιά η αμαρτωλή σκέψη, η καρδιά παροτρύνει τα χέρια και τα πόδια να διαπράξουν αμαρτίες. Αφού υπάρχει ο πνευματικός νόμος ότι ο μισθός της αμαρτίας είναι ο θάνατος, όταν πράττετε αμαρτίες, πρέπει να πέσετε στην κόλαση και να υποφέρετε εκεί για πάντα.

Γι' αυτό, ο Ιησούς είπε, *«Και αν το πόδι σου σε σκανδαλίζει, κόψ' το· είναι καλύτερο σε σένα να μπεις μέσα στη ζωή κουτσός, παρά έχοντας τα δύο πόδια να ριχτείς στη γέεννα, στην ακατάσβεστη φωτιά· όπου 'το σκουλήκι τους δεν πεθαίνει, και η φωτιά δεν σβήνει'. Και αν το μάτι σου σε σκανδαλίζει, βγάλ' το·*

είναι καλύτερο σε σένα να μπεις μέσα στη βασιλεία του Θεού μονόφθαλμος, παρά έχοντας δύο μάτια να ριχτείς στη γέεννα της φωτιάς» (Κατά Μάρκον 9:45-47).

Εσείς, από τον καιρό που γεννηθήκατε πόσες φορές έχετε αμαρτάνει με τα χέρια και με τα πόδια σας; Μερικοί ξυλοκοπούν άλλους ανθρώπους από θυμό. Μερικοί ληστεύουν, κι άλλοι πάλι χάνουν όλη τους την περιουσία στον τζόγο. Ο κόσμος γίνεται βίαιος με τα πόδια, και πηγαίνει εκεί που δεν πρέπει να πάει. Αρα, αν τα πόδια σας είναι η αιτία που αμαρτάνετε, είναι καλύτερο να τα ακρωτηριάσετε και να μπείτε στον ουρανό, παρά να ριχτείτε μέσα στην κόλαση με δυο πόδια.

Επίσης, πόσες αμαρτίες έχετε πράξει με τα μάτια σας; Η πλεονεξία και η μοιχεία σάς κατατρώγουν όταν βλέπετε κάτι το οποίο δεν πρέπει να δείτε με τα μάτια σας. Γι' αυτό ο Ιησούς είπε ότι αν τα μάτια σας είναι η αιτία που αμαρτάνετε, θα είναι καλύτερα να τα βγάλετε και να εισέλθετε στην βασιλεία των ουρανών, παρά να ριχτείτε μέσα στην κόλαση αφού διαπράξατε μ' αυτά αμαρτίες.

Κατά την εποχή της Παλαιάς Διαθήκης, αν κάποιος διέπραττε αμαρτία με το μάτι του, του το βγάζανε. Αν κάποιος διέπραττε αμαρτία με το χέρι ή με το πόδι του, ακρωτηρίαζαν το χέρι ή το πόδι του. Αν διέπραττε φόνο ή μοιχεία, τον πετροβολούσαν μέχρι θανάτου (Δευτερονόμιον 19:19-21).

Δίχως τα πάθη του Ιησού επί του σταυρού, ακόμη και σήμερα, τα τέκνα του Θεού θα έπρεπε να ακρωτηριάζουν τα χέρια ή τα πόδια τους αν διέπρατταν αμαρτίες με τα χέρια ή τα πόδια τους. Ωστόσο, ο Ιησούς πήρε τον σταυρό, καρφώθηκε μέσω των χεριών και των ποδιών Του και έχυσε το αίμα Του. Κάνοντάς το αυτό ξέπλυνε τις αμαρτίες που πράττετε με τα χέρια και με τα πόδια σας, και δεν είναι ανάγκη πλέον να υποφέρετε ή να πληρώσετε τίμημα για τις δικές σας αμαρτίες. Πόσο τρανή που είναι η αγάπη Του!

Πρέπει να φυλάγετε στο νου σας ότι σας εξαγνίζει από όλες τις αμαρτίες αν περπατάτε στο φως όπως κι Εκείνος βρίσκεται στο φως, και αν εξομολογηθείτε τις αμαρτίες σας και στραφείτε σε Αυτόν (Ιωάννου Α΄ 1:7).

Επομένως, είναι πολύ σημαντικό να γεμίσετε την καρδιά σας με την αλήθεια για να ζείτε νικηφόρα ζωή με ευγνώμων και ευχάριστη καρδιά, η οποία πάντα θα είναι εστιασμένη στον Θεό.

Δεν Έσπασαν τα Πόδια του Ιησού, αλλά Τρύπησαν το Πλευρό Του

Η ημέρα κατά την οποίαν πέθανε ο Ιησούς ήταν Παρασκευή, μια μέρα πριν το Σάββατο. Εκείνη την εποχή, το Σάββατο τηρούταν σαν αργία, και οι Εβραίοι δεν ήθελαν να μένουν σώματα πάνω στους σταυρούς το Σάββατο.

Ετσι, όπως μπορείτε να διαβάσετε στο Κατά Ιωάννη Ευαγγέλιο, εδάφιο 19:31, οι Εβραίοι ζήτησαν από τον Πόντιο Πιλάτο να κανονίσει να σπάσουν τα πόδια και να κατεβάσουν τα σώματα.

Με την άδεια του Ποντίου Πιλάτου, οι στρατιώτες έσπασαν τα πόδια των ληστών που είχαν σταυρωθεί δίπλα στην κάθε πλευρά του Ιησού, αλλά δεν έσπασαν τα πόδια του Ιησού διότι ήταν ήδη νεκρός. Εκείνο τον καιρό, τους σταυρωμένους τους θεωρούσαν αναθεματισμένους, και αυτός είναι ο λόγος που έσπαγαν τα πόδια τους οι στρατιώτες. Αρα, Υπάρχει θεία πρόνοια στο γεγονός του ότι δεν έσπασαν τα πόδια του Ιησού.

Γιατί δεν Έσπασαν τα Πόδια του Ιησού;

Ο αναμάρτητος Ιησούς καθυβρίσθηκε και κρεμάστηκε στο σταυρό για να λυτρώσει την ανθρωπότητα από την κατάρα του νόμου. Ο Σατανάς δεν ήταν μπορούσε να σπάσει τα πόδια Του, όχι εξαιτίας του θανάτου του Ιησού λόγω των αμαρτιών Του, αλλά λόγω της πρόνοιας του Θεού.

Εξάλλου, ο Θεός προστάτεψε τον Ιησού για να μην σπάσουν τα κόκκαλά Του, για να εκπληρωθούν τα λόγια του Ψαλμού 34:20, που λένε, «*Αυτός φυλάττει όλα τα κόκαλά του· κανένα απ' αυτά δεν θα συντριφτεί.*»

Στους Αριθμούς, εδάφιο 9:12, ο Θεός λέει στους Ισραηλίτες να μην σπάσουν κανένα οστό του αρνιού όταν το φάνε. Επίσης, στην Έξοδο, χωρίο 12:46, λέει ότι επιτρέπεται να φάνε οι Ισραηλίτες το κρέας του αμνού αλλά να μην σπάσουν κανένα από τα κόκκαλά του.

Ο «αμνός» αναφέρεται στον Ιησού που ήταν άμεμπτος και αναμάρτητος, κι όμως, θυσίασε τον Εαυτό Του ως θυσία εξιλέωσης για τα ανθρώπινα όντα και για τις αμαρτίες τους από την αγάπη Του για εμάς. Σύμφωνα με την Γραφή, στην Έξοδο 12:46 λέει, «*Μέσα στο ίδιο το σπίτι θα φαγωθεί [ο αμνός]· από το κρέας δεν θα φέρετε έξω από το σπίτι, και κόκκαλο δεν θα σπάσετε απ' αυτό*» κανένα οστό του Ιησού δεν ήταν σπασμένο.

Το Πλευρό Του Τρυπήθηκε με Λόγχη

Στο Κατά Ιωάννη Ευαγγέλιο, εδάφιο 19:32, περιγράφεται άλλη μια φρικτή σκηνή:

> *Ήρθαν, λοιπόν, οι στρατιώτες, και στον μεν πρώτο σύντριψαν τα σκέλη του, και στον άλλον που σταυρώθηκε μαζί του. Όταν, όμως, ήρθαν στον Ιησού, καθώς τον είδαν να έχει ήδη πεθάνει, δεν του σύντριψαν τα σκέλη αλλά, ένας από τους στρατιώτες διατρύπησε με τη λόγχη την πλευρά του, κι αμέσως βγήκε αίμα και νερό.*

Παρόλο που ο στρατιώτης ήξερε ήδη ότι ο Ιησούς ήταν νεκρός, γιατί διαπέρασε το πλευρό του Ιησού με τη λόγχη, προκαλώντας ξαφνική ροή αίματος και ύδατος; Αυτό απεικονίζει την κακοήθεια του ανθρώπου.

Αν και ήταν ο Θεός, ο Ιησούς δεν απαιτούσε και δεν στηριζόταν στα δικαιώματά Του ως Θεός. Αντιθέτως, έκανε τον Εαυτό Του ένα τίποτα. Έλαβε την ταπεινή θέση ενός σκλάβου και παρουσιάσθηκε σε ανθρώπινη μορφή. Ταπεινώθηκε υπάκουα ακόμη πιο πολύ πεθαίνοντας με τρόπο εγκληματία, επί του σταυρού. Με αυτόν τον τρόπο, ο Ιησούς άνοιξε την θύρα της σωτηρίας για εσάς (Προς Φιλιππησίους 2:6-8).

Κατά την διάρκεια της ζωής του σε αυτόν τον κόσμο, ο Ιησούς χάρισε στους φυλακισμένους ελευθερία, στους φτωχούς πλούτη, και θεράπευσε τους αρρώστους και τους αδύνατους. Δεν του έμενε ώρα για να φάει και να κοιμηθεί, αφού έκανε κάθε προσπάθεια να διακηρύξει τον Λόγο Του Θεού, για να σώσει όσες πιο πολλές ψυχές ήταν δυνατόν. Όταν ξεκουράζονταν οι μαθητές Του, εκείνος πήγαινε σε ένα λόφο να προσευχηθεί.

Πολλοί Εβραίοι Τον δίωκαν με περιφρόνηση, αν και έκανε μόνο το καλό. Στο τέλος, τον σταύρωσαν από την κακία τους. Επιπλέον, αν και ήξερε ότι ήταν πεθαμένος, ένας Ρωμαίος στρατιώτης Τον διαπέρασε με λόγχη. Αυτό μας αποδεικνύει πως οι άνθρωποι έκαναν το ένα κακό πάνω στο άλλο.

Ο Θεός σάς έδειξε την πελώρια αγάπη Του στέλνοντας τον μοναχογιό Του, τον Ιησού Χριστό, και επιτρέποντας να σταυρωθεί για να λυτρωθείτε εσείς από τις αμαρτίες σας, αψηφώντας τις ανθρώπινες κακοήθειες.

Χύνοντας το Αίμα και το Ύδωρ από το Πλευρό Του

Οπως εχει ήδη αναφερθεί, ένας Ρωμαίος στρατιώτης τρύπησε το πλευρό του Ιησού με λόγχη με κακοήθεια, ασχέτως που γνώριζε για τον θάνατο του Ιησού. Οταν ο στρατιώτης τρύπησε το πλευρό Του, αίμα και ύδωρ κύλησε από το σώμα του Ιησού. Υπάρχουν τρία νοήματα σε αυτό το γεγονός.

Πρώτον, σας δείχνει ότι ο Ιησούς ήρθε εν σάρκα ως Υιός του Ανθρώπου. Στο Κατά Ιωάννην Ευαγγέλιο, εδάφιο 1:14, αναφέρεται, *«Και ο Λόγος έγινε σάρκα, και κατοίκησε ανάμεσά μας, (και είδαμε τη δόξα του, δόξαν ως μονογενή από τον Πατέρα), γεμάτος χάρη και αλήθεια.»* Ο Θεός ήρθε σε τούτο τον κόσμο με σάρκα και οστά, και ήταν ο Ιησούς.

Οι αμαρτωλοί δεν μπορούν να δουν τον Θεό διότι καταστρέφονται μόλις Τον δουν. Ετσι, ο Θεός δεν μπορεί να παρουσιασθεί απευθείας ενώπιον τους, και για αυτό ήρθε ο Ιησούς σ' αυτό τον κόσμο εν σάρκα, και έδωσε πολλές αποδείξεις για να μας καθοδηγήσει να πιστέψουμε στον Θεό.

Η Βίβλος σάς λέει ότι ο Ιησούς ήταν άνθρωπος σαν εσάς. Στο

Κατά Μάρκον Ευαγγέλιο, εδάφιο 3:20, αναφέρεται, *«Και έρχονται σε κάποιο σπίτι· και συγκεντρώνεται πάλι ένα πλήθος, ώστε αυτοί δεν μπορούσαν ούτε ψωμί να φάνε.»* Στο Κατά Ματθαίον Ευαγγέλιο, αναφέρεται στο χωρίο 8:24, *«Και ξάφνου, μια μεγάλη τρικυμία έγινε στη θάλασσα, ώστε το πλοίο σκεπαζόταν από τα κύματα· κι Αυτός κοιμόταν.»*

Ορισμένοι άνθρωποι ίσως αναρωτηθούν πώς είναι δυνατόν να πεινάει ή να πονάει ο Ιησούς ο Υιός του Θεού. Ομως, εφόσον ο Ιησούς ήρθε εν σάρκα, αποτελούμενος από κόκκαλα και μύες, είχε ανάγκη να τρώει και να κοιμάται. Υπέφερε επίσης από πόνο, όπως κάνουμε κι Εμείς.

Το γεγονός ότι κυλούσε αίμα και ύδωρ από το σώμα Του όταν τρυπήθηκε από τη λόγχη, σας δίνει πειστική απόδειξη ότι ο Ιησούς ήρθε σε τούτο τον κόσμο εν σάρκα, αν και είναι ο Υιός του Θεού.

Δεύτερον, είναι και πρόσθετη απόδειξη ότι μπορείτε να συμμετέχετε στην θεϊκή φύση, παρόλο που έχετε σάρκα. Ο Θεός θέλει να είναι τα τέκνα Του ιερά και τέλεια όπως είναι ο Ίδιος. Συνεπώς, λέει, *«Άγιοι να είστε, επειδή εγώ είμαι άγιος»* (Α' Επιστολή Πέτρου 1:16) και *«Να είστε, λοιπόν, εσείς τέλειοι, όπως ο Πατέρας σας, που είναι στους ουρανούς, είναι τέλειος»* (Κατά Ματθαίον 5:48). Επίσης, σας ενθαρρύνει λέγοντας, *«Διαμέσου των οποίων δωρήθηκαν σε μας οι πιο μεγάλες και πολύτιμες υποσχέσεις, ώστε διαμέσου αυτών να γίνετε κοινωνοί θείας φύσης, έχοντας αποφύγει τη διαφθορά, που υπάρχει μέσα στον κόσμο, διαμέσου τής επιθυμίας»* (Β' Επιστολή Πέτρου 1:4), και *«Να είναι, μάλιστα, σε σας το ίδιο φρόνημα, που ήταν και στον Ιησού Χριστό»* (Προς Φιλιππισίους 2:5).

Ο Ιησούς ήρθε αυτό τον κόσμο εν σάρκα και έγινε υπηρέτης σύμφωνα με την βουλή του Θεού, και εκπλήρωσε όλο το καθήκον Του. Εκπλήρωσε επίσης και τον νόμο με αγάπη, υπερνικώντας όλες τις δοκιμασίες και τα βάσανα, και ζώντας σύμφωνα με τον Λόγο του Θεού.

Αν και ήταν άνθρωπος σαν εσάς, δέχθηκε εθελοντικά όλο τον πόνο, ακολούθησε το θέλημα του Θεού με αντοχή και με αυτοκυριαρχία, και θυσίασε τον Εαυτό Του από αγάπη, για να πεθάνει επάνω σε σταυρό δίχως να φέρει αντίσταση ή παράπονα.

Πώς, τότε, μπορούμε να συμμετέχουμε στην θεϊκή φύση με την καρδιά του Ιησού Χριστού;

Πρέπει να σταυρώσετε την αμαρτωλή σας φύση, την αποτελούμενη από πάθη και επιθυμίες, να έχετε πνευματική αγάπη και να προσεύχεσθε θερμά για την συμμετοχή στην θεϊκή φύση, έχοντας την ίδια στάση με τον Ιησού.

Αφενός, η σαρκική αγάπη είναι συμφεροντολόγα, και τέτοια αγάπη κρυώνει με το πέρασμα του χρόνου. Οι άνθρωποι που έχουν τέτοιου είδους αγάπη προδίδουν ο ένας τον άλλον, και υποφέρουν από πόνο όταν δεν υπάρχει ομοφωνία.

Αφετέρου, ο Θεός θέλει να έχετε αγάπη υπομονετική, αγαθή και όχι εγωκεντρική. Ετσι, αυτή είναι η πνευματική αγάπη, η οποία δεν μεταβάλλεται ποτέ και η οποία ακμάζει μέρα με την μέρα. Οσο έχετε πνευματική αγάπη είστε ικανοί να έχετε την στάση του Ιησού, και εφόσον εκβάλλετε κάθε είδους πονηράδα μέσω θερμής προσευχής.

Παρομοίως, ο καθένας μπορεί να λάβει την χάρη του Θεού και την δύναμη, αν ζητήσει την βοήθειά Του με νηστεία και προσευχή. Ο Θεός επίσης εργάζεται για αυτόν για να ξεφορτωθεί κάθε είδους κακοήθεια. Θα λάμπετε σαν τον ήλιο στο ουράνιο βασίλειο, αν έχετε πνευματική αγάπη, αν παράγετε τους εννέα καρπούς του Αγίου Πνεύματος (Προς Γαλάτας 5) και αν λάβετε τις Μακαριότητες (Κατά Ματθαίον 5).

Τρίτον, το χύσιμο του αίματος και του ύδατος του Ιησού είναι αρκετά δυνατό για να σας οδηγήσει σε αληθινή και αιώνια ζωή.

Το αίμα και το νερό του Ιησού ήταν πεντακάθαρα και άμεμπτα, αφού δεν είχε διαπράξει το προπατορικό αμάρτημα, και αφού δεν διέπραξε καμία αμαρτία. Πνευματικά, τούτο ήταν το αίμα και το ύδωρ που ήταν ικανά να αναστηθούν. Επειδή έχυσε το ιερό Του αίμα, οι αμαρτίες σας εξαγνίσθηκαν και μπορείτε ν' αποκτήσετε αληθινή ζωή που θα σας οδηγήσει στην σωτηρία, στην ανάσταση, και στην αιώνια ζωή.

Το ύδωρ, το οποίο κυλούσε από το σώμα του Ιησού, συμβολίζει το αιώνιο ύδωρ, τον Λόγο του Θεού. Εσείς μπορείτε να γεμίσετε με την αλήθεια και να γίνετε αληθινό τέκνο του Θεού, μέχρι τον βαθμό που καταλαβαίνετε τον Λόγο Του και εκβάλλετε τις αμαρτίες σας ζώντας σύμφωνα με αυτόν.

Ο Ιησούς, δίχως ελάττωμα ή αδυναμία, εγκατέλειψε τα πάντα για να χαρίσει σ' εσάς αληθινή ζωή μέχρι του σημείου που έχυσε αίμα και ύδωρ, αν και δεν ήσασταν ούτε από τα ζώα καλύτεροι.

Εύχομαι να καταλαβαίνετε ότι σωθήκατε δίχως να έχετε πληρώσει κανένα τίμημα, και εύχομαι ότι θα εκβάλλετε τις αμαρτίες προσευχόμενοι ειλικρινά με πίστη, για να ζείτε μία καρποφόρα ζωή εν τω Ιησού Χριστώ.

Κεφάλαιο 7

Τα Τελευταία Εφτά Λόγια του Ιησού επάνω στον Σταυρό

- Πατέρα, Συγχώρεσέ τους
- Σήμερα θα Είσαι Μαζί Μου στον Παράδεισο
- Γυναίκα, Ιδού ο Υιός Σου Ιδού, η Μητέρα Σου
- Ηλί, Ηλί, Λαμά Σαβαχθανί;
- Διψάω
- Τετέλεσται
- Πατέρα, στα Χέρια Σου Παραδίδω το Πνεύμα Μου

Αλλά ο Ιησούς έλεγε, «Πατέρα, συγχώρεσέ τους επειδή, δεν ξέρουν τι κάνουν.» (στ. 34)

Και έλεγε στον Ιησού: Κύριε, θυμήσου με, όταν έρθεις στη βασιλεία σου.. Και ο Ιησούς είπε σ' αυτόν: Σε διαβεβαιώνω, σήμερα θα είσαι μαζί μου στον παράδεισο. Ήταν δε περίπου η έκτη ώρα, και έγινε σκοτάδι επάνω σε όλη τη γη μέχρι την εννάτη ώρα. Και σκοτίστηκε ο ήλιος και το καταπέτασμα του ναού σχίστηκε στο μέσον. Και ο Ιησούς, αφού φώναξε με δυνατή φωνή, είπε: Πατέρα, στα χέρια σου παραδίνω το πνεύμα μου. Και, όταν τα είπε αυτά, εξέπνευσε (στ. 42-46)

Κατά Λουκάν 23:34, 42-46

Οι περισσότεροι άνθρωποι ανακαλούν στην μνήμη την ζωή τους όταν ο θάνατος πλησιάζει. Αφήνουν τα τελευταία τους λόγια στα οικογενειακά τους μέλη και στους φίλους τους.

Κατά τον ίδιο τρόπο, ο Ιησούς ενσαρκώθηκε, ήρθε σε τούτο τον κόσμο με την πρόνοια του Θεού, και αναφώνησε εφτά λόγια στο σταυρό καθώς άφησε την τελευταία του πνοή. Αυτά λέγονται «Τα Τελευταία Εφτά Λόγια του Ιησού επί του Σταυρού.» Ας εξετάσουμε το πνευματικό νόημα των εφτά τελευταίων λόγων του Ιησού επάνω στον σταυρό.

Πατέρα, Συγχώρεσέ Τους

Ο συγγραφεύς της Προς Φιλιππησίους Επιστολής περιγράφει τον Ιησού με τον ακόλουθο τρόπο:

> *Να είναι, μάλιστα, σε σας το ίδιο φρόνημα, που ήταν και στον Ιησού Χριστό ο οποίος ενώ υπήρχε σε μορφή Θεού, δεν νόμισε αρπαγή το να είναι ίσα με τον Θεό αλλά, κένωσε τον εαυτό του, παίρνοντας μορφή δούλου, αφού έγινε όμοιος με τους ανθρώπους και, καθώς βρέθηκε κατά το σχήμα ως άνθρωπος, ταπείνωσε τον εαυτό του, γινόμενος υπάκουος μέχρι θανάτου, θανάτου*

μάλιστα σταυρού (Προς Φιλιππησίους 2:5-8).

Ο Ιησούς σταυρώθηκε για να δείξει την αγάπη Του και την υπακοή Του προς τον Θεό, ώστε να μπορέσει να ανοίξει τον δρόμο της σωτηρίας για τους αμαρτωλούς. Οι άνθρωποι που στέκονταν κοντά στον σταυρό χλεύαζαν τον Ιησού μαζί με τους ηγέτες, *«Άλλους έσωσε ας σώσει τον εαυτό του, αν αυτός είναι ο Χριστός, ο εκλεκτός τού Θεού»* (Κατά Λουκά 23:35).

Και οι στρατιώτες Τον κορόιδευαν, προσφέροντάς Του ξίδι, λέγοντας, *«Αν εσύ είσαι ο βασιλιάς των Ιουδαίων, σώσε τον εαυτό σου»* (στ. 37). Ενας από τους κρεμασμένους εγκληματίες εκεί πέρα εκτόξευε βρισιές προς Αυτόν, λέγοντας, *«Αν εσύ είσαι ο Χριστός, σώσε τον εαυτό σου κι εμάς»* (στ. 39).

Και όταν ήρθαν στον τόπο, που ονομάζεται Κρανίο, εκεί τον σταύρωσαν, και τους κακούργους, τον έναν μεν από τα δεξιά, τον άλλον δε από τα αριστερά. Και ο Ιησούς έλεγε: Πατέρα, συγχώρεσέ τους επειδή, δεν ξέρουν τι κάνουν. Και καθώς διαμοιράζονταν τα ιμάτιά του, έβαλαν κλήρο» (Κατά Λουκά 23:33-34).

Ο Ιησούς προσευχόταν στον Θεό ζητώντας την συγχώρεσή τους, «Πατέρα, συγχώρεσέ τους, διότι δεν ξέρουν τι κάνουν,» καθώς εξέπνευσε. Ο Ιησούς ζήτησε από τον Πατέρα έλεος και συγχώρεση για τους ανθρώπους που δεν γνώριζαν ότι ο Ιησούς, ο Υιός του Θεού, σταυρωνόταν, για να συγχωρεθούν οι αμαρτίες τους. Πιθανώς να μην συνειδητοποιούσαν καν ότι οι πράξεις τους ήταν αμαρτωλές. Αυτός ήταν ο πρώτος του λόγος από τον σταυρό.

Ο Ιησούς Προσευχόταν με Αγάπη για τους Ανθρώπους που Τον Σταύρωναν

Ο Ιησούς, ο Υιός Του Θεού, προσευχόταν για εκείνους που Τον σταύρωσαν, παρόλο που δεν είχε ελάττωμα ή αμαρτία. Πόσο βαθειά και μεγάλη είναι η αγάπη Του! Ο Ιησούς μπορούσε ευκολότατα να κατέβει από τον σταυρό για να αποφύγει την σταύρωσή Του, εφόσον είναι ένα με τον Θεό τον Παντοκράτορα, και εφόσον είναι εξουσιοδοτημένος από τον Θεό τον Πατέρα. Εντούτοις, σταυρώθηκε για να εκπληρώσει το σχέδιο της σωτηρίας σύμφωνα με την βουλή του Θεού. Επομένως, μπόρεσε να αντέξει όλα τα πάθη και την ντροπή, να προσευχηθεί για εκείνους με απελπιστική αγάπη, και να ζητήσει την συγχώρεσή τους.

Ο Ιησούς προσευχόταν με ειλικρίνεια, «Πατέρα, συγχώρεσέ τους, διότι δεν ξέρουν τι κάνουν.» Εδώ δεν αναφέρεται απλώς σ' αυτούς που Τον σταύρωσαν και που Τον κορόιδευαν, αλλά περιλαμβάνει όλους τους ανθρώπους που δεν έχουν δεχθεί τον Ιησού Χριστό και που συνεχίζουν να ζουν στο σκοτάδι. Όπως οι άνθρωποι που σταύρωσαν τον Ιησού, τον Υιό του Θεού, πολύς κόσμος αμαρτάνει, διότι δεν γνωρίζει τον Ιησού Χριστό και την αλήθεια.

Ο εχθρός σας ο διάβολος υπάγεται στο σκοτάδι και μισεί το φως, κι έτσι, σταύρωσε τον Ιησού, το αληθινό φως. Σήμερα, ο διάβολος κυβερνά τους ανθρώπους που ανήκουν στο σκοτάδι, και τους υποκινεί να καταδιώκουν εκείνους που περπατούν στο φως.

Πως να αντιδράτε στους διώκτες που δεν γνωρίζουν την αλήθεια; Ο Ιησούς, μέσω του πρώτου λόγου από τον σταυρό, σας διδάσκει ποιο είναι το θέλημα του Θεού και ποιο φρόνημα είναι κατάλληλο για έναν Χριστιανό. Στο Κατά Ματθαίον Ευαγγέλιο, χωρίο 5:44, αναφέρει *«Εγώ, όμως, σας λέω: Να αγαπάτε τούς εχθρούς σας, να ευλογείτε εκείνους που σας καταρώνται, να ευεργετείτε εκείνους που σας μισούν, και να προσεύχεστε για εκείνους που σας βλάπτουν και σας κατατρέχουν.»* Άρα, πρέπει να είμαστε ικανοί να προσευχόμαστε για εκείνους που μας καταδιώκουν, λέγοντας, «Πατερά, συγχώρεσέ τους. Δεν ξέρουν τι κάνουν. Ευλόγησέ τους ώστε να γνωρίσουν κι αυτοί τον Κύριο, και για να μπορούμε να συναντηθούμε πάλι στον ουρανό.»

Σήμερα θα Είσαι Μαζί Μου στον Παράδεισο

Δυο κακούργοι σταυρώθηκαν την ίδια ώρα που κρέμαγαν τον Ιησού επί του σταυρού που στεκόταν ψηλά στον Γολγοθά, *«τον τόπο του Κρανίου»* (Κατά Λουκά 23:33).

Ο ένας κακούργος Τον βλασφημούσε, ενώ ο δεύτερος επέπληττε τον πρώτο, μετανόησε, και δέχθηκε τον Ιησού ως προσωπικό του Σωτήρα. Τότε, ο Ιησούς του υποσχέθηκε ότι θα βρεθεί μαζί Του στον Παράδεισο. Αυτός ήταν ο δεύτερος λόγος του Ιησού επάνω στον σταυρό.

Ένας, μάλιστα, από τους κακούργους που κρεμάστηκαν, τον βλασφημούσε, λέγοντας: Αν εσύ είσαι ο Χριστός, σώσε τον εαυτό σου κι εμάς. Αποκρινόμενος, όμως, ο άλλος τον επέπληττε, λέγοντας: Ούτε τον Θεό δεν φοβάσαι εσύ, που είσαι μέσα στην ίδια καταδίκη; Κι εμείς μεν δίκαια επειδή, απολαμβάνουμε άξια των όσων πράξαμε αυτός, όμως, δεν έπραξε τίποτε το άτοπο. Και έλεγε στον Ιησού: Κύριε, θυμήσου με, όταν έρθεις στη βασιλεία σου. Και ο Ιησούς είπε σ' αυτόν: Σε διαβεβαιώνω, σήμερα θα είσαι μαζί μου στον παράδεισο (Κατά Λουκάν 23:39-43).

Ο Ιησούς ανακήρυττε ότι ήταν ο Μεσσίας, ο οποίος είχε την δύναμη να συγχωρεί τους αμαρτωλούς όταν μετανοούσαν και να τους σώσει, μέσα από τον δεύτερο λόγο Του από τον σταυρό.

Όταν διαβάσετε τα τέσσερα Ευαγγέλια, οι αντιδράσεις των δυο εγκληματιών έχουν γραφθεί με διαφορετικούς τρόπους. Στο Κατά Ματθαίον, εδάφιο 27:44, λέει, *«Το ίδιο μάλιστα και οι δύο ληστές που είχαν συσταυρωθεί μαζί του, τον ονείδιζαν.»* Στο Κατά Μάρκον, 15:32, αναφέρει, *«ο Χριστός, ο βασιλιάς του Ισραήλ, ας κατέβει τώρα από τον σταυρό, για να δούμε και να πιστέψουμε. Και οι δύο, που ήσαν σταυρωμένοι μαζί μ' αυτόν, τον ονείδιζαν.»* Από αυτά τα δυο Ευαγγέλια, βλέπετε ότι κι οι δυο εγκληματίες πρόσβαλαν τον Ιησού.

Όμως, στο Κατά Λουκά, κεφάλαιο 23, βλέπετε ότι ο ένας εγκληματίας επέπληττε τον άλλον και μετανόησε για τα αμαρτήματά του, ενώ δέχθηκε τον Ιησού Χριστό και σώθηκε. Αυτό δεν οφείλεται επειδή τα Ευαγγέλια δεν συμφωνούν μεταξύ τους. Αντιθέτως, στην πρόνοιά Του, ο Θεός επέτρεψε στους συγγραφείς να γράψουν με διαφορετικούς τρόπους. Στην Βίβλο, η πρόνοια του Θεού και τα ιστορικά στοιχεία είναι συμπυκνωμένα. Αν είχαν γραφθεί όλα τα καθέκαστα, χίλιοι Βίβλοι δεν θα επαρκούσαν.

Σήμερα, αν καταγράψετε κάτι με βιντεοκάμερα, μπορείτε να το κοιτάξετε αργότερα, αλλά την εποχή του Ιησού δεν υπήρχαν τέτοια εργαλεία, κι έτσι δεν μπορούσαν να πάρουν ούτε μια φωτογραφία, παρόλο που τούτα ήταν πολύ σημαντικά περιστατικά. Μπορούσαν μοναχά να τα καταγράφουν. Μέσω ελαφρών διαφορών, μπορείτε να έχετε δικές σας εμπειρίες και να ξαναζήσετε ένα συγκεκριμένο περιστατικό πιο ρεαλιστικά.

Καλύτερη Κατανόηση της Σταύρωσης Του Ιησού

Όταν ο Ιησούς κήρυττε το Ευαγγέλιο, τον ακολουθούσαν μεγάλα πλήθη. Μερικοί ήθελαν ν' ακούσουν το μήνυμά Του, μερικοί ήθελαν να δουν θαύματα και σημεία από τον ουρανό, άλλοι ήθελαν φαγητό, και άλλοι πάλι πουλούσαν τις ιδιοκτησίες τους για να υπηρετήσουν και για να ακολουθήσουν τον Ιησού.

Στο Κατά Λουκάν Ευαγγέλιο, κεφ. 9, ο Ιησούς ευλόγησε πέντε φραντζόλες ψωμί και δυο ψάρια. Ο αριθμός αυτών που έφαγαν ήταν περίπου πέντε χιλιάδες άνθρωποι (Κατά Λουκάν 9:12-17). Φανταστείτε πόσο περισσότεροι άνθρωποι, συμπεριλαμβάνοντας εκείνους που αγαπούσαν και που μισούσαν τον Ιησού, και άλλοι μέσα στο πλήθος, θα είχαν μαζευτεί στον τόπο όπου σταυρώθηκε. Το πλήθος περικύκλωσε τον σταυρό και οι στρατιώτες τούς εμπόδιζαν με τις λόγχες και τις ασπίδες. Φανταστείτε τον κόσμο να φωνάζει στον Ιησού σε κύκλο κοντά στον σταυρό. Τον βλασφημούσαν. Ακόμη και ο ένας από τους δυο κακούργους που ήταν κρεμασμένος δίπλα στον Ιησού τον προσέβαλε.

Ποιος θα μπορούσε όμως να ακούσει τι έλεγε ο πρώτος κακούργος; Μάλλον θα είχε πολύ θόρυβο, και μόνο εκείνοι που στέκονταν πολύ κοντά στον Ιησού μπορούσαν ν' ακούσουν τα λόγια Του. Ο άλλος κακούργος είπε κάτι προς το μέρος του Ιησού με άσχημη έκφραση. Τούτος ο εγκληματίας, στην πραγματικότητα, επέπληττε τον εγκληματία που είχε προσβάλει τον Ιησού. Εντούτοις, εκείνοι που ήταν σε απόσταση στην αντίθετη άκρη μπορεί εύκολα να νόμιζαν ότι ο μετανοιών εγκληματίας έκανε παρατήρηση στον Ιησού που βρισκόταν στην μέση.

Αφενός, σ' αυτή την θορυβώδη κατάσταση, έκαστος συγγραφέας του Ευαγγελίου του Ματθαίου και του Μάρκου, οι οποίοι δεν μπορούσαν ν' ακούσουν τον μετανοόντα εγκληματία καθαρά, νόμιζαν ότι επέπληττε τον Ιησού. Κι έτσι έγραψαν ότι και οι δυο εγκληματίες κορόιδευαν τον Ιησού.

Αφετέρου, ο συγγραφέας του Ευαγγελίου του Λουκά άκουσε καθαρά, κι έτσι γνώριζε ότι ο ένας από τους δυο κακούργους δεν Τον είχε προσβάλει, αλλά αντιθέτως μετανόησε. Οι διαφορετικοί συγγραφείς βρίσκονταν σε διαφορετικά σημεία και κατέγραψαν το συμβάν διαφορετικά.

Ο Θεός, ο οποίος γνωρίζει τα πάντα, τους επέτρεψε να γράφουν με διαφορετικό τρόπο, ώστε να μπορούν οι μεταγενέστερες γενεές να διακρίνουν μια συγκεκριμένη κατάσταση με σαφήνεια.

Ουράνιος Τόπος για τον Μετανοόντα Εγκληματία

Ο Ιησούς υποσχέθηκε στον εγκληματία που μετανόησε επάνω στον σταυρό πριν τον θάνατο, «Θα βρεθείς μαζί Μου στον Παράδεισο.» Αυτό εχει πνευματικό νόημα.

Ο ουρανός, το βασίλειο του Θεού, είναι απέραντο, πέρα από την φαντασία σας. Κι ο Ιησούς μάς είπε στο Κατά Ιωάννη Ευαγγέλιο, χωρίο 14:2, *«Στο σπίτι του Πατέρα μου υπάρχουν πολλά οικήματα ειδάλλως, θα σας έλεγα πηγαίνω να σας ετοιμάσω* τόπο.» Ο ψαλμωδός μάς παροτρύνει να «*Αινείτε τον οι ουρανοί των ουρανών, και τα νερά που είναι πάνω από τους ουρανούς*» (Ψαλμοί 148:4). Ο Νεεμίας, εδάφιο 9:6, επαινεί τον Θεό, ο οποίος έπλασε τους ουρανούς, καθώς και τους ύψιστους ουρανούς. Στην Β' Προς Κορινθίους, χωρίο 12:2, αναφέρεται «*Γνωρίζω έναν άνθρωπο εν Χριστώ πριν από 14 χρόνια, (είτε μέσα στο σώμα, δεν ξέρω· είτε έξω από το σώμα, δεν ξέρω· ο Θεός ξέρει)· ότι αυτού του είδους ο άνθρωπος αρπάχτηκε μέχρι τον τρίτο ουρανό.*» Στην Αποκάλυψη 21:2 αναφέρεται ότι στην Νέα Ιερουσαλήμ κατοικεί ο θρόνος του Θεού.

Παρομοίως, υπάρχουν πολλές κατοικίες στον ουρανό. Ομως, δεν σας επιτρέπεται να κατοικείτε σ' οποιοδήποτε οίκημα διαλέξετε εσείς. Ο Θεός της δικαιοσύνης βραβεύει τον καθένα σας ανάλογα με ό,τι έχετε πράξει σε τούτο τον κόσμο: πόσο μιμείστε τον Κύριό σας, πόσο εργάζεσθε για την βασιλεία του Θεού, και πόσα αποθηκεύετε επάνω στον ουρανό, κλπ (Κατά Ματθαίον 11:12, Αποκάλυψις 22:12).

Στο Κατά Ιωάννην Ευαγγέλιο, χωρίο 3:6, αναφέρεται «*Εκείνο που έχει γεννηθεί από τη σάρκα είναι σάρκα· και εκείνο που έχει γεννηθεί από το Πνεύμα, είναι πνεύμα.*» Ανάλογα με τον βαθμό που αποβάλλει κανείς από τον εαυτό του τα σαρκικά στοιχεία και γίνει πνευματικό πρόσωπο, τα ουράνια οικήματα θα διαιρεθούν σε ομάδες κοινού πνευματικού επιπέδου.

Ασφαλώς, κάθε τόπος στα ουράνια είναι πολύ όμορφος, διότι εκεί βασιλεύει ο Θεός. Ομως, υπάρχουν διαφορές και εντός του ουρανού. Φερ' ειπείν, ο τρόπος ζωής, τα χόμπι, το βιοτικό επίπεδο, και αλλά παρόμοια σε μια μητρόπολη είναι τελείως διαφορετικά από εκείνα στην εξοχή. Κατά τον ίδιο τρόπο, η αγία πόλη, η Νέα Ιερουσαλήμ, είναι ο πιο ένδοξος τόπος στον ουρανό, όπου βρίσκεται ο θρόνος του Θεού και όπου θα κατοικήσουν τα τέκνα τα οποία Του μοιάζουν περισσότερο.

Ωστόσο, ο Παράδεισος είναι ο τόπος όπου κατοικεί ο μετανοών εγκληματίας την τελευταία στιγμή του θανάτου του επάνω στον σταυρό, και βρίσκεται στα περίχωρα των ουρανών. Πολλοί που λαμβάνουν ντροπιαστική σωτηρία θα κατοικούν εκεί. Αυτοί οι άνθρωποι δέχθηκαν τον Ιησού Χριστό, αλλά δεν έκαναν βήματα για να μεταβληθούν πνευματικά.

Γιατί εισήλθε στον Παράδεισο ο μετανοών εγκληματίας;

Εξομολογήθηκε ότι ήταν αμαρτωλός με την αγαθή καρδιά του, και έλαβε τον Ιησού ως Σωτήρα του. Εντούτοις, δεν ξεφορτώθηκε τις αμαρτίες του, δεν έζησε σύμφωνα με τον Λόγο του Θεού, κι ούτε δίδαξε σ' άλλους το Ευαγγέλιο.

Δεν εργαζόταν για τον Κύριο. Δεν έκανε τίποτε για να λάβει ουράνιο βραβείο. Γι' αυτό τον λόγο μπήκε στον Παράδεισο, το κατώτερο σημείο των ουρανών.

Του Ιησού η Κάθοδος εις τον Άνω Τάφον

Αν και ο Ιησούς υποσχέθηκε στον κακούργο, «Σήμερον θα βρεθείς μαζί Μου στον Παράδεισο,» αυτό δεν σημαίνει ότι ο Ιησούς ζει μοναχά στον Παράδεισο, στους ουρανούς. Ο Ιησούς, ο Βασιλεύς των βασιλέων και ο Κύριος των κυρίων, κυβερνά και κατοικεί με τα τέκνα του Θεού σ' όλο τον ουρανό, συμπεριλαμβανομένου του Παραδείσου και της Νέας Ιερουσαλήμ. Με αυτή την έννοια κατοικεί στον Παράδεισο καθώς και σε άλλους τόπους εντός των ουρανών.

Όταν είπε ο Ιησούς στον σωσμένο κακούργο «Σήμερον θα

βρεθείς μαζί Μου στον Παράδεισο,» το «σήμερα» δεν αναφέρεται απλά στην συγκεκριμένη μέρα κατά την οποίαν πέθανε ο Ιησούς στον σταυρό, ή σε κάποια άλλη συγκεκριμένη μέρα. Ο Ιησούς ανέφερε ότι επρόκειτο να βρεθεί με τον μεταμελούμενο εγκληματία όπου θα βρισκόταν ο εγκληματίας από την στιγμή που έγινε τέκνο του Θεού.

Οταν αναφέρεστε στην Βίβλο, ο Ιησούς δεν πήγε στον Παράδεισο μετά τον θάνατο Του. Στο Κατά Ματθαίον Ευαγγέλιο, χωρίο 12:40, ο Ιησούς λέει σε μερικούς Φαρισαίους ότι, *«Επειδή, όπως ο Ιωνάς ήταν στην κοιλιά του κήτους τρεις ημέρες και τρεις νύχτες, έτσι θα είναι και ο Υιός του ανθρώπου στην καρδιά της γης τρεις ημέρες και τρεις νύχτες.»* Στην Προς Εφεσίους Επιστολή, χωρίο 4:9, διαβάζουμε, *«Και το, 'ανέβηκε', τι είναι, παρά ότι και κατέβηκε πρώτα στα κατώτερα μέρη της γης;»*

Εκτός αυτού, η Α' Επιστολή του Πέτρου, εδάφιο 3:18-19, αναφέρει, *«Επειδή, και ο Χριστός έπαθε μια φορά για πάντα για τις αμαρτίες, ο δίκαιος για χάρη των αδίκων, για να μας φέρει στον Θεό, ο οποίος, ενώ μεν θανατώθηκε κατά τη σάρκα, ζωοποιήθηκε όμως διαμέσου του Πνεύματος· με το οποίο, αφού πορεύτηκε, κήρυξε και προς τα πνεύματα που ήσαν στη φυλακή.»* Ο Ιησούς πήγε στον Ανω Τάφο και κήρυξε το Ευαγγέλιο στα πνεύματα πριν αναστηθεί την τρίτη ημέρα. Γιατί ήταν απαραίτητο αυτό;

Πριν έρθει ο Ιησούς σε τούτο τον κόσμο, πολύς κόσμος κατά την εποχή της Παλαιάς Διαθήκης, καθώς κι άλλοι άνθρωποι κατά την εποχή της Καινής Διαθήκης δεν είχαν την ευκαιρία ν' ακούσουν το Ευαγγέλιο, αλλά ζούσαν με αγαθοσύνη έχοντας δεχθεί τον Θεό. Αυτό σημαίνει ότι πήγαν όλοι στην κόλαση επειδή και μόνο δεν είχαν γνωρίσει ποιος είναι ο Ιησούς;

Ο Θεός έστειλε τον μοναχογιό Του σ' αυτόν τον κόσμο και όποιος Τον δεχθεί θα σωθεί. Ο Θεός δεν θα είχε ξεκινήσει την ανθρώπινη καλλιέργεια για να σώσει μόνο εκείνους που δέχονται τον Ιησού Χριστό μετά την σταύρωσή Του. Οσοι δεν είχαν την ευκαιρία ν' ακούσουν το Ευαγγέλιο, αλλά ζούσαν με καλή συνείδηση, θα κριθούν ανάλογα με την συνείδησή τους.

Από τη μια, αυτοί οι άνθρωποι που είναι αγαθοί στην καρδιά μαζεύονται στον «Ανω Τάφο.» Από την άλλη, ο «Κάτω Τάφος», που αναφέρεται επίσης και ως «Αδης», είναι ο τόπος όπου θα μένουν οι πονηρές ψυχές μέχρι την Ημέρα της Κρίσεως. Μετά την σταύρωσή Του, ο Ιησούς πήγε στον Ανω Τάφο και κήρυξε το Ευαγγέλιο στα πνεύματα τα οποία δεν γνώριζαν το Ευαγγέλιο, αλλά που ζούσαν με αγαθή συνείδηση και που τους άξιζε να σωθούν.

Δεν υπάρχει κανένα άλλο όνομα κάτω από τους ουρανούς δοσμένο στους ανθρώπους, μέσω του οποίου πρέπει να σωθούν, εκτός του Ιησού Χριστού. Γι' αυτό ο Ιησούς πήγε και κήρυξε σχετικά με τον Εαυτό Του στα πνεύματα, ώστε να Τον δεχθούν και να σωθούν.

Η Βίβλος λέει ότι τα πνεύματα τα οποία σώθηκαν πριν την σταύρωση του Ιησού μεταφέρονται στο πλευρό του Αβραάμ (Κατά Λουκάν 16:22), αλλά μετά την ανάσταση μεταφέρονται στο πλευρό του Ιησού.

Σωτηρία Ανάλογα με την Κρίση της Συνείδησης

Πριν έρθει ο Ιησούς σε τούτο τον κόσμο για να διαδώσει το Ευαγγέλιο, οι αγαθοί άνθρωποι ζούσαν ακολουθώντας την δικαιοσύνη της καρδιάς τους. Αυτός είναι ο νόμος της συνειδήσεως.

Οι καλοί άνθρωποι δεν έπρατταν κακοήθειες, ακόμη κι όταν είχαν προβλήματα και αντιμετώπιζαν δυσκολίες, διότι άκουγαν την φωνή της καρδιάς τους.

Στην Επιστολή Προς Ρωμαίους, χωρίο 1:20, διαβάζουμε, «*Δεδομένου ότι, τα αόρατα αυτού βλέπονται φανερά από την εποχή της κτίσης του κόσμου, καθώς νοούνται διαμέσου των δημιουργημάτων του, και η αιώνια δύναμή του και η θεότητα, ώστε αυτοί να είναι αναπολόγητοι.*»

Βλέποντας την οικουμένη και τον τρόπο κατά τον οποίον όλα επί της γης βρίσκονται σε αρμονία, οι έχοντες αγαθές καρδιές πιστεύουν ότι υπάρχει αιώνια ζωή. Για τούτο τον λόγο δεν ζουν σύμφωνα με την αμαρτωλή τους φύση, και έχοντας αυτοκυριαρχία και φόβο Θεού, δεν απολαμβάνουν τις εγκόσμιες ηδονές.

Στην Επιστολή Προς Ρωμαίους, εδάφιο 2:14-15, διαβάζουμε, «*Επειδή, όταν οι εθνικοί, που δεν έχουν νόμο, κάνουν από τη φύση τους εκείνα που ανήκουν στον νόμο, αυτοί, ενώ δεν έχουν νόμο, οι ίδιοι είναι νόμος στον εαυτό τους· οι οποίοι δείχνουν το έργο του νόμου να είναι γραμμένο μέσα στις καρδιές τους, έχοντας τη συνείδησή τους να συμμαρτυρεί, και τους λογισμούς να κατηγορούν ή και να απολογούνται αναμεταξύ τους.*»

Ο Θεός έδωσε τον νόμο μόνο στους Ισραηλίτες αλλά όχι στους Εθνικούς. Είναι, όμως, σαν να ζουν με τον νόμο οι Εθνικοί όταν ήδη ζουν σύμφωνα με τον νόμο στην καρδιά τους, ενώ οι συνειδήσεις τους αποκτιούνται και εξασκούνται από μόνες τους. Δεν μπορείτε να πείτε ότι εκείνοι οι οποίοι δεν πίστεψαν στον Ιησού Χριστό δεν μπορούν να σωθούν, αν δεν είχαν ακούσει το Ευαγγέλιο ποτέ στην ζωή τους.

Ανάμεσα σε αυτούς που πέθαναν δίχως να γνωρίσουν τον Ιησού

Χριστό, υπήρχαν ορισμένοι που ήταν ικανοί να συγκρατούν τον εαυτό τους ενάντια στις πονηρές σκέψεις λόγω της αγνής καρδιάς τους. Αυτοί οι άνθρωποι θα σωθούν αναλόγως, όταν θα κρίνει ο Θεός την συνείδησή τους.

Γυναίκα, Ιδού ο Υιός Σου Ιδού, η Μητέρα Σου

Ο απόστολος Ιωάννης έγραψε όσα είδε και άκουσε από τον σταυρό στον οποίο κρεμόταν ο Ιησούς. Υπήρχαν πολλές γυναίκες, συμπεριλαμβανομένων της Μαρίας, της μητέρας του Ιησού, της Σαλώμης, της αδελφής της μητέρας Του, της Μαρίας της συζύγου του Κλώπα, και της Μαρίας της Μαγδαληνής. Στο Κατά Ιωάννη Ευαγγέλιο, χωρίο 19:26-27, ο Ιησούς λέει στην θλιμμένη Μαρία, την μητέρα Του, να θεωρήσει τον Ιωάννη σαν γιο της, και λέει στον Ιωάννη να προσέχει την μητέρα Του.

Ο Ιησούς, λοιπόν, καθώς είδε τη μητέρα του και τον μαθητή, που αγαπούσε, να στέκεται δίπλα, λέει στη μητέρα του: Γυναίκα, να! ο γιος σου. Έπειτα, λέει στον μαθητή: Να! η μητέρα σου. Και από την ώρα εκείνη ο μαθητής την πήρε στο σπίτι του.

Γιατί αποκάλεσε την Μαρία «Γυναίκα» και όχι «Μητέρα» ο Ιησούς;

Η λέξη «μητέρα» δεν λέγεται από τον Ιησού, αλλά την γράφει ο απόστολος Ιωάννης από την δική του οπτική. Γιατί, τότε, αποκάλεσε ο Ιησούς την ίδια την μητέρα Του, που Τον είχε γεννήσει, «γυναίκα»;

Οταν αναφερόμαστε στην Βίβλο, ο Ιησούς δεν την έλεγε «μητέρα.»

Για παράδειγμα, στο Κατά Ιωάννη Ευαγγέλιο, χωρίο 2:1-11, ο Ιησούς έκανε το πρώτο θαύμα όταν μετέτρεψε το νερό σε κρασί, μετά την αρχή της διακονίας Του. Αυτό το θαύμα συνέβη σε έναν γάμο στην Κανά της Γαλιλαίας. Ο Ιησούς με τους μαθητές Του είχαν προσκληθεί στον γάμο. Οταν τελείωσε το κρασί, η Μαρία Του είπε, «Δεν έχουν άλλο κρασί», διότι γνώριζε ότι σαν Υιός του Θεού, ο Ιησούς είχε την ικανότητα να αλλάξει το νερό σε κρασί. Τότε της είπε ο Ιησούς, «*Τι κοινό υπάρχει ανάμεσα σε μένα και σε σένα, γυναίκα; Δεν ήρθε ακόμα η ώρα μου*» (στ. 4).

Ο Ιησούς απάντησε ότι η ώρα για να αποκαλύψει τον Εαυτό Του ως τον Μεσσία δεν είχε φθάσει ακόμη, παρόλο που η Μαρία λυπόταν τους καλεσμένους επειδή δεν περίσσευε καθόλου κρασί. Η μεταβολή του νερού σε κρασί, πνευματικά σημαίνει ότι ο Ιησούς θα έχυνε το αίμα Του στον σταυρό.

Ο Ιησούς διακήρυττε για τον Εαυτό Του ότι είχε έρθει σ' αυτόν τον κόσμο ως ο Σωτήρας μας, ολοκληρώνοντας το θεϊκό σχέδιο για την ανθρώπινη σωτηρία επί του σταυρού. Κι έτσι, αποκαλούσε την Μαρία «γυναίκα» και όχι «μητέρα.»

Εξάλλου, ο Σωτήρας μας ο Ιησούς είναι ο Θεός στην Αγία Τριάδα και ο Δημιουργός. Ο Θεός ο Πλάστης είναι Ο ΩΝ (Εξοδος 3:14), και είναι ο Πρώτος και ο Τελευταίος (Αποκάλυψις 1:17, 2:8). Επομένως, ο Ιησούς δεν εχει μητέρα, και αυτός είναι ο λόγος που την αποκάλεσε «γυναίκα», κι όχι «μητέρα.»

Σήμερα, πολλά τέκνα του Θεού αναφέρονται στην Μαρία ως

την «αγία μητέρα» του Ιησού, ή της φτιάχνουν αγάλματα και την λατρεύουν. Πρέπει να συνειδητοποιήσετε ότι αυτό είναι εντελώς λάθος διότι δεν είναι η μητέρα του Σωτήρα μας (Εξοδος 20:4).

Η Ουράνια Υπηκοότητα

Ο Ιησούς παρηγόρησε την Μαρία, που ήταν πολύ στενοχωρημένη όταν Τον σταύρωσαν, και είπε στον αγαπημένο Του μαθητή τον Ιωάννη να προσέχει την Μαρία σαν δική του μάνα. Παρόλο που ο Ιησούς υπέφερε από τρομερό πόνο επάνω στον σταυρό, συνέχιζε να νοιάζεται βαθειά για το τι θα απογίνει η Μαρία μετά τον θάνατο Του. Εδώ μπορείτε να βιώσετε την αγάπη Του.

Μέσω του τρίτου λόγου του Ιησού επάνω στον σταυρό, μπορούμε να καταλάβουμε ότι εν την πίστη, είμεθα όλοι αδελφοί και αδελφές – η οικογένεια του Θεού. Στο Κατά Ματθαίον Ευαγγέλιο, κεφάλαιο 12, υπάρχει μια σκηνή κατά την οποίαν η οικογένεια του Ιησού έρχεται να Τον δει. Οταν είπαν στον Ιησού ότι η μητέρα Του κι οι αδελφοί Του στέκονταν απ' έξω, λέει στο πλήθος:

> *Κι εκείνος, αποκρινόμενος σ' αυτόν που του το είπε, απάντησε: Ποια είναι η μητέρα Μου και ποιοι είναι οι αδελφοί Μου; Κι απλώνοντας το χέρι του προς τους μαθητές του, είπε: Δέστε! η μητέρα Μου και οι αδελφοί Μου· επειδή, όποιος κάνει το θέλημα του Πατέρα Μου, που είναι στους ουρανούς, αυτός είναι σε μένα αδελφός και αδελφή και μητέρα (Κατά Ματθαίον 12:48-50).*

Καθώς αυξάνεται η πίστη σας όταν έχετε δεχθεί τον Ιησού Χριστό, η αίσθηση της υπηκοότητάς σας στον ουρανό γίνεται πιο ξεκάθαρη και αγαπάτε τους αδελφούς και τις αδελφές σας εν Χριστώ πιο πολύ και απ' τα μέλη της βιολογικής σας οικογένειας. Αν τα μέλη της οικογένειας σας δεν είναι τέκνα του Θεού, η οικογένεια σας δεν θα μπορέσει να διαρκέσει σαν «οικογένεια» για πάντα. Με τον θάνατο τερματίζεται η οικογενειακή σας σχέση. Αν δεν πιστεύουν στον Ιησού Χριστό ή αν δεν ζουν σύμφωνα με την θέληση του Θεού, ακόμη και αν ισχυρίζονται ότι πιστεύουν στον Θεό, θα πάνε στην κόλαση, διότι ο μισθός της αμαρτίας είναι ο θάνατος (Κατά Ματθαίον 7:21).

Η ορατή σας σάρκα επιστρέφει στο χώμα μετά τον θάνατο, αλλά έχετε και αθάνατο πνεύμα. Αν ο Θεός αφαιρέσει το πνεύμα σας, θα είστε μόνο ένα πτώμα που σε λίγο θα σαπίσει. Ο Θεός ο Δημιουργός σχημάτισε τον πρώτο άνθρωπο από χώμα, και ανάπνευσε την πνοή της ζωής μέσα στα ρουθούνια του, κι έτσι το πνεύμα του έγινε αθάνατο. Ο Θεός είναι αυτός ο οποίος δίνει ζωή στο αθάνατο πνεύμα σας, και πλάθει την σάρκα που θα γυρίσει στο χώμα. Αρα, είναι ο αληθινός σας Πατέρας.

Στο Κατά Ματθαίον Ευαγγέλιο, χωρίο 23:9, αναφέρεται, *«Και πατέρα σας μη ονομάσετε επάνω στη γη· επειδή, ένας είναι ο Πατέρας σας, αυτός που είναι τους ουρανούς.»* Αυτό δεν σημαίνει ότι δεν πρέπει να αγαπάτε τους άπιστους συγγενείς σας. Είναι πολύ σημαντικό να τους αγαπάτε αληθινά, να τους κηρύττετε το Ευαγγέλιο και να τους καθοδηγήσετε για να δεχθούν τον Ιησού Χριστό.

Ηλί, Ηλί, Λαμά Σαβαχθανί;

Ο Ιησούς σταυρώθηκε την τρίτη ώρα, και από την έκτη ώρα, σκοτάδι κυρίεψε όλη την γη μέχρι την ενάτη ώρα, όταν άφησε την τελευταία Του πνοή. Για να το μετατρέψουμε αυτό στην σύγχρονη ιδέα του χρόνου, σταυρώθηκε στις εννέα το πρωί, και τρεις ώρες αργότερα, κατά το μεσημέρι, η γη κυριεύθηκε από σκοτάδι μέχρι τις τρεις το απόγευμα.

> *Και όταν ήρθε η έκτη ώρα, έγινε σκοτάδι επάνω σε ολόκληρη τη γη, μέχρι την ένατη ώρα. Και την ένατη ώρα, ο Ιησούς κραύγασε με δυνατή φωνή, λέγοντας: «Ηλί, Ηλί, λαμά, σαβαχθανί;», που ερμηνευόμενο, σημαίνει: «Θεέ μου, Θεέ μου, ως προς τι με εγκατέλειψες;»* (Κατά Μάρκον 15:33-34).

Εξι ώρες αργότερα, την ένατη ώρα, ο Ιησούς φώναξε στον Θεό, «Ηλί, Ηλί, λαμά, σαβαχθανί;» Είναι ο τέταρτος λόγος του Ιησού από τον σταυρό.

Ο Ιησούς ήταν εξαντλημένος, διότι κρεμόταν στον σταυρό για έξι ώρες χύνοντας το αίμα Του και ιδρώτα κάτω από τον δυνατό ήλιο της ερήμου. Ηταν τελείως εξαντλημένος. Γιατί, τότε, φώναξε;

Το κάθε ένα από τα επτά λόγια του Ιησού επάνω στον σταυρό εχει πνευματική έννοια. Αν δεν ακούγονταν, θα ήταν άχρηστα. Ο σκοπός των εφτά λόγων ήταν να καταγραφούν καθαρά στην Βίβλο, ώστε να καταλάβουν όλοι την βούληση του Θεού.

Επομένως, φώναξε τις επτά λέξεις από τον σταυρό μ' όλη Του την δύναμη ώστε να μπορέσουν να τις ακούσουν ξεκάθαρα και να τις καταγράψουν εκείνοι που είχαν μαζευτεί γύρω από τον σταυρό.

Μερικοί λένε ότι ο Ιησούς φώναξε με πικρία προς τον Θεό, επειδή έπρεπε να έρθει σ' αυτόν τον κόσμο εν σάρκα και να υποφέρει φοβερό πόνο χωρίς λόγο. Πάντως, αυτό είναι εντελώς ψευδές.

Γιατί Κραύγασε ο Ιησούς, «Ηλί, Ηλί, λαμά, σαβαχθανί;»

Ο λόγος που ήρθε στην γη ήταν για να καταστρέψει το έργο του διαβόλου και για να ανοίξει την οδό της σωτηρίας για εμάς.

Ετσι, ο Ιησούς υπάκουσε την βούληση του Θεού μέχρι θανάτου και θυσίασε τον εαυτό Του ολότελα. Πριν την σταύρωση Του, προσευχήθηκε πιο θερμά και ο ιδρώτας Του ήταν σαν σταγόνες αίματος που έπεφταν στο έδαφος (Κατά Λουκά 22:42-44). Κουβάλησε το φορτίο Του, γνωρίζοντας πλήρως τα πάθη στα οποία επρόκειτο να υποβληθεί επάνω στον σταυρό.

Υπέφερε την κακομεταχείριση και τα πάθη επάνω στον σταυρό διότι γνώριζε το σχέδιο του Θεού για την ανθρωπότητα. Πώς, τότε, ήταν δυνατό να ένιωθε πικρία ο Ιησούς αντιμετωπίζοντας τον θάνατό Του; Η κραυγή Του δεν ήταν αναστεναγμός λύπης ή κατηγορίας απέναντι στον Θεό. Ο Ιησούς είχε λόγο για να το κάνει αυτό.

Πρώτον, ο Ιησούς ήθελε να διακηρύξει στον κόσμο ότι σταυρωνόταν για να λυτρώσει όλους τους αμαρτωλούς από την αμαρτία.

Ηθελε να καταλάβουν όλοι ότι είχε εγκαταλείψει την δόξα Του στον ουρανό και αγνοήθηκε εντελώς από τον Θεό, αν και ήταν ο ένας και μοναδικός Υιός του Θεού. Φώναξε για να συνειδητοποιήσουν όλοι ότι υπέφερε από τρομερό πόνο στο σταυρό, για να σώσει και να λυτρώσει τους αμαρτωλούς από την αμαρτία. Η Βίβλος αναφέρει ότι αποκαλούσε τον Θεό «Πατέρα», αλλά επάνω στον σταυρό Τον αποκάλεσε «Θεέ μου.» Η αιτία γι' αυτό είναι ότι ο Ιησούς πήρε τον σταυρό εκ μέρους των αμαρτωλών, και δεν μπορούν οι αμαρτωλοί να αποκαλέσουν τον Θεό «Πατερά.»

Εκείνη την στιγμή, ο Θεός είχε ταπεινώσει τον Ιησού ως αμαρτωλό που κουβαλούσε όλες τις αμαρτίες της ανθρωπότητας, και ο Ιησούς δεν τολμούσε να αποκαλέσει τον Θεό «Πατέρα.» Κατά τον ίδιο τρόπο, κι εσείς αποκαλείτε τον Θεό «Πατέρα» όταν έχετε αμοιβαία αγάπη, αλλά Τον αποκαλείτε «Θεέ» αντί για «Πατέρα» όταν είστε μακριά από τον Θεό επειδή διαπράττετε αμαρτίες ή έχετε αδύνατη πίστη.

Ο Θεός θέλει να γίνουν όλοι οι άνθρωποι τα αληθινά Του τέκνα, τα οποία θα μπορούν να Τον αποκαλούν «Πατέρα» όταν δεχθούν τον Ιησού Χριστό και περπατήσουν εν φως.

Δεύτερον, ο Ιησούς ήθελε να προειδοποιήσει τον κόσμο που δεν γνώριζε το θέλημα του Θεού και που εξακολουθούσε να ζει στο σκοτάδι.

Ο Θεός έστειλε τον μοναδικό Του Υιό, τον Ιησού Χριστό, σ' αυτό τον κόσμο, και επέτρεψε να Τον κοροϊδεύουν και να Τον σταυρώσουν τα ίδια Του τα πλάσματα. Ο Ιησούς γνώριζε τον λόγο που ο Θεός αγνόησε τον Υιό Του, αλλά το πλήθος που Τον σταύρωσε δεν γνώριζε το θέλημα του Θεού. Φώναξε, «Ηλί Ηλί λαμά σαβαχθανί;» για να επιτρέψει στους αμαθείς να καταλάβουν την αγάπη του Θεού και να μετανοήσουν, ώστε να επιστρέψουν στον δρόμο της σωτηρίας.

Διψάω

Στην Παλαιά Διαθήκη, υπάρχουν αναρίθμητες προφητείες για τα πάθη του Ιησού επάνω στον σταυρό. Στους Ψαλμούς, χωρίο 69:21, λέει, «*Για φαγητό μου, έδωσαν σε μένα χολή, και στη δίψα μου με πότισαν ξίδι.*» Όπως εχει προειπωθεί στους Ψαλμούς, όταν είπε ο Ιησούς «Διψάω», μούσκεψαν ένα σφουγγάρι σε ξίδι από κρασί, έβαλαν το σφουγγάρι σ' ένα κοτσάνι του φυτού ύσσωπος, και το ανέβασαν στα χείλη του Ιησού.

> *Ύστερα απ' αυτά, ο Ιησούς, γνωρίζοντας ότι όλα έχουν ήδη τελειώσει, για να εκπληρωθεί η γραφή, λέει: Διψάω. Βρισκόταν δε εκεί ένα σκεύος γεμάτο ξίδι και εκείνοι, γεμίζοντας ένα σφουγγάρι με ξίδι, αφού το έβαλαν γύρω σε μια δέσμη από ύσσωπο, το έφεραν στο στόμα του* (Κατά Ιωάννη 19:28-29).

Πολύ καιρό πριν γεννηθεί ο Ιησούς στην πόλη της Βηθλεέμ, ο ψαλμωδός είχε δει σ' ένα όραμα ότι ο Ιησούς επρόκειτο να σταυρωθεί και να πεθάνει επάνω στον σταυρό, και έγραψε πάνω σ' αυτό. Ο Ιησούς είπε, «Διψάω», για να πραγματοποιηθεί η Γραφή.

Ας συλλογισθούμε το πνευματικό νόημα του πέμπτου λόγου του Ιησού επάνω στον σταυρό, «Διψάω.»

Ο Ιησούς Δηλώνει την Πνευματική Του Δίψα

Πολλοί άνθρωποι είναι ικανοί να αντέξουν την πείνα αλλά όχι την δίψα. Ο Ιησούς ήταν τελείως εξαντλημένος, διότι ήταν καρφωμένος στον σταυρό για έξι ώρες και αιμορραγούσε κάτω από τον φλογερό ήλιο της ερήμου. Ο βαθμός της δίψας Του ήταν αφάνταστος.

Αυτό δεν σημαίνει ότι ο Ιησούς δεν μπορούσε να αντέξει την δίψα Του όταν είπε, «Διψάω.» Ήξερε ότι θα επέστρεφε στον Θεό ειρηνικά πολύ σύντομα.

Πράγματι, πονούσε περισσότερο από την πνευματική Του δίψα παρά από την σαρκική Του δίψα. Τούτη είναι η ισχυρή επιθυμία του Ιησού προς τα τέκνα του Θεού: «Διψάω, διότι έχω χύσει το αίμα Μου. Ανακουφίστε την δίψα Μου πληρώνοντας για το αίμα Μου.»

Έχουν περάσει δυο χιλιάδες χρόνια από τον θάνατο του Ιησού πάνω στον σταυρό, αλλά ακόμη μας λέει ότι διψάει. Η δίψα Του προήλθε από το χύσιμο του αίματός Του. Έχυσε το αίμα Του για να συγχωρέσει τις αμαρτίες σας και για να σας χαρίσει αιώνια ζωή.

Ο Ιησούς σάς λέει ότι διψάει για να δείξει την προθυμία Του να σώσει εκείνες τις χαμένες ψυχές. Άρα, τα τέκνα του Θεού τα οποία έχουν σωθεί από το αίμα του Ιησού πρέπει να ανταποδώσουν για το αίμα Του.

Ένας τρόπος για να ξεπληρώσετε για το αίμα Του και να σβήσετε την δίψα Του είναι να καθοδηγείτε τους ανθρώπους από το αγνωστικό μονοπάτι που πάει στην κόλαση, προς τον δρόμο για τον ουρανό.

Επομένως, πρέπει να είστε ευγνώμονες προς τον Ιησού που έχυσε το αίμα Του και να σβήσετε την δίψα Του καθοδηγώντας κόσμο προς την οδό της σωτηρίας.

Τετέλεσται

Στο Κατά Ιωάννη Ευαγγέλιο, εδάφιο 19:30, ο Ιησούς έλαβε το ποτό και είπε, «Τετέλεσται» και σκύβοντας το κεφάλι Του παρέδωσε το πνεύμα Του. Ο Ιησούς δέχθηκε το σφουγγάρι επάνω στο κοτσάνι του υσσώπου. Δεν το έκανε επειδή δεν άντεχε την δίψα Του. Υπάρχει πνευματικό νόημα στην πράξη Του.

Ο λόγος που ο Ιησούς σαρκώθηκε σε τούτη τη γη ήταν για να σταυρωθεί επάνω στον σταυρό για τις αμαρτίες της ανθρωπότητας. Με την μεγάλη αγάπη Του για εμάς, ο Ιησούς εκπλήρωσε τον νόμο της Παλαιάς Διαθήκης και εκ μέρους των ανθρώπων κουβάλησε κάθε αμαρτία και κάθε ανάθεμα. Τον καιρό της Παλαιάς Διαθήκης, όταν αμάρταιναν οι άνθρωποι, προσέφεραν στον Θεό θυσίες από αίμα ζώων. Εντούτοις, ο Ιησούς, χύνοντας το αίμα Του, έκανε μια μοναδική θυσία για τις αμαρτίες, μια για πάντα (Προς Εβραίους 10:11-12). Επομένως, οι αμαρτίες συγχωριούνται όταν δεχθείτε τον Ιησού Χριστό, αφού σας έχει ήδη λυτρώσει. Η λυτρωτική χάρη μέσω του Ιησού Χριστού αναφέρεται ως νέο κρασί, και ήπιε το ξίδι για να δώσει το νέο κρασί σ' εμάς.

Το Πνευματικό Νόημα της λέξης «Τετέλεσται»

Ο Ιησούς είπε, «Τετέλεσται» και παρέδωσε το Πνεύμα Του. Τι σημαίνει αυτό πνευματικά;

Ο Ιησούς ενσαρκώθη, ήρθε στην γη, κήρυξε το Ευαγγέλιο, γιάτρεψε κάθε αδυναμία και κάθε νόσο, και άνοιξε την οδό της σωτηρίας, κουβαλώντας τον σταυρό για όλους εκείνους που ήταν προορισμένοι για τον θάνατο.

Εκπλήρωσε τον νόμο της Παλαιάς Διαθήκης με αγάπη, καθώς θυσιάσθηκε μέχρι θανάτου. Επίσης, υπερνίκησε τον διάβολο καταστρέφοντας εντελώς το έργο του. Δηλαδή, εκπλήρωσε το θεϊκό σχέδιο για την ανθρώπινη σωτηρία. Αυτός ήταν ο λόγος που είπε ο Ιησούς, «Τετέλεσται» επάνω στον σταυρό.

Ο Θεός θέλει τα τέκνα Του να εκπληρώσουν τα πάντα ζώντας σύμφωνα με την βούληση του Θεού, όπως ο ένας και μοναδικός Υιός Του, ο Ιησούς, εκπλήρωσε όλες τις πρόνοιες της σωτηρίας υπακούοντας τον Πατερά, μέχρι το σημείο που θυσίασε την ζωή Του σύμφωνα με το θέλημα και το σχέδιο του Θεού.

Επομένως, πρώτα πρέπει να μιμείστε την καρδιά του Κυρίου σας, αποκτώντας πνευματική αγάπη: να φέρετε τους εννέα καρπούς του Αγίου Πνεύματος (Προς Γαλάτας 5:22-23) και να επιτύχετε τις Μακαριότητες (Κατά Ματθαίον 5:3-10). Μετά πρέπει να είστε πιστοί στο έργο το οποίο θα σας ορίσει ο Κύριος. Πρέπει να οδηγήσετε όσο περισσότερο κόσμο μπορείτε προς τον Κύριο μέσω της θερμής προσευχής σας, κηρύττοντας το Ευαγγέλιο, και υπηρετώντας την Εκκλησία.

Εύχομαι ότι έκαστος από εσάς, το πολύτιμο τέκνο του Θεού, θα υπερνικήσει τον κόσμο με στερεά πίστη, με ελπίδα για τον ουρανό και με αγάπη για τον Θεό, και να ομολογήσει, «Τετέλεσται» υπακούοντας τον Θεό και την βούληση Του, με τον τρόπο που μας έδειξε ο Κύριος μας, ο Ιησούς Χριστός.

Πατέρα, στα Χέρια Σου Παραδίδω το Πνεύμα Μου

Όταν εξέφρασε τα τελευταία Του λόγια επάνω στον σταυρό, ο Ιησούς ήταν τελείως εξαντλημένος. Σ' αυτή την κατάσταση, ο Ιησούς κραύγασε με δυνατή φωνή, «Πατέρα, στα Χέρια Σου Παραδίδω το Πνεύμα Μου.»

Και ο Ιησούς, αφού φώναξε με δυνατή φωνή, είπε: Πατέρα, στα χέρια σου παραδίδω το πνεύμα Μου. Και, όταν τα είπε αυτά, εξέπνευσε (Κατά Λουκά 23:46)

Πιθανώς να παρατηρήσετε ότι ο Ιησούς αποκάλεσε τον Θεό «Πατέρα» αντί «Θεέ Μου.» Αυτό υποδεικνύει ότι τώρα ο Ιησούς συμπλήρωσε την αποστολή Του ως θυσία εξιλέωσης.

Ο Ιησούς Παρέδωσε το Πνεύμα Του και την Ψυχή Του στον Θεό

Για ποιο λόγο, ο Ιησούς που ήρθε στην γη ως Σωτήρας μας, παρέδωσε το πνεύμα Του και την ψυχή Του στα χέρια του Πατέρα Του;

Ο άνθρωπος αποτελείται από πνεύμα, ψυχή, και σώμα (Προς Θεσσαλονικείς Α' 5:23). Όταν πεθαίνει, το πνεύμα του και η ψυχή του εγκαταλείπουν το σώμα του. Το πνεύμα του και η ψυχή του θα γυρίσουν στο πλευρό του Θεού αν είναι τέκνο του Θεού. Αλλιώς, το πνεύμα και η ψυχή του θα πάνε στην κόλαση (Κατά Λουκά 16:19-31). Το σώμα του θάβεται και επιστρέφει στο χώμα.

Ο Ιησούς, ο Υιός του Θεού, ενσαρκώθηκε και ήρθε σε τούτο τον κόσμο. Είχε πνεύμα, ψυχή και σώμα όπως έχουμε κι εμείς. Καθώς σταυρώθηκε, πέθανε το σώμα Του αλλά όχι το πνεύμα Του, ούτε η ψυχή Του. Παρέδωσε το πνεύμα Του και την ψυχή Του στα χέρια του Θεού.

Ο Θεός λαμβάνει το πνεύμα και την ψυχή σας όταν πεθαίνετε. Αν λάβει ο Θεός μόνο το πνεύμα σας, δίχως την ψυχή σας, δεν θα δοκιμάσετε αληθινή ευτυχία στον ουρανό, ούτε θα νιώθετε ευγνωμοσύνη από τα βάθη της καρδιάς σας. Γιατί; Δεν θα θυμόσαστε τα πράγματα που εξέρχονται από την ψυχή σας όπως τα δάκρυα, την θλίψη, τα πάθη και αλλά πράγματα τα οποία αντέξατε επί αυτής της γης. Αυτός είναι ο λόγος που ο Θεός λαμβάνει το πνεύμα μαζί με την ψυχή σας.

Γιατί, τότε, παρέδωσε ο Ιησούς το πνεύμα Του και την ψυχή Του στον Θεό; Αυτό συνέβη επειδή ο Θεός είναι ο Δημιουργός, ο οποίος κυβερνά τα πάντα στην οικουμένη και φροντίζει την ζωή, τον θάνατο, το ανάθεμα, και την ευλογία σας. Δηλαδή, όλα ανήκουν στον Θεό και βρίσκονται υπό της κυριαρχίας Του. Ο Θεός είναι ο μόνος που απαντά στις προσευχές σας. Άρα, ακόμα και ο Ιησούς είχε ανάγκη να προσευχηθεί για να παραδώσει το πνεύμα και την ψυχή Του στον Πατέρα Θεό (Κατά Ματθαίον 10:29-31).

Ο Ιησούς Προσευχήθηκε με Δυνατή Φωνή

Γιατί προσευχήθηκε με τέτοια δυνατή φωνή ο Ιησούς ενώ βρισκόταν στην μέση μεγάλου μαρτυρίου, λέγοντας, «Πατέρα, Στα Χέρια Σου Παραδίδω το Πνεύμα Μου»;

Αυτό οφείλεται στο ότι ήθελε να ακούσει ο κόσμος, και για να μάθουν ότι η προσευχή με δυνατή φωνή είναι θέλημα του Θεού. Η προσευχή Του όταν παρέδωσε το πνεύμα Του στον Θεό ήταν τόσο ειλικρινής όσο ήταν κι η προσευχή του στην Γεθσημανή λίγη ώρα πριν την αιχμαλωσία Του.

Επίσης, η προσευχή του Ιησού, «Πατέρα, στα Χέρια Σου Παραδίδω το Πνεύμα Μου» αποδεικνύει ότι ο Ιησούς εκπλήρωσε τα πάντα σύμφωνα με το θέλημα του Θεού. Δηλαδή, τώρα δικαιούταν να παραδώσει το πνεύμα Του στον Θεό με περηφάνια, εφόσον είχε τελειώσει το έργο Του με πλήρη ευπείθεια στον Θεό.

Ο απόστολος Παύλος εξομολογήθηκε, *«Τον αγώνα τον καλό αγωνίστηκα, τον δρόμο τελείωσα, την πίστη διατήρησα· τώρα, πλέον, μου απομένει το στεφάνι της δικαιοσύνης, το οποίο ο Κύριος θα μου αποδώσει κατά την ημέρα εκείνη, ο δίκαιος κριτής· και όχι μονάχα σε μένα, αλλά και σε όλους όσους επιποθούν την επιφάνειά του»* (Προς Τιμόθεον Β' 4:7-8).

Ο διάκονος Στέφανος ζούσε και αυτός σύμφωνα με την βούληση του Θεού και διατηρούσε την πίστη. Γι' αυτό τον λόγο δικαιούταν να προσευχηθεί, *«Κύριε Ιησού, λάβε το πνεύμα μου»* καθώς πήρε την τελευταία του πνοή (Πράξεις 7:59). Ο απόστολος Παύλος και ο Στέφανος δεν θα δικαιούντο να προσεύχονται κατ' αυτόν τον τρόπο αν είχαν ζήσει εγκόσμιες ζωές, επιδιώκοντας τις ηδονές που προέρχονται από την αμαρτωλή φύση.

Παρομοίως, και εσείς θα μπορέσετε να πείτε, «Τετέλεσται» και «Πατέρα, στα χέρια Σου παραδίδω το πνεύμα Μου» όπως έκανε ο Ιησούς, όταν θα έχετε ζήσει μόνο σύμφωνα με την βούληση του Πατέρα Θεού.

Τι Έγινε Μετά τον Θάνατο του Ιησού;

Ο Ιησούς πέθανε επάνω στον σταυρό αφού άφησε τα τελευταία Του λόγια με δυνατή φωνή. Ηταν η ενάτη ώρα (τρεις το απόγευμα). Παρόλο που ήταν ημέρα, το σκοτάδι κάλυψε όλη την χώρα από την έκτη (μεσημέρι) μέχρι την ενάτη ώρα, και το καταπέτασμα του ναού χωρίσθηκε στα δυο (Κατά Λουκά 23:44-45).

> *Και ξάφνου, το καταπέτασμα του ναού σχίστηκε στα δύο, από επάνω μέχρι κάτω και η γη σείστηκε, και οι πέτρες σχίστηκαν, και τα μνήματα άνοιξαν, και πολλά σώματα αγίων που είχαν πεθάνει αναστήθηκαν κι αφού βγήκαν από τα μνήματα ύστερα από την ανάστασή του, μπήκαν μέσα στην άγια πόλη, και εμφανίστηκαν σε πολλούς* (Κατά Ματθαίον 27:51-53).

Υπάρχει πολύ σημαντικό πνευματικό νόημα στην φράση, «το καταπέτασμα του ναού σκίσθηκε στα δυο από πάνω μέχρι κάτω.» Η μακριά κουρτίνα του ναού έπρεπε να διαιρεί το Αδυτο από τα Αγία των Αγίων. Κανείς δεν είχε δικαίωμα να εισέλθει στο Αδυτο εκτός από τον ιερέα, και μόνο ο αρχιερέας είχε δικαίωμα να εισέρχεται στα Αγία των Αγίων μια φορά τον χρόνο.

Το σχίσιμο της κουρτίνας του ναού δείχνει ότι ο Ιησούς προσέφερε τον Εαυτό Του ως θυσία ειρήνης για να γκρεμισθεί το τείχος της αμαρτίας. Πριν σχισθεί στα δυο η κουρτίνα, ο αρχιερέας έδινε αφιερώματα της αμαρτίας εκ μέρους των ανθρώπων και μεσολαβούσε γι αυτούς στον Θεό.

Μπορείτε να έχετε άμεση σχέση με τον Θεό επειδή το τείχος της ανομίας εχει γκρεμισθεί μέσω του θανάτου του Ιησού. Δηλαδή, οποίος πιστεύει στον Ιησού Χριστό μπορεί να μπει στο ιερό και να λατρέψει και να προσευχηθεί στον Θεό δίχως την μεσολάβηση αρχιερέα ή προφήτη.

Επομένως, ο συγγραφεύς της Προς Εβραίους Επιστολής παρατηρεί, «*Έχοντας, λοιπόν, αδελφοί, την παρρησία να μπούμε μέσα στα άγια, διαμέσου του αίματος του Ιησού, μέσα από έναν νέο και ζωντανό δρόμο, τον οποίο καθιέρωσε σε μας διαμέσου του καταπετάσματος, δηλαδή, της σάρκας του*» (Προς Εβραίους 10:19-20).

Επιπροσθέτως, η γη κουνήθηκε και οι πέτρες σχίσθηκαν. Ολα αυτά τα αφύσικα γεγονότα σας λένε ότι ολόκληρη η φύση τούτου του κόσμου τραντάχτηκε. Ηταν αντιπροσώπευση της λύπης του Θεού την οποία προκάλεσε η κακία του ανθρώπου. Ο Θεός εξέφρασε ότι πληγώθηκε βαθειά επειδή η καρδιά των ανθρώπων ήταν τόσο σκληρή που δεν μπορούσε να δεχτεί τον Ιησού Χριστό, αν και είχε παραδώσει τον μονογενή Του Υιό για να τους σώσει.

Οι τάφοι άνοιξαν και τα σώματα πολλών Αγίων ανθρώπων που είχαν πεθάνει ξαναζωντάνεψαν. Είναι η απόδειξη της ανάστασης ότι οποίος πιστέψει στον Ιησού Χριστό συγχωρείται και ζει πάλι.

Επομένως, εύχομαι να καταλαβαίνετε την πνευματική έννοια και την αγάπη του Κυρίου στα τελευταία εφτά λόγια Του επί του σταυρού, ώστε να μπορέσετε να ζήσετε νικηφόρα Χριστιανική ζωή λαχταρώντας την παρουσία του Κυρίου, όπως έκαναν και οι πρόγονοι της πίστης.

Κεφάλαιο 8

Αληθινή Πίστη και Αιώνια Ζωή

- Τι Μεγάλο Μυστήριο που Είναι!
- Οι Ψευδείς Ομολογίες Δεν Οδηγούν στην Σωτηρία
- Η Σάρκα και το Αίμα του Υιού του Ανθρώπου
- Συγχώρεση Μόνο όταν Περπατούμε στο Φως
- Η Πίστη που Συνοδεύεται Με Πράξη Είναι Αληθινή Πίστη

Το Μήνυμα του Σταυρού

Όποιος τρώει τη σάρκα μου, και πίνει το αίμα μου, έχει αιώνια ζωή, και εγώ θα τον αναστήσω κατά την έσχατη ημέρα. Επειδή, η σάρκα μου, αληθινά, είναι τροφή, και το αίμα μου, αληθινά, είναι πόση. Όποιος τρώει τη σάρκα μου, και πίνει το αίμα μου, μένει σε ενότητα με μένα και εγώ σε ενότητα μ' αυτόν. Όπως με απέστειλε ο Πατέρας που ζει, και εγώ ζω για τον Πατέρα, έτσι και όποιος με τρώει, θα ζήσει και εκείνος για μένα.

Κατά Ιωάννην 6:54-57

Ο απώτατος σκοπός της πίστης στον Ιησού Χριστό και της παρουσίας μας στην εκκλησία είναι για να σωθούμε και για να αποκτήσουμε αιώνια ζωή. Κι όμως, πολλοί άνθρωποι νομίζουν ότι θα σωθούν μόνο επειδή έρχονται στην εκκλησία την Κυριακή και επειδή ισχυρίζονται ότι πιστεύουν στον Ιησού Χριστό, δίχως να ζουν σύμφωνα με τον λόγο του Θεού.

Βέβαια, όπως αναφέρεται και στην Προς Γαλάτας, εδάφιο 2:16, *«ξέροντας ότι δεν ανακηρύσσεται δίκαιος ο άνθρωπος από τα έργα του νόμου, παρά μονάχα διαμέσου της πίστης του Ιησού Χριστού, κι εμείς πιστέψαμε στον Ιησού Χριστό, για να ανακηρυχθούμε δίκαιοι από την πίστη στον Χριστό, και όχι από τα έργα του νόμου· επειδή, από τα έργα του νόμου δεν θα ανακηρυχθεί δίκαιος κανένας άνθρωπος,»* δεν μπορείτε να εισέλθετε στον παράδεισο ή να δικαιωθείτε μόνο επειδή τηρείτε τον νόμο φαινομενικά, προπαντός αν η καρδιά σας είναι γεμάτη πονηράδα. Δεν έχετε καμία σχέση με τον Ιησού Χριστό, αν εξακολουθείτε να διαπράττετε αμαρτίες και αν, έχοντας μάθει τον λόγο του Θεού, δεν τον ακολουθείτε.

Επομένως, πρέπει να αντιληφθείτε ότι είναι δύσκολο να σωθείτε μόνο επειδή δηλώνετε με τα χείλη σας ότι πιστεύετε. Το αίμα του Ιησού Χριστού σάς καθαρίζει από τις αμαρτίες σας για να σας σώσει, μοναχά όταν περπατάτε στο φως και ζείτε στην αλήθεια. Πρέπει να έχετε γνήσια πίστη συνοδευμένη με πράξεις (Α΄ Επιστολή Ιωάννη

1:5-7).

Τώρα, ας αναλογιστούμε με λεπτομέρεια πώς να έχουμε αληθινή πίστη, ώστε να δεχτούμε πλήρη σωτηρία και αιώνια ζωή ως γνήσια τέκνα του Θεού.

Τι Μεγάλο Μυστήριο που Είναι!

Στην Προς Εφεσίους 5:31-32 αναφέρεται, *«Γι' αυτό, ο άνθρωπος θα αφήσει τον πατέρα του και τη μητέρα, και θα προσκολληθεί στη γυναίκα του, και θα είναι οι δύο σε μία σάρκα. Τούτο το μυστήριο είναι μεγάλο· εγώ, δε, το λέω αυτό για τον Χριστό και για την εκκλησία.»*

Είναι κοινή λογική ότι όταν μεγαλώσουν, οι άνθρωποι φεύγουν από τους γονείς τους και ενώνονται με τον άνδρα ή την γυναίκα τους. Γιατί, τότε, είπε ο Θεός ότι αυτό είναι μεγάλο μυστήριο; Αν ερμηνεύσετε και καταλάβετε αυτόν τον στίχο κυριολεκτικά, δεν θα γνωρίζατε τι είναι αυτό το «μεγάλο μυστήριο», ενώ αν συνειδητοποιήσετε το πνευματικό νόημα πίσω από αυτόν, θα νιώσετε μεγάλη χαρά.

Η «εκκλησία» εδώ είναι αναφορά στα τέκνα του Θεού τα οποία έχουν λάβει το Άγιο Πνεύμα. Δηλαδή, ο Θεός συνέκρινε τη σχέση μεταξύ του Ιησού Χριστού και των πιστών με αυτήν μεταξύ ενός άνδρα και μιας γυναίκας που ενώνονται.

Πώς μπορείτε να φύγετε από τον κόσμο και να ενωθείτε με τον Νυμφίο σας, τον Ιησού Χριστό;

Αν Δεχθείτε τον Ιησού Χριστό από Πίστη

Αφότου ο πρώτος άνθρωπος, ο Αδάμ, διέπραξε αμαρτία παρακούοντας τον Θεό, ήρθε η αμαρτία σ' αυτό τον κόσμο. Όλοι οι απόγονοί του έγιναν δούλοι της αμαρτίας και τέκνα του εχθρού διαβόλου, ο οποίος επικρατεί σ' αυτόν τον κόσμο.

Εσείς προηγουμένως ανήκατε σ' αυτόν τον κόσμο και στον εχθρό τον διάβολο, ο οποίος εξουσιάζει αυτόν τον κόσμο του σκότους, πριν δεχθείτε τον Ιησού Χριστό. Αυτό εχει επιβεβαιωθεί από τον Ιωάννη στο εδάφιο 8:44, το οποίο αναφέρει *«Εσείς είστε από τον πατέρα τον διάβολο, και θέλετε να κάνετε τις επιθυμίες του πατέρα σας. Εκείνος ήταν εξαρχής ανθρωποκτόνος, και δεν μένει στην αλήθεια· επειδή, αλήθεια δεν υπάρχει σ' αυτόν. Όταν μιλάει το ψέμα, μιλάει από τα δικά του· επειδή, είναι ψεύτης, και ο πατέρας του ίδιου του ψεύδους»* και από την Α' Επιστολή του Ιωάννη, εδάφιο 3:8, το οποίο λέει, *«Αυτός που πράττει την αμαρτία είναι από τον διάβολο, επειδή ο διάβολος απαρχής αμαρτάνει.»*

Κι όμως, όταν δεχθείτε τον Ιησού Χριστό ως Σωτήρα σας κι έρχεσθε στο φως, λαμβάνετε την εξουσία η οποία ανήκει στα τέκνα του Θεού, και απελευθερώνεστε από την αμαρτία, διότι οι αμαρτίες σας συγχωρούνται με το αίμα του Ιησού Χριστού.

Αν πιστεύετε ότι ο Ιησούς Χριστός όντως σας εχει λυτρώσει από τις αμαρτίες σας παίρνοντας τον σταυρό Του, ο Θεός σάς χορηγεί το Αγιο Πνεύμα ως χάρισμα, και το Αγιο Πνεύμα γεννάει το πνεύμα μέσα στην καρδιά σας. Το Αγιο Πνεύμα σάς λέει και σας διδάσκει την βουλή του Θεού για να συμπεριφέρεσθε σωστά και να ζείτε εντός της αλήθειας.

Τότε γίνεστε παιδί του Θεού καθοδηγούμενο από το Αγιο

Πνεύμα, και τον φωνάζετε, *«Αββά Πατέρα»* (Προς Ρωμαίους 8:14-15), και κληρονομείτε την βασιλεία των ουρανών.

Πόσο υπέροχο και μυστήριο είναι όταν τα παιδιά του διαβόλου, τα οποία κάποτε ήταν αναγκασμένα να πέσουν μέσα στον αιώνιο θάνατο, έχουν γίνει παιδιά του Θεού, τα οποία οδηγούνται στον παράδεισο μέσω της πίστης.

Οταν ενώνεστε με τον Ιησού Χριστό μέσω της πίστης σας σε Αυτόν, το Αγιο Πνεύμα έρχεται μέσα στην καρδιά σας και ενώνεται με τον σπόρο της ζωής. Ο Θεός δημιούργησε τον πρώτο άνθρωπο από το χώμα και φύσηξε μες τα ρουθούνια του την πνοή της ζωής. Η πνοή της ζωής είναι ο σπόρος της ζωής, η ζωή η ίδια. Επομένως, ποτέ δεν μπορεί να πεθάνει, και εχει κληροδοτηθεί στους απογόνους μέσω του σπέρματος και των ωαρίων των ανθρωπίνων όντων από την μια γενεά στην άλλη.

Η καρδιά τυλίγει τον σπόρο της ζωής. Οταν ποίησε ο Θεός τον Αδάμ, φύτεψε την γνώση της ζωής, την γνώση του Πνεύματος στην καρδιά του. Οπως το νεογέννητο μωρό πρέπει να μάθει τη γνώση αυτού του κόσμου για να γίνει άνθρωπος πολιτισμένος και με χαρακτήρα, και για να ζει ως ανθρώπινο ον, ένα ζωντανό ον χρειάζεται γνώσεις για την ζωή για να γίνει αληθινό ον, αν και είναι ήδη η ίδια η ζωή.

Ο Αδάμ κάποτε είχε γεμισθεί μόνο με τις γνώσεις του Πνεύματος, μ' αλλά λόγια με την αλήθεια. Κι όμως, μόλις παράκουσε τον Θεό, η επικοινωνία μαζί Του αποσυνδέθηκε. Τότε άρχισε να χάνει τη γνώση του Πνεύματος σιγά – σιγά, και την αντικατέστησε η αναλήθεια μέσα στην καρδιά του.

Από τότε και στο εξής, η καρδιά η οποία ήταν κάποτε γεμάτη μόνο με αλήθεια, κατέληξε να είναι γεμάτη με δυο μέρη: την αλήθεια και την αναλήθεια. Φερ' ειπείν, ο Αδάμ είχε αγάπη στην καρδιά του, αλλά ο εχθρός ο διάβολος φύτεψε μέσα του μια αναλήθεια η οποία λέγεται μίσος. Συνεπώς, όπως βλέπετε στη Γένεση, στο κεφάλαιο 4, ο Κάιν, τον οποίον γέννησε ο Αδάμ αφού είχε ήδη γίνει ο ίδιος αμαρτωλός, δολοφόνησε τον αδελφό του τον Αβελ εξαιτίας του μίσους και του φθόνου.

Με το πέρασμα του χρόνου, άρχισε να αναπτύσσεται ένα άλλο κομμάτι μες την καρδιά, η οποία ήταν ήδη γεμάτη από αλήθεια και αναλήθεια. Αυτό το κομμάτι λέγεται «φύση.» Κληρονομήσατε τα χαρακτηριστικά και τις ιδιότητες από τους γονείς σας. Εισάγεται μέσα στο νου σας όλα όσα βλέπετε, ακούτε και μαθαίνετε μαζί με τα αισθήματα σας. Αυτά τα δυο σχηματίζουν την «φύση» κατά την επιδίωξη της αλήθειας.

Η φύση αυτή συχνά λέγεται και «συνείδηση», και σχηματίζεται πολύ διαφορετικά, ανάλογα με το είδος των ανθρώπων που συναντάτε, το είδος των βιβλίων που διαβάζετε, και από τις συνθήκες εντός των οποίων ανατρέφεσθε. Παραδείγματος χάριν, κοιτάζοντας το ίδιο συμβάν ή το ίδιο άτομο, μερικοί ίσως πουν «είναι κακόηθες», ενώ άλλοι ίσως πουν «είναι αγαθό» ή ότι «ανήκει στην αγαθοσύνη.»

Επομένως, όταν αναλύετε την καρδιά κάποιου, υπάρχει το αληθινό μέρος το οποίο ανήκει στον Θεό, το αναληθές μέρος το οποίο δόθηκε από τον Σατανά, και η φύση του ατόμου η οποία σχηματίσθηκε ως συνέπεια αυτών των δυο τμημάτων.

Το Άγιο Πνεύμα Ενωμένο Με τον Σπόρο της Ζωής στην Καρδιά

Στην υπόθεση του Αδάμ, αυτά τα τρία μέρη περιτύλιγαν τον

σπόρο της ζωής, ο οποίος είχε δοθεί στην καρδιά από τον Θεό. Αυτή η κατάσταση συνέβη όταν ο λόγος του Θεού «Σίγουρα θα πεθάνετε» εκπληρώθηκε, αφού έφαγε ο Αδάμ από τον δέντρο της γνώσης του καλού και του κακού. Παρόλο που υπάρχει ο σπόρος της ζωής, αν δεν λειτουργεί, η θέση που βρίσκεστε δεν είναι καλύτερη από το να είστε νεκροί.

Λόγου χάριν, όταν σπέρνετε σπόρους στον αγρό, δεν βλαστάνουν όλοι οι σπόροι, διότι μερικοί είναι ήδη νεκροί. Όμως, αν είναι οι σπόροι ζωντανοί, σίγουρα θα βλαστήσουν.

Το ίδιο συμβαίνει και με τα ανθρώπινα όντα. Αν ο σπόρος της ζωής τον οποίον έδωσε ο Θεός ήταν τελείως νεκρός, δεν θα μπορούσε να αναβιώσει, και δεν θα υπήρχε ανάγκη να προετοιμάσει ο Θεός τον Ιησού Χριστό για την σωτηρία της ανθρωπότητας ή να πλάσει τον ουρανό και την κόλαση.

Εντούτοις, ο σπόρος της ζωής τον οποίον έδωσε στον άνθρωπο ο Θεός, όταν φύσηξε την πνοή της ζωής μέσα του, είναι άφθαρτος. Όταν λάβετε το Ευαγγέλιο, ο σπόρος της ζωής αναζωογονείται: όσο πιο μεγάλο είναι το αληθινό κομμάτι στην καρδιά σας, τόσο πιο εύκολα μπορείτε να δεχθείτε το Ευαγγέλιο. Οποιος ακούει το μήνυμα του Σταυρού και δέχεται τον Ιησού Χριστό, λαμβάνει το Άγιο Πνεύμα. Τότε, ο σπόρος της ζωής μέσα στην καρδιά σας ενώνεται με το Άγιο Πνεύμα.

Απεναντίας, οι έχοντες συνείδηση καυτηριασμένη σαν από ζεστό σίδερο, δεν έχουν χώρο για να μπει το Ευαγγέλιο, διότι η καρδιά της αναλήθειας περιτυλίγει και κρύβει τελείως τον σπόρο της ζωής μέσα στην καρδιά τους. Ο σπόρος της ζωής, που βρισκόταν σε κατάσταση θανάτου, αποκτά τη δύναμη για να εκτελέσει την λειτουργία του, όταν συνδέεται με την τρανή δύναμη του Θεού, το

Άγιο Πνεύμα.

Για να Γίνετε Άνθρωποι του Πνεύματος

Ενώ παρευρίσκεσθε στην λειτουργία, και καταλαβαίνετε τον Λόγο του Θεού, και προσεύχεσθε, η χάρη και η ισχυρή δύναμη του Θεού σάς καταλαμβάνουν και σας επιτρέπουν να ακολουθήσετε την φύση του Αγίου Πνεύματος.

Μέσω αυτής της διαδικασίας, η καρδιά σας και το πνεύμα σας γίνονται ένα, καθώς η καρδιά σας γίνεται όλο και πιο αληθινή, αφού αφαιρείτε την αναλήθεια και την γεμίζετε με την αλήθεια. Αν η καρδιά κάποιου γεμίσει εντελώς με τη γνώση του Πνεύματος και της αλήθειας, η καρδιά αυτή γίνεται πνεύμα η ίδια, όπως ήταν και ο πρώτος άνθρωπος, ο Αδάμ.

Έστω κι αν φαίνεστε πιστοί, θα φέρεσθε ανάλογα με την φύση σας αν δεν προσεύχεσθε. Το Άγιο Πνεύμα μέσα σας δεν θα μπορεί να γεννήσει πνεύμα, και θα εξακολουθείτε να είστε άνθρωποι της σάρκας. Επιπλέον, δεν θα είστε ικανοί να ακολουθήσετε την φύση του Αγίου Πνεύματος αν δεν γκρεμίσετε τις δικές σας σκέψεις και αντιλογίες, έστω κι αν προσεύχεσθε πολύ επιμελώς ή για πολλή ώρα. Επομένως, δεν θα μπορείτε να μεταμορφωθείτε σε άνθρωπο του Πνεύματος.

Το Άγιο Πνεύμα σάς δίνει την ικανότητα να σκέφτεστε σύμφωνα με την αλήθεια μέσα στην καρδιά σας. Δηλαδή, ζείτε με βάση τις επιθυμίες του Αγίου Πνεύματος. Αναλόγως, ο Σατανάς λειτουργεί κατά τον ίδιο τρόπο για να σας οδηγήσει προς την οδό της καταστροφής, επηρεάζοντάς σας για να ακολουθείτε τις σαρκικές σκέψεις, όσο συνεχίζετε να έχετε την αναλήθεια στην καρδιά σας.

Άρα, πρέπει να ξεφορτωθείτε τις σαρκικές σκέψεις και την

αυταρέσκεια, όπως αναφέρεται στην Προς Κορινθίους Β' Επιστολή, εδάφιο 10:5, *«καθαιρούμε λογισμούς, και κάθε ύψωμα, που αλαζονικά υψώνεται ενάντια στη γνώση του Θεού, και αιχμαλωτίζουμε κάθε νόημα στην υπακοή του Χριστού.»*

Οταν σέβεστε τον Λόγο του Θεού, λέγοντας «Ναι», και ακολουθείτε την επιθυμία του Αγίου Πνεύματος, η καρδιά σας θα μπορεί να γεμίζει μόνο με αλήθεια, και τότε θα μπορέσετε να γίνετε ένας τελείως καθαγιασμένος άνθρωπος του Πνεύματος.

Μπορείτε να Λάβετε Ό,τι Ζητήσετε

Γίνεστε ένα με τον Κύριο όταν αποβάλετε όλη την αναλήθεια και όταν γκρεμίσετε την «αυταρέσκεια» γεννώντας το πνεύμα με το Αγιο Πνεύμα, και κάνοντας την καρδιά σας τόσο αγνή όσο του Κυρίου Ιησού Χριστού.

Ενας άνδρας και μια γυναίκα γίνονται σάρκα μια και γεννούν ένα βρέφος με την ένωση του σπέρματος και του ωαρίου. Παρομοίως, όταν εξέρχεστε από τον κόσμο και γίνεστε ένα με τον Ιησού Χριστό, τον νυμφίο σας, εφόσον Τον δέχεσθε, θα γεννήσετε το πνεύμα με το Αγιο Πνεύμα και θα λάβετε άφθονα την ευλογία που θα σας κάνει τέκνο του Θεού.

Οπως αναφέρεται στην Προς Ρωμαίους Επιστολή, 12:3, υπάρχουν μέτρα πίστης, και λαμβάνετε απαντήσεις ανάλογα μ' αυτά τα μέτρα. Στην Ιωάννου Α', εδάφιο 2:12 και εξής, η ανάπτυξη της πίστης συγκρίνεται με την διαδικασία της ανάπτυξης των ανθρωπίνων όντων.

Οσοι δέχονται τον Ιησού Χριστό, λαμβάνουν το Αγιο Πνεύμα και σώζονται, έχουν την πίστη μικρών παιδιών (Ιωάννου Α', 2:12).

Όσοι προσπαθούν να εφαρμόσουν την αλήθεια στην πράξη έχουν την πίστη παιδιών (Ιωάννου Α' 2:13). Όταν μεγαλώσουν περισσότερο και περάσουν αυτό το στάδιο, και πράγματι αρχίσουν να εφαρμόζουν την αλήθεια στην πράξη, κατέχουν την πίστη νέων (Ιωάννου Α' 2:13). Αν αναπτυχθούν πιο πολύ, αποκτούν την πίστη πατέρων (Ιωάννου Α' 2:13).

Όταν διαβάσετε για τον Ιώβ από την Παλαιά Διαθήκη, ο Θεός τον αναγνώριζε ως άμεμπτο και ορθό άνθρωπο, αλλά όταν τον προκάλεσε ο Σατανάς, ο Θεός επέτρεψε τον Σατανά να δοκιμάσει τον Ιώβ. Αρχικά, ο Ιώβ επέμενε ότι ήταν δίκαιος. Ωστόσο, σύντομα συνειδητοποίησε την πονηράδα του και μετανόησε ενώπιον του Θεού, όταν εκτέθηκε η κακοήθεια της φύσης του από την δοκιμασία. Η αυταρέσκεια του Ιώβ γκρεμίσθηκε, και η καρδιά του έγινε δίκαια και αγνή εν όψει του Θεού. Μόνο τότε μπόρεσε ο Θεός να τον ευλογήσει δυο φορές πιο άφθονα από πριν.

Παρομοίως, αν αποκτήσετε το μέτρο της πίστης του Πατέρα, το οποίο είναι το ανώτερο στάδιο πίστης, γκρεμίζοντας την αυταρέσκειά σας και γινόμενοι ένα με τον Κύριο, θα μπορέσετε να λάβετε άφθονες ευλογίες ως τέκνο του Θεού. Αυτό σας έχει υποσχεθεί ο Θεός στην Ιωάννου Α' 3:21-22: «*Αγαπητοί, αν η καρδιά μας δεν μας κατακρίνει, έχουμε παρρησία προς τον Θεό και ό,τι αν ζητάμε το παίρνουμε απ' αυτόν, επειδή τηρούμε τις εντολές του και πράττουμε τα αρεστά μπροστά του.*»

Μπορείτε να Απολαύσετε Ευλογίες ως Τέκνο του Θεού

Μ' αυτό τον τρόπο, γίνεστε ένα με τον Ιησού Χριστό μέχρι του σημείου να γίνετε πνευματικοί άνθρωποι. Λαμβάνετε επίσης και την ευλογία που σας κάνει ένα με τον Θεό, όσο επιτυγχάνετε την δικαιοσύνη του Θεού.

Στο Κατά Ιωάννην, εδάφιο 15:7, ο Ιησούς σάς υποσχέθηκε ότι, *«Αν μείνετε ενωμένοι μαζί μου, και τα λόγια μου μείνουν μέσα σας, θα ζητάτε ό,τι αν θέλετε, και θα γίνει σε σας.»* Επίσης, στο Κατά Ιωάννην 17:21, μας είπε, *«για να είναι όλοι ένα· όπως εσύ, Πατέρα, είσαι σε ενότητα με μένα και εγώ σε ενότητα με σένα, να είναι κι αυτοί ένα σε ενότητα με μας· για να πιστέψει ο κόσμος ότι εσύ με απέστειλες.»*

Παρομοίως, αν είστε ενωμένοι με τον Κύριο, έχοντας εξέλθει από τούτο τον κόσμο ο οποίος κυβερνάται από την δύναμη του σκοταδιού του διαβόλου, γίνεστε ένα με τον Πατέρα σας, τον Θεό. Περί αυτού, στην Προς Γαλάτας Επιστολή, εδάφιο 4:4-7 αναφέρονται τα επακόλουθα:

> *Όταν, όμως, ήρθε το πλήρωμα του χρόνου, ο Θεός εξαπέστειλε τον Υιό του, ο οποίος γεννήθηκε από γυναίκα και υποτάχθηκε στον νόμο για να εξαγοράσει αυτούς που ήσαν κάτω από τον νόμο, ώστε να λάβουμε την υιοθεσία. Και επειδή είστε γιοι, ο Θεός έστειλε το Πνεύμα του Υιού του στις καρδιές σας, το οποίο κράζει: Αββά, Πατέρα. Ώστε, δεν είσαι πλέον δούλος, αλλά γιος αν, όμως, είσαι γιος, είσαι και κληρονόμος του Θεού διαμέσου του Χριστού.*

Με τον τρόπο που οι άνθρωποι κληρονομούν αποκτήματα από τους γονείς τους, έτσι κι εσείς κληρονομείτε την βασιλεία του Θεού, όταν, αποδέχεστε τον Ιησού Χριστό και γίνεστε Άγιο τέκνο Του.

Δηλαδή, τα τέκνα του διαβόλου κληρονομούν την κόλαση από τον διάβολο, και τα τέκνα του Θεού κληρονομούν τον ουρανό από τον Θεό.

Ωστόσο, πρέπει να έχετε υπόψη σας ότι όσοι δεν γεννούν πνεύμα με το Άγιο Πνεύμα πρέπει να πάνε στην κόλαση, διότι ο ουρανός είναι αγνός τόπος, γεμάτος μοναχά με αλήθεια. Μέχρι του σημείου που ευημερεί το πνεύμα σας και γίνεται ένα με τον Θεό, σας χαρίζεται η δόξα του να κατοικείτε πιο κοντά στον Θεό, στον ουρανό.

Άρα, εύχομαι να λάβετε την ευλογία της αιώνιας ζωής αποδεχόμενοι τον Ιησού Χριστό, τον νυμφίο σας, και να γίνετε ένα με τον Κύριο τον Ιησού και με τον Πατέρα Θεό, απορρίπτοντας όλη την αναλήθεια και την αλαζονεία. Έτσι, θα μπορείτε να δώσετε όλη την δόξα στον Θεό.

Οι Ψευδείς Ομολογίες Δεν Οδηγούν στην Σωτηρία

Ο Ιησούς Χριστός γίνεται ο αληθινός νυμφίος σας που σας οδηγεί στην οδό της αιώνιας ζωής και στην ευλογία, όταν ενώνεστε μαζί Του μέσω της πίστης. Αν μοιάζετε στην καρδιά με τον Ιησού Χριστό, τον νυμφίο σας, και αποκτήσετε τέλεια πίστη, δεν θα κληρονομήσετε μόνο την βασιλεία του ουρανού, αλλά θα λάμπετε σαν τον ήλιο εκεί.

Όταν διαβάζετε την Βίβλο προσεχτικά, βρίσκετε ότι ορισμένοι άνθρωποι που ισχυρίζονται ότι πιστεύουν στον Θεό, δεν έχουν σωθεί. Στο Κατά Ματθαίον κεφ. 25, υπάρχει μια παραβολή για δέκα παρθένες. Οι πέντε συνετές παρθένες, οι οποίες είχαν προετοιμάσει λάδι, σώθηκαν, αλλά οι άλλες πέντε ασύνετες παρθένες δεν μπόρεσαν να σωθούν.

Παρομοίως, ο Θεός σάς λέει καθαρά στην Βίβλο ποιος μπορεί και ποιος δεν μπορεί να σωθεί, ασχέτως αν όλοι ισχυρίζονται ότι έχουν πίστη. Ετσι θα γνωρίζετε τι είδους ζωή πρέπει να ζήσετε για να σωθείτε.

Στο Κατά Ματθαίον 7:21 λέει καθαρά, *«Δεν θα μπει μέσα στη βασιλεία των ουρανών καθένας που λέει σε μένα: Κύριε, Κύριε· αλλ' αυτός που πράττει το θέλημα του Πατέρα μου, ο οποίος είναι στους ουρανούς.»* Αν αποκαλείτε τον Ιησού *«Κύριε, Κύριε»,* αυτό σημαίνει ότι πιστεύετε ότι ο Ιησούς είναι ο Χριστός. Ωστόσο, δεν είναι δυνατό να σωθείτε μόνο επειδή καλείτε του Κυρίου το όνομα και επειδή πηγαίνετε στην εκκλησία τις Κυριακές.

Οι Κακοποιοί Δεν Μπορούν Να Σωθούν

Στο Κατά Ματθαίον 13:40-42 ο Θεός σάς μιλά για την Κρίση:

Όπως, λοιπόν, μαζεύονται τα ζιζάνια και κατακαίγονται στη φωτιά, έτσι θα είναι στη συντέλεια αυτού του αιώνα ο Υιός του ανθρώπου θα στείλει τούς αγγέλους του, και θα μαζέψουν από τη βασιλεία του όλα τα σκάνδαλα, και εκείνους που πράττουν την ανομία και θα τους ρίξουν στο καμίνι της φωτιάς εκεί θα είναι το κλάμα και το τρίξιμο των δοντιών.

Οταν θερίζει ο αγρότης, μαζεύει το σιτάρι μέσα στον αχυρώνα, αλλά το άχυρο το καίει. Με τον ίδιο τρόπο, ο Θεός σάς λέει ότι όλοι όσοι δεν είναι σωστοί ενώπιον των οφθαλμών του Θεού πρέπει να αντικρύσουν την τιμωρία.

Η έκφραση «όλα τα σκάνδαλα» αναφέρεται σ' όλους αυτούς που δηλώνουν ότι πιστεύουν στον Θεό, αλλά δελεάζουν τους αδελφούς και τις αδελφές της πίστης και τους κάνουν να χάσουν την πίστη τους. Αρα, δεν θα σωθείτε αν εσείς είστε η αιτία που θα κάνει άλλον άνθρωπο να αμαρτάνει και να διαπράττει κακοήθειες.

Τι είναι τότε η ανομία; Στην Α Επιστολή Ιωάννου αναφέρεται ότι, *«Καθένας που πράττει την αμαρτία, πράττει και την ανομία· επειδή, η αμαρτία είναι η ανομία.»*

Οπως κάθε κράτος έχει μια σειρά νόμων, υπάρχει και ένας πνευματικός νόμος στο βασίλειο του Θεού. Ο νόμος του πνευματικού βασιλείου είναι ο Λόγος του Θεού όπως έχει γραφεί στην Βίβλο. Οποίος παραβιάσει τον λόγο του Θεού είναι καταδικασμένος κατά τον ίδιο τρόπο που διώκεται ανάλογα με τον νόμο όποιος παραβιάσει τον νόμο. Επομένως, η παραβίαση του Λόγου του Θεού είναι ανομία και αμαρτία.

Ο νόμος του Θεού μπορεί να διαιρεθεί ευρέως σε τέσσερεις κατηγορίες: «αυτά που πρέπει να κάνετε», «αυτά που απαγορεύονται», «αυτά που πρέπει να φυλάγετε», και «αυτά που πρέπει να αποβάλλετε.» Εφόσον ο Θεός είναι φως, λέει στα παιδιά Του να εφαρμόζουν το σωστό, να μην κάνουν αυτό που είναι λάθος, να φυλάγουν τα καθήκοντα των τέκνων του Θεού, και να αποβάλλουν ό,τι απεχθάνεται ο Θεός, διότι θέλει να ζουν τα τέκνα Του εν το φως.

Στο Δευτερονόμιον, εδάφιο 10:12-13, ο Θεός μάς συμβουλεύει, *«Και τώρα, Ισραήλ, τι ζητάει από σένα ο Κύριος ο Θεός σου, παρά να φοβάσαι τον Κύριο τον Θεό σου, να περπατάς σε όλους τους δρόμους του, και να τον αγαπάς, και να λατρεύεις τον Κύριο τον Θεό σου με ολόκληρη την καρδιά σου, και με ολόκληρη την ψυχή σου, να τηρείς τις εντολές του Κυρίου, και τα διατάγματά του, που εγώ σήμερα σε προστάζω για το καλό σου;»* Αφενός, θα λάβετε ευλογίες αν κάνετε τα λόγια του Θεού πράξη. Αφετέρου, θα λάβετε αιώνιο θάνατο εξαιτίας της ανομίας και της αμαρτίας αν δεν ζείτε σύμφωνα με τον Λόγο Του.

Στην Προς Γαλάτας, εδάφιο 5:19-21, γίνεται σχόλιο για τα έργα της σάρκας:

> *Είναι δε φανερά τα έργα της σάρκας τα οποία είναι: Μοιχεία, πορνεία, ακαθαρσία, ασέλγεια, ειδωλολατρεία, φαρμακεία, έχθρες, φιλονικίες, ζηλοτυπίες, θυμοί, διαπληκτισμοί, διχοστασίες, αιρέσεις, φθόνοι, φόνοι, μέθες, γλεντοκόπια, και τα παρόμοια μ' αυτά για τα οποία σας λέω από πριν, όπως και σας είχα προείπει, ότι αυτοί που τα πράττουν αυτά βασιλεία Θεού δεν θα κληρονομήσουν.*

Η «μοιχεία» αναφέρεται σ' όλων των ειδών τις σεξουαλικές διαστροφές και όταν δεν μένετε αγνοί, περιλαμβάνοντας τις σεξουαλικές σχέσεις πριν τον νόμιμο γάμο. Η «ακαθαρσία» εδώ σημαίνει ακατάστατες πράξεις πέρα από την κοινή λογική, οι οποίες είναι συνέπεια της αμαρτωλής φύσης.

«Πορνεία» είναι να ακολουθείτε πάντα την αμαρτωλή, σεξουαλική σας ανηθικότητα, και ζείτε με μοίχες λέξεις και πράξεις.

«Ειδωλολατρία» είναι να λατρεύετε αντικείμενα κατασκευασμένα από χρυσό, άργυρο, μπρούντζο ή από οποιαδήποτε άλλη ουσία, ή να αγαπάτε κάτι άλλο πιο πολύ από όσο αγαπάτε τον Θεό.

«Φαρμακεία» είναι να δελεάζετε κάποιον με εύστοχες ψευτιές. «Εχθρα» είναι να έχετε την επιθυμία να καταστρέψετε τους άλλους επειδή έχετε εχθρικά αισθήματα προς αυτούς, το αντίθετο από την αγάπη. Η «Φιλονικία» αναφέρεται στην πράξη του να αγωνίζεστε ώστε να επιδιώκετε εξουσία και το συμφέρον σας. «Ζηλοτυπία» είναι να μισείτε κάποιο άλλο πρόσωπο επειδή νιώθετε ότι είναι καλύτερο από εσάς. Οι «θυμοί» δεν σημαίνουν απλά ότι θυμώνετε, αλλά ότι κάνετε ζημιά σε άλλους λόγω ακραίου θυμού.

Οι «διαπληκτισμοί» είναι αναφορά στην δημιουργία ξεχωριστής ομάδας ή κλάδου, και σε όταν ακολουθείτε τα έργα του Σατανά επειδή δεν συμφωνείτε με τους άλλους. Οι «διχοστασίες» είναι ο σχηματισμός δικής σας ομάδας και η απόσχιση, ακολουθώντας τις δικές σας σκέψεις κι όχι τις σκέψεις του Αγίου Πνεύματος. Οι «αιρέσεις» αναφέρονται στο να αρνείστε τον Τριαδικό Θεό και τον σαρκωθέντα Ιησού, που έχυσε το αίμα Του για να λυτρώσει την ανθρωπότητα, και έγινε ο Χριστός.

«Φθόνος» είναι να κάνετε ζημιά ή βλαβερές πράξεις ενάντια σε κάποιον εξαιτίας της ζήλειας σας. «Μέθη» είναι η πόση του αλκοόλ, και «το γλεντοκόπι» σημαίνει ότι εκτός από το μεθύσι κάνετε μαλθακή ζωή, έχετε έλλειψη αυτοκυριαρχίας, αλλά και αποτυχία στην εκτέλεση των καθηκόντων σας ως σύζυγος ή γονέας.

Επιπλέον, με «τα παρόμοια» εννοεί ότι υπάρχουν πολλές αμαρτωλές πράξεις παρόμοιες με τούτες, και όσοι εκτελούν αυτές τις πράξεις δεν θα σωθούν.

Οι Αμαρτίες που Οδηγούν στον Θάνατο και Οι Αμαρτίες που Δεν Οδηγούν στον Θάνατο

Σε τούτο τον κόσμο, μία «αμαρτία» θεωρείται «αμαρτία» όταν το αποτέλεσμα αυτής της αμαρτίας είναι προφανές, και όταν η σωματική βλάβη την οποίαν εχει προκαλέσει αυτή η αμαρτία υποστηρίζεται με αποδεικτικά στοιχεία. Εντούτοις, ο Θεός, ο οποίος είναι φως, μας λέει ότι όχι μόνο οι αμαρτωλές πράξεις, αλλά και το σκοτάδι, το οποίο είναι ενάντια στο φως, είναι αμαρτία.

Αν και δεν εκτίθενται ή δεν μαρτυρούνται, όλες οι αμαρτωλές επιθυμίες μέσα στην καρδιά σας όπως είναι το μίσος, ο φθόνος, η ζήλεια, ο σαρκικός πόθος, η κριτική άλλων, η καταδίκη άλλων, η σκληρότητα στην καρδιά, και τα ανέντιμα μυαλά είναι επίσης ανομίες και αμαρτίες.

Γι' αυτό μας λέει ο Θεός, *«Εγώ, όμως, σας λέω, ότι καθένας που κοιτάζει μια γυναίκα για να την επιθυμήσει, διέπραξε ήδη μοιχεία μέσα στην καρδιά του»* (Κατά Ματθαίον 5:28), και *«Καθένας που μισεί τον αδελφό του, είναι ανθρωποκτόνος· και ξέρετε ότι κάθε ανθρωποκτόνος δεν έχει αιώνια ζωή, που να μένει μέσα του»* (Ιωάννου Α' 3:15). Επίσης, στην Προς Ρωμαίους 14:23 αναφέρεται, *«Όποιος, όμως, αμφιβάλλει, αν φάει, κατακρίνεται επειδή, δεν τρώει από πίστη και κάθε τι που δεν γίνεται από πίστη, είναι αμαρτία»* και στην Επιστολή Ιακώβου 4:17 αναφέρεται ότι *«Σ' αυτόν, λοιπόν, που ξέρει να κάνει το καλό, και δεν το κάνει, σ' αυτόν είναι αμαρτία.»* Επομένως, πρέπει να συνειδητοποιήσετε ότι είναι αμαρτία και ανομία να μην κάνετε αυτό το οποίο θέλει και προστάζει ο Θεός.

Ωστόσο, όλοι όσοι πράττουν τέτοιες αμαρτίες πρόκειται να

πεθάνουν; Πρέπει να συνειδητοποιήσετε ότι ένας ο οποίος πριν έλεγε ψέματα, αλλά τώρα προσεύχεται και προσπαθεί να γίνει ειλικρινής άνθρωπος, αυτός ζει με πίστη. Κι αν αυτοί οι άνθρωποι δεν έχουν αποβάλει όλη την έλλειψη εντιμότητας από την καρδιά τους, λόγω της αδύνατης πίστης τους, δεν είναι αλήθεια ότι δεν θα σωθούν λόγω αυτής της αμαρτίας.

Στην Ιωάννου Α΄ 5:16 αναφέρεται, *«Αν κάποιος δει τον αδελφό του να αμαρτάνει με αμαρτία όχι θανάσιμη, θα ζητήσει· και ο Θεός θα του δώσει ζωή, σ' εκείνους που αμαρτάνουν όχι θανάσιμα. Υπάρχει μία θανάσιμη αμαρτία· δεν λέω να παρακαλέσει για εκείνη. Κάθε αδικία είναι αμαρτία· και είναι αμαρτία όχι θανάσιμη.»*

Οι αμαρτίες γενικά διαιρούνται σε δυο κατηγορίες: εκείνες οι οποίες οδηγούν στον θάνατο και οι άλλες οι οποίες δεν οδηγούν στον θάνατο. Όσοι πράττουν αμαρτίες που δεν καταλήγουν στον θάνατο μπορούν να σωθούν αν τους ενθαρρύνετε, αν προσεύχεστε γι' αυτούς, και αν τους βοηθήσετε να μετανοήσουν για τις αμαρτίες τους. Κι όμως, αν πράξει κάποιος αμαρτίες οι οποίες οδηγούν στον θάνατο, δεν μπορεί να σωθεί ακόμη κι αν προσευχηθείτε γι' αυτόν.

Άνθρωποι οι οποίοι θεωρούνται τίμιοι μερικές φορές ψεύδονται για δικό τους συμφέρον, ή διαπράττουν πολλές απατηλές πράξεις ακόμη κι αν οι πράξεις οι ίδιες δεν βλάπτουν άλλο κόσμο. Φθάνετε στο σημείο να αναγνωρίζετε ότι ήσασταν αμαρτωλοί όταν συνειδητοποιήσετε την αλήθεια, αν και είχατε την εντύπωση ότι ζούσατε δίκαια ζωή πριν πιστέψετε στον Θεό. Ο Θεός δεν σας δείχνει μόνο τις αμαρτίες που φαίνονται, αλλά και τις πονηρές σκέψεις στην καρδιά σας, οι οποίες είναι όλες αμαρτίες.

Όλες οι ανομίες είναι αμαρτίες και ο μισθός της αμαρτίας είναι ο θάνατος. Όμως, ο Ιησούς Χριστός εχει συγχωρήσει όλες τις αμαρτίες σας στο παρελθόν, στο παρόν και στο μέλλον χύνοντας το αίμα Του επάνω στον σταυρό. Υπάρχουν αμαρτίες που συγχωρούνται μέσω της δύναμης του αίματος του Ιησού όταν μετανοείτε και απομακρύνεστε απ' αυτές. Αυτές είναι οι αμαρτίες που δεν οδηγούν στον θάνατο.

Αν δεν μετανοήσετε και απλά συνεχίζετε να αμαρτάνετε, η συνείδηση σας θα σκληρύνει. Τότε, τελικά δεν θα είστε ικανοί να λάβετε το πνεύμα της μετάνοιας, εάν πράξετε αμαρτία που καταλήγει στον θάνατο. Ετσι, οι αμαρτίες σας δεν θα μπορούν να συγχωρεθούν έστω κι αν προσπαθείτε να μετανοήσετε.

Τώρα, ας κοιτάξουμε τρία είδη αμαρτιών που καταλήγουν στον θάνατο: η βλασφημία ενάντια στο Αγιο Πνεύμα, όταν υποβάλλετε τον Υιό του Θεού σε δημόσιο εξευτελισμό επανειλημμένως, και όταν συνεχίζετε να αμαρτάνετε σκοπίμως.

Βλασφημώντας το Άγιο Πνεύμα

Υπάρχουν τρία πράγματα που θεωρούνται βλασφημία έναντι του Αγίου Πνεύματος. Διαπράττετε βλασφημία έναντι του Αγίου Πνεύματος όταν μιλάτε κατά του Αγίου Πνεύματος, όταν εναντιώνεστε στο έργο του Αγίου Πνεύματος, και όταν ταπεινώνετε το Αγιο Πνεύμα.

Γι' αυτό, σας λέω: Κάθε αμαρτία και βλασφημία θα συγχωρεθεί στους ανθρώπους η βλασφημία, όμως, ενάντια στο Πνεύμα, δεν θα συγχωρεθεί στους ανθρώπους. Και όποιος πει έναν λόγο ενάντια στον

Υιό του ανθρώπου, θα του συγχωρεθεί όποιος, όμως, πει ενάντια στο Πνεύμα το Άγιο, δεν θα του συγχωρεθεί, ούτε σε τούτον τον αιώνα ούτε στον μέλλοντα (Κατά Ματθαίον 12:31-32).

Και καθένας που θα πει έναν λόγο ενάντια στον Υιό του ανθρώπου, θα του συγχωρηθεί όποιος, όμως, βλασφημήσει ενάντια στο Άγιο Πνεύμα, σ' αυτόν δεν θα του συγχωρηθεί (Κατά Λουκά 12:10).

Πρώτον, «μιλώντας εναντίον άλλων» σημαίνει ότι τους συκοφαντούμε και ότι αποτρέπουμε τα έργα τους. Η φράση **«Μιλώντας ενάντια στο Άγιο Πνεύμα»** σημαίνει όταν προσπαθούμε να εμποδίσουμε το κατόρθωμα της βασιλείας του Θεού διακόπτοντας τα έργα του Αγίου Πνεύματος, με βάση τις ατομικές σκέψεις και την θέλησή μας. Για παράδειγμα, είναι ομιλία ενάντια στο Άγιο Πνεύμα όταν αντιστέκεστε στο έργο του Θεού επειδή δεν συμπίπτει με τις δικές σας σκέψεις, παρόλο που είναι το έργο του Αγίου Πνεύματος.

Αν καταδικάσετε έναν υπηρέτη του Θεού ως αιρετικό, όταν δεν είναι, και διακόπτετε το έργο του Αγίου Πνεύματος, πράττετε τόσο τρομερή αμαρτία ενώπιον του Θεού που δεν συγχωρείται. Άρα, πρέπει να είστε ικανοί να διακρίνετε μεταξύ των πνευμάτων ανάλογα με την αλήθεια.

Βέβαια, πρέπει να προειδοποιείτε τους άλλους αυστηρά και να μην επιτρέπετε την συμπεριφορά τους, αν προσπαθούν να κάνουν άλλους να λάβουν πονηρό πνεύμα ή όταν είναι όντως αιρετικοί εν όψει του Θεού. Στην Προς Τίτον, εδάφιο 3:10, αναφέρεται

«Άνθρωπον αιρετικό, ύστερα από μια πρώτη και δεύτερη νουθεσία, άφησέ τον.»

Σήμερα, πολλοί άνθρωποι καταδικάζουν μερικές εκκλησίες ως αιρετικές ή τις καταδιώκουν με πολλούς τρόπους, οι οποίες εκκλησίες αναγνωρίζουν τον Τριαδικό Θεό και συνοδεύονται από έργα του Αγίου Πνεύματος, επειδή αυτοί οι άνθρωποι δεν είναι ικανοί να διακρίνουν μεταξύ πνευμάτων. Αν και ισχυρίζονται ότι πιστεύουν στον Θεό, δεν κατέχουν αρκετές βιβλικές γνώσεις για την αίρεση. Μερικές φορές ούτε καν γνωρίζουν τον ορισμό της λέξης αίρεση.

Στην περίπτωση που καταδιώκουν άλλους λόγω έλλειψης των κατάλληλων γνώσεων, αν αυτοί οι άνθρωποι μετανοήσουν και αποστραφούν, μπορούν να συγχωρεθούν. Όμως, αν διαταράξουν τα έργα του Θεού με πονηρό σκοπό και με ζήλεια, παρόλο που ξέρουν ότι είναι δουλειά του Αγίου Πνεύματος, δεν είναι δυνατόν να συγχωρεθούν ποτέ.

Μπορείτε να βρείτε τέτοιο παράδειγμα στην Βίβλο. Στο Κατά Μάρκον κεφ. 3, όταν ο Ιησούς έκανε θαυμαστά σημεία και θαύματα, εκείνοι που Τον ζήλευαν εξάπλωναν φήμες ότι είναι τρελός. Η φήμη είχε εξαπλωθεί τόσο ευρέως ώστε τα μέλη της οικογένειάς Του, που ζούσαν σε αρκετή απόσταση ήρθαν να Τον πάρουν από τα κοινά.

Οι δάσκαλοι του νόμου και οι Φαρισαίοι ασκούσαν κριτική στον Ιησού λέγοντας, *«Και οι γραμματείς, που κατέβηκαν από τα Ιεροσόλυμα, έλεγαν ότι: Έχει τον Βεελζεβούλ, και ότι διαμέσου του άρχοντα των δαιμονίων βγάζει τα δαιμόνια»* (Κατά Μάρκον 3:22). Αυτοί είχαν καλές γνώσεις περί του Λόγου του Θεού. Ήξεραν τον νόμο πολύ καλά και τον δίδασκαν στον κόσμο, και πάλι όμως εναντιώνονταν στα έργα του Θεού εξαιτίας της ζήλειας και του φθόνου τους προς τον Ιησού.

Δεύτερον, «εναντιώνονται στο Άγιο Πνεύμα», σημαίνει να αψηφούν την φωνή του Αγίου Πνεύματος, την οποία εχει δώσει ο Θεός, ενώ κρίνουν και καταδικάζουν τα έργα του Αγίου Πνεύματος και προσπαθούν να βλάψουν άλλους ανθρώπους.

Λόγου χάριν, θεωρείστε να μιλάτε ενάντια στο Άγιο Πνεύμα όταν διαδίδετε φήμες ή πλαστογραφείτε έγγραφα, ή καταδικάζετε ένα πάστορα ή μια εκκλησία ως «αιρετική», ενώ εκεί δείχνονται έργα του Αγίου Πνεύματος, για να διακόψετε συνελεύσεις αφύπνισης των πιστών ή συγκεντρώσεις.

Τότε τι σημαίνει η φράση «καθένας που θα πει έναν λόγο ενάντια στον Υιό του ανθρώπου, θα του συγχωρεθεί»; «Ο Υιός του Ανθρώπου» σ' αυτόν τον στίχο αναφέρεται στον Ιησού, ο οποίος ήρθε σαν ανθρώπινο ον πριν σταυρωθεί επάνω στον σταυρό.

Μιλώντας κατά του Υιού του Ανθρώπου σημαίνει απείθεια προς τον Ιησού, αναγνωρίζοντάς Τον μοναχά ως άνθρωπο επειδή σαρκώθηκε. Η ανικανότητα να γνωρίσετε τον Ιησού ως τον Σωτήρα είναι συνέπεια της έλλειψης γνώσεων. Σε τέτοια περίπτωση, θα συγχωρεθείτε και μπορείτε να σωθείτε μόνο αν μετανοήσετε και δεχθείτε πλήρως τον Κύριο.

Άρα, αν διαπράξετε τέτοια αμαρτία δίχως να γνωρίζετε την αλήθεια ή πριν λάβετε το Άγιο Πνεύμα, ο Θεός σάς δίνει ευκαιρία να μετανοήσετε και να συγχωρεθείτε ξανά και ξανά.

Ωστόσο, αν παρακούσετε και εναντιωθείτε στον Κύριο ενώ γνωρίζετε ακριβώς ποιος είναι ο Ιησούς Χριστός, πρέπει να συνειδητοποιήσετε ότι δεν μπορείτε ποτέ να συγχωρεθείτε για κάτι τέτοιο, διότι είναι σαν να ομιλείτε κατά του Αγίου Πνεύματος και εναντιώνεστε στα έργα του Αγίου Πνεύματος.

Τρίτον, βλασφημία σημαίνει και ότι ταπεινώνετε πράγματα τα οποία είναι θεϊκά, άγια, και αγνά. Η βλασφημία ενάντια στο Αγιο Πνεύμα σημαίνει ότι ταπεινώνετε το Αγιο Πνεύμα, το Πνεύμα του Θεού, και την θεότητα του Θεού. Οταν συκοφαντείτε τα έργα του Αγίου Πνεύματος, λέγοντας ότι είναι έργα του Σατανά, ή αν επιμένετε ότι κάτι είναι έργο του Αγίου Πνεύματος όταν δεν είναι, πράττετε αμαρτία ντροπιάζοντας την αιώνια δύναμη και την θεότητα του Θεού. Επίσης, αν κηρύττετε την αλήθεια ως αναλήθεια, ισχυριζόμενοι ότι το αναληθές είναι αλήθεια, καταδικάζοντας αυτό που είναι η αλήθεια σαν να είναι απάτη, είναι όλα αυτά «βλασφημία ενάντια στο Αγιο Πνεύμα.»

Την αρχαία εποχή, αν πιανόταν κάποιος να λέει ή να πράττει βλασφημίες κατά του βασιλιά, θεωρείτο προδοσία και καταδικαζόταν σε θάνατο.

Αν βλασφημείτε ενάντια στην αγία θεότητα του Θεού, ο οποίος είναι παντοδύναμος και ο οποίος δεν συγκρίνεται με κανένα βασιλιά τούτου του κόσμου, ποτέ δεν θα μπορέσετε να συγχωρεθείτε.

Ακόμη κι ο Ιησούς, ο οποίος ήταν από την ίδια Του την φύση ο Θεός και ήρθε σ' αυτόν τον κόσμο εν σάρκα, δεν καταδίκαζε κανέναν. Αν συνεχίζετε να καταδικάζετε αδελφούς και αδελφές, και ταπεινώσετε περαιτέρω τα έργα που εκτελεί το Αγιο Πνεύμα, τι τρομερή αμαρτία που θα είναι! Αν νιώθετε δέος και φόβο ενώπιον του Θεού, δεν θα μπορέσετε ποτέ να εναντιωθείτε, να μιλήσετε κατά, ή να ταπεινώσετε το Αγιο Πνεύμα.

Επομένως, πρέπει να καταλάβετε ότι αυτές οι αμαρτίες είναι ασυγχώρητες σε τούτο τον αιώνα καθώς και σε μελλοντικό αιώνα, και δεν πρέπει ποτέ να πράττετε τέτοιες αμαρτίες. Αν έχετε πράξει αυτές τις αμαρτίες παλιότερα, πρέπει να ζητήσετε την χάρη του Θεού και να μετανοήσετε μ' όλη σας την καρδιά.

Ντροπιάζοντας Ανοιχτά τον Υιό του Θεού

Οδηγείστε στον θάνατο αν σταυρώνετε τον Υιό του Θεού ξανά και ξανά, ντροπιάζοντας Τον ανοιχτά, όπως περιγράφεται στην Προς Εβραίους, κεφ. 6.

Επειδή, είναι αδύνατον αυτοί που μια φορά φωτίστηκαν, και γεύτηκαν την επουράνια δωρεά, που έγιναν μέτοχοι του Αγίου Πνεύματος, και γεύτηκαν τον καλό λόγο του Θεού, και τις δυνάμεις του μέλλοντα αιώνα, και έπειτα, αφού παρέπεσαν, είναι αδύνατον να τους ανακαινίζει κανείς ξανά σε μετάνοια, ανασταυρώνοντας στον εαυτό τους τον Υιό του Θεού, και καταντροπιάζοντας (Προς Εβραίους 6:4-6)

Μερικοί άνθρωποι εγκαταλείπουν την εκκλησία και τον Θεό, παρασυρμένοι από τούτο τον κόσμο και ξεπέφτουν ταπεινώνοντας τον Θεό, αν και είχαν λάβει το Άγιο Πνεύμα, αν και ξέρουν ότι υπάρχει ο Παράδεισος και η κόλαση, και ενώ πιστεύουν στον λόγο της αλήθειας. Λέμε ότι αμαρτάνουν σταυρώνοντας τον Υιό του Θεού πάλι από την αρχή και Τον εξευτελίζουν ανοιχτά. Ένα τέτοιο άτομο, εκτός του ότι πράττει πολλές αμαρτίες τις οποίες διευθύνει ο Σατανάς, αρνείται και τον Θεό, ενώ καταδιώκει και ταπεινώνει την εκκλησία και τους οπαδούς της.

Έχουν ήδη παραδώσει την συνείδηση τους στον Σατανά, κι έτσι οι καρδιές τους είναι γεμάτες σκοτάδι.

Επομένως, ούτε θα επιθυμούσαν την μετάνοια, και το πνεύμα της μεταμέλειας ούτε που τους αγγίζει. Δεν έχουν καμία ευκαιρία μετάνοιας και επομένως δεν μπορούν να συγχωρεθούν ποτέ.

Ο Ιούδας ο Ισκαριώτης διέπραξε αμαρτία. Ήταν ένας από τους δώδεκα μαθητές του Ιησού. Ήταν μάρτυρας σε πολλά σημεία και θαύματα, αλλά έγινε πλεονέκτης και πούλησε τον Ιησού για τριάντα αργύρια. Αργότερα, τον ενόχλησε η συνείδηση του και γέμισε με τύψεις, αλλά το πνεύμα της μετάνοιας δεν ήρθε επάνω στον Ιούδα. Η αμαρτία του ήταν ασυγχώρητη, και τελικά αυτοκτόνησε, διότι τον τυραννούσε φοβερά η ενοχή του (Κατά Ματθαίον 27:3-5).

Όταν εξακολουθούμε να αμαρτάνουμε σκοπίμως

Η τελευταία αμαρτία που οδηγεί στον θάνατο είναι όταν εξακολουθείτε να αμαρτάνετε αφού έχετε λάβει την γνώση της αλήθειας

> *Επειδή, αν εμείς αμαρτάνουμε εθελούσια, αφού λάβαμε τη γνώση της αλήθειας, δεν απολείπεται πλέον θυσία για τις αμαρτίες·αλλά κάποια φοβερή αναμονή κρίσης και έξαψη φωτιάς, η οποία πρόκειται να κατατρώει τους ενάντιους* (Προς Εβραίους 10:26-27).

Η φράση «αμαρτάνουμε εθελούσια, αφού λάβαμε τη γνώση της αλήθειας» σημαίνει να επαναλαμβάνουμε τις ανομίες τις οποίες δεν συγχωρεί ο Θεός. Επίσης, σημαίνει ότι συνεχίζουμε να αμαρτάνουμε, γνωρίζοντας ότι είναι αμαρτία όπως «*Συνέβηκε δε σ' αυτούς εκείνο της αληθινής παροιμίας: 'Ο σκύλος γύρισε ξανά στο δικό του ξέρασμα' και: 'Το γουρούνι, αφού λούστηκε, γύρισε ξανά στο κύλισμα του βούρκου'*» (Πέτρου Β' 2:22).

Από τη μια, όταν ο Δαβίδ, ο οποίος αγαπούσε τον Θεό υπερβολικά, διέπραξε μοιχεία, γεννήθηκαν πολλές αμαρτίες με συνέπεια να δολοφονήσει έναν από τους πιο έμπιστους στρατιώτες του. Ομως, όταν ο προφήτης Νάθαν του υπέδειξε την αμαρτία του, ο Βασιλιάς Δαβίδ μετανόησε αμέσως.

Από την άλλη, ο Βασιλιάς Σαούλ συνέχισε να αμαρτάνει ακόμη και αφού ο προφήτης Σαμουήλ τού υπέδειξε τις αμαρτίες του. Ο Δαβίδ μετανόησε και ξαναέλαβε ευλογίες από τον Θεό, ενώ τον Σαούλ τον εγκατέλειψε ο Θεός διότι δεν μετανόησε και συνέχισε να αμαρτάνει.

Επιπροσθέτως, ο Βαλαάμ ήταν προφήτης που είχε την δύναμη να ευλογεί και να καταριέται, αλλά όταν συμβιβάσθηκε μ' αυτόν τον κόσμο για να αποκτήσει πλούτη και φήμη, βρήκε άθλιο τέλος.

Αφενός, το Αγιο Πνεύμα μέσα στις καρδιές αυτών που διαπράττουν αμαρτίες φθείρεται εκ προθέσεως, διότι ο Θεός γυρίζει την πλάτη Του σ' αυτούς. Τότε αυτοί χάνουν την πίστη τους και διαπράττουν πονηρές και λανθασμένες πράξεις τις οποίες διευθύνει ο διάβολος. Εντέλει, το Αγιο Πνεύμα, το οποίο βρίσκεται μέσα τους θα εξαφανισθεί τελείως, και δεν μπορούν να σωθούν, διότι δεν είναι ικανοί να μετανοήσουν, και τα ονόματά τους θα σβηστούν από το Βιβλίο της Ζωής (Αποκάλυψις 3:5).

Αφετέρου, υπάρχουν άνθρωποι οι οποίοι συνεχίζουν να αμαρτάνουν διότι έχουν γνωρίσει τον Θεό μόνο με γνώσεις, αλλά δεν πιστεύουν σ' Αυτόν στην καρδιά τους. Οι αμαρτίες τους μπορούν να συγχωρεθούν και μπορούν να οδηγηθούν στην οδό της σωτηρίας όταν μετανοήσουν πλήρως και ολόψυχα και όταν αποκτήσουν αληθινή πίστη.

Αρα, πρέπει να γνωρίζετε ότι δεν πρόκειται να σωθείτε όταν διαπράττετε αμαρτίες σκοπίμως, εφαρμόζοντας τα έργα της σάρκας, ακόμη κι αν κάποτε είχατε διαφωτισθεί και είχατε πιστέψει στην ύπαρξη του παραδείσου και της κόλασης, και είχατε δοκιμάσει την πλούσια χάρη του Θεού.

Εύχομαι επίσης ότι θα καταλάβετε πλήρως ότι όλες οι αμαρτίες είναι ανομίες και σκότος και τις μισεί ο Θεός, έστω κι αν μερικές απ' αυτές δεν οδηγούν στον θάνατο. Σας παρακαλώ να είστε σοφοί πιστοί που δεν επιτρέπουν ή δεν πράττουν κανενός είδους αμαρτία.

Η Σάρκα και το Αίμα του Υιού του Ανθρώπου

Για να διατηρήσετε υγιή τρόπο ζωής, είναι αναγκαίο να καταναλώνετε κατάλληλες τροφές και ποτά. Κατά τον ίδιο τρόπο, για να φυλάξετε το πνεύμα σας υγιές και για να αποκτήσετε αιώνια ζωή, πρέπει να τρώτε την σάρκα και να πίνετε το αίμα του Υιού του Ανθρώπου.

Τώρα, θα μάθετε τι είναι η σάρκα και το αίμα του Υιού του Ανθρώπου, και τον λόγο που πρέπει να τρώτε την σάρκα Του και να πίνετε το αίμα Του για να αποκτήσετε αιώνια ζωή, με βάση το ακόλουθο κείμενο από το Ευαγγέλιο του Ιωάννη, εδάφιο 6:53-55.

Ο Ιησούς, λοιπόν, είπε σ' αυτούς: Σας διαβεβαιώνω απόλυτα: Αν δεν φάτε τη σάρκα του Υιού του ανθρώπου, και δεν πιείτε το αίμα του, δεν έχετε μέσα σας ζωή. Όποιος τρώει τη σάρκα μου, και πίνει το αίμα μου, έχει αιώνια ζωή, και εγώ θα τον αναστήσω κατά την έσχατη ημέρα. Επειδή, η σάρκα μου, αληθινά, είναι τροφή, και το αίμα μου, αληθινά, είναι πόση.

Τι Είναι η Σάρκα του Υιού του Ανθρώπου;

Ο Ιησούς, με διάφορες παραβολές, σας λέει στην Βίβλο για τα μυστικά του ουρανού και για την βούληση του Θεού. Για τους ανθρώπους που ζουν εντός αυτού του τρισδιάστατου κόσμου, είναι πολύ δύσκολο να καταλάβουν και να αντιληφθούν την βούληση του Θεού, ο οποίος κατοικεί στον τετραδιάστατο κόσμο και άνω. Ετσι, ο Ιησούς συνέκρινε τα ουράνια πράγματα με τα άψυχα πράγματα, τα φυτά και τα ζώα με τις ζωές σε τούτο τον κόσμο, για να μας βοηθήσει να καταλάβουμε καλύτερα την θεϊκή βούληση.

Αυτός είναι ο λόγος που ο Ιησούς, ο ένας και μοναδικός Υιός του Θεού, συγκρίνεται με βράχο και με αστέρι, τα οποία είναι άνευ διαστάσεων, συγκρίνεται με την άμπελο της μιας διάστασης, με τον αμνό των δυο διαστάσεων, και με τον Υιό του Ανθρώπου που είναι τρισδιάστατος.

Ο Ιησούς αποκαλείται Υιός του Ανθρώπου, κι έτσι η σάρκα του Υιού του Ανθρώπου είναι η σάρκα του Ιησού.

Στο Κατά Ιωάννη 1:1 αναφέρεται ότι, *«Στην αρχή ήταν ο Λόγος, και ο Λόγος ήταν προς τον Θεό, και Θεός ήταν ο Λόγος.»* Στο Κατά Ιωάννη 1:14 παρατηρείται ότι, *«Και ο Λόγος* έγινε σάρκα, και κατοίκησε ανάμεσά μας, (και είδαμε τη δόξα του, δόξαν ως μονογενή από τον Πατέρα), γεμάτος χάρη και αλήθεια.»

Ο Ιησούς είναι αυτός ο οποίος ήρθε σ' αυτόν τον κόσμο εν σάρκα ως ο Λόγος του Θεού. Αρα, η σάρκα του Υιού του Ανθρώπου είναι ο Λόγος του Θεού, ο οποίος είναι η ίδια η αλήθεια, και αν τρώμε την σάρκα του Υιού του Ανθρώπου μαθαίνουμε τον λόγο του Θεού εντός της Βίβλου.

Πως πρέπει να Τρώγεται η Σάρκα του Υιού του Ανθρώπου

Στην Εξοδο 12:5 και στους επακόλουθους στίχους, ο Ιησούς απεικονίζεται ως το «Αρνί.»

Και το αρνί σας θα είναι τέλειο, αρσενικό, χρονιάρικο·από τα πρόβατα ή από τις κατσίκες θα το πάρετε. Και θα το διαφυλάττε μέχρι τη 14η ημέρα του ίδιου μήνα· και τότε, ολόκληρο το πλήθος της συναγωγής του Ισραήλ θα το σφάξει προς την εσπέρα. Και θα πάρουν από το αίμα και θα βάλουν επάνω στους δύο παραστάτες, κι επάνω στο ανώφλι της θύρας των σπιτιών, όπου θα το φάνε.

Γενικά, πολλοί πιστοί νομίζουν ότι το αρνί αναφέρεται σε νέους πιστούς, αλλά αν μελετήσετε την Βίβλο προσεχτικά, το αρνί συμβολίζει τον Ιησού.

Ο Ιωάννης ο Βαπτιστής, κοιτάζοντας τον Ιησού, ο οποίος ερχόταν προς την κατεύθυνσή του, είπε στο Κατά Ιωάννη 1:29 «*Δέστε, ο*

Αμνός του Θεού, που σηκώνει την αμαρτία του κόσμου!» Και ο απόστολος Πέτρος αναφέρθηκε στον Ιησού ως αμνό κατά την Α' Επιστολή Πέτρου 1:19, λέγοντας *«δεν λυτρωθήκατε από τη μάταιη πατροπαράδοτη διαγωγή σας με φθαρτά, ασήμι ή χρυσάφι, αλλά με το πολύτιμο αίμα του Χριστού, ως αμνού χωρίς ψεγάδι και χωρίς κηλίδα.»* Εκτός από αυτές, υπάρχουν πολλές άλλες εκφράσεις οι οποίες συγκρίνουν τον Ιησού με αμνό.

Γιατί συγκρίνει η Βίβλος τον Ιησού με αρνί; Το αρνί είναι το πιο ήπιο και το πιο υπάκουο από όλα τα ζωντανά. Γνωρίζει την φωνή του ποιμένα του και τον υπακούει. Κανείς άλλος δεν μπορεί να ξεγελάσει το αρνί ακόμη κι αν οι άνθρωποι προσπαθούν να μιμηθούν την φωνή του ποιμένα του. Δίνει λευκό και μαλακό μαλλί, γάλα, κρέας και όλα τα μέρη του σώματός του στους ανθρώπους.

Όπως το αρνί τα θυσιάζει όλα για την ανθρωπότητα, ο Ιησούς υπάκουσε στο θέλημα του Θεού τελείως και θυσίασε τα πάντα για εμάς.

Ο Ιησούς εμφανίσθηκε σ' αυτόν τον κόσμο εν σάρκα αν και εκ φύσεως είναι ο Θεός, κήρυξε το Ευαγγέλιο του ουρανού, γιάτρεψε πολλά νοσήματα και αναπηρίες, και σταυρώθηκε. Ο Ιησούς θυσίασε τα πάντα για να σας λυτρώσει από τις αμαρτίες σας.

Ο Ιησούς συγκρίνεται με αρνί επειδή τα χαρακτηριστικά Του και οι πράξεις Του μοιάζουν με του ήπιου αρνιού, και η βρώση του αρνιού συμβολίζει την βρώση της σάρκας του Ιησού, δηλαδή την σάρκα του Υιού του Ανθρώπου.

Πως, λοιπόν, πρέπει να τρώτε εσείς την σάρκα του Υιού του Ανθρώπου; Ας κοιτάξουμε την Εξοδο 12:9 η οποία δίνει την ακόλουθη οδηγία:

Μη φάτε απ' αυτό ωμό ούτε βραστό σε νερό, αλλά ψητό σε φωτιά, το κεφάλι του μαζί με τα πόδια του και μαζί με τα εντόσθιά του, και μην αφήσετε υπόλοιπο απ' αυτό μέχρι το πρωί, και ό,τι περισσεύσει απ' αυτό μέχρι το πρωί, κάψτε το στη φωτιά.

Πρώτον, δεν πρέπει να τρώτε τον Λόγο του Θεού ωμό

Τι σημαίνει να τρώτε την σάρκα του Υιού του Ανθρώπου «ωμή»;

Γενικά, δεν είναι καλό να τρώγεται ωμό το κρέας. Αν τρώτε ωμό κρέας, μπορείτε να πάρετε κάποιον ιό ή μικρόβια, και να αδιαθετήσετε. Κατά τον ίδιο τρόπο, ο Θεός σάς λέει να μην τρώτε τον Λόγο Του ωμό διότι είναι βλαβερό.

Ο Λόγος Του Θεού έχει γραφθεί μέσω της έμπνευσης του Αγίου Πνεύματος, και πρέπει να τον διαβάζετε και να τον κάνετε τροφή σας με την έμπνευση του Αγίου Πνεύματος.

Τι θα γίνει αν ερμηνεύσετε τον Λόγο του Θεού κυριολεκτικά; Μάλλον θα παρεξηγήσετε την πρόθεση του Θεού. Άρα, το να «φάτε τον Λόγο του Θεού ωμό» εννοεί να ερμηνεύετε την Βίβλο κυριολεκτικά.

Όπως λέει στο Κατά Ιωάννη 1:1 «*Θεός ήταν ο Λόγος.*» Η Βίβλος περιέχει την καρδιά και την βούληση του Θεού, και όλα τα πράγματα ολοκληρώνονται σύμφωνα με αυτόν τον Λόγο.

Του Θεού ο Λόγος μάς λέει πως μπορούμε να πάμε στον Παράδεισο. Πρέπει να κατανοήσετε τον Λόγο του Θεού πλήρως για να αποκτήσετε αιώνια ζωή. Αντιστρόφως, ο άνθρωπος της σάρκας δεν είναι ικανός να δει ή να συλλάβει τον πνευματικό κόσμο.

Αληθινή Πίστη και Αιώνια Ζωή 217

Είναι σαν τον τζίτζικα, που δεν γνωρίζει ότι υπάρχει ουρανός όταν είναι σκουλήκι μέσα στο έδαφος. Είναι σαν την κότα που δεν ξέρει τον εξωτερικό κόσμο όταν βρίσκεται μέσα στο αυγό. Είναι σαν το μωρό το οποίο δεν γνωρίζει τίποτε για τον κόσμο όταν βρίσκεται ακόμη μέσα στην μήτρα της μητέρας του.

Παρομοίως, όσο υπάρχετε μέσα στον σαρκικό κόσμο, δεν ξέρετε τίποτε για τον πνευματικό κόσμο.

Ο Θεός σάς λέει ότι υπάρχει ένας άλλος κόσμος πέρα από τούτον τον τρισδιάστατο κόσμο. Όπως το αγέννητο κοτόπουλο που πρέπει να σπάσει το τσόφλι του, κι εσείς πρέπει να σπάσετε τις δικές σας σαρκικές σκέψεις για να καταλάβετε και για να εισέλθετε στην πνευματική βασιλεία.

Για παράδειγμα, στο Κατά Ματθαίον 6:6 αναφέρεται, «*εσύ, όμως, όταν προσεύχεσαι, μπες μέσα στο ταμείο σου, και, αφού θα έχεις κλείσει την πόρτα σου, προσευχήσου στον Πατέρα σου που είναι στον κρυφό χώρο· και ο Πατέρας σου που βλέπει στον κρυφό χώρο, θα σου ανταποδώσει στα φανερά.*» Αν ερμηνεύατε αυτόν τον στίχο κυριολεκτικά, θα έπρεπε να προσεύχεσθε πάντα μέσα στο δωμάτιό σας. Όμως, δεν θα μπορέσετε να βρείτε κανένα Πατέρα της πίστης που να προσευχόταν μυστικά μέσα στο δωμάτιό του.

Ο Ιησούς δεν προσευχόταν στο δωμάτιό Του αλλά στην βουνοπλαγιά όπου πέρναγε την νύχτα (Κατά Λουκά 6:12), και σε παράμερο χώρο νωρίς το πρωί (Κατά Μάρκον 1:35).

Επιπλέον, ο Δανιήλ προσευχόταν τρεις φορές την ημέρα με τα παράθυρα ανοιχτά προς την Ιερουσαλήμ (Δανιήλ 6:10) και ο απόστολος Πέτρος έκανε την προσευχή του επάνω στην ταράτσα (Πράξεις Των Αποστόλων 10:9).

Τότε, τι σημαίνει όταν ο Ιησούς είπε, «μπες μέσα στο ταμείο σου, και, αφού θα έχεις κλείσει την πόρτα σου, προσευχήσου»; Εδώ, το «ταμείο» συμβολίζει πνευματικά την καρδιά του ανθρώπου. Άρα, να πάτε μέσα στο ταμείο σας σημαίνει να περάσετε από τις σκέψεις σας και να πάτε βαθειά μέσα στην καρδιά σας, όπως θα περνάγατε από ένα σαλόνι ή από μια κρεβατοκάμαρα για να πάτε σε ένα εσωτερικό δωμάτιο. Μόνο τότε θα μπορείτε να προσευχηθείτε μ' όλη σας την καρδιά.

Όταν πάτε σε ένα εσωτερικό δωμάτιο, είστε απομονωμένοι από το εξωτερικό περιβάλλον. Ομοίως, όταν προσεύχεσθε, πρέπει να εμποδίσετε όλες τις άσκοπες σκέψεις, τις στενοχώριες και τις ανησυχίες, και να προσευχηθείτε με όλη την καρδιά σας.

Επομένως, δεν πρέπει να τρώτε την σάρκα του Υιού του Ανθρώπου ωμή. Δεν πρέπει να ερμηνεύετε τον Λόγο του Θεού κυριολεκτικά. Δηλαδή, πρέπει να ερμηνεύετε τον Λόγο του Θεού πνευματικά μέσω της έμπνευσης του Αγίου Πνεύματος.

Δεύτερον, να μην Τρώτε τον Λόγο του Θεού μαγειρευμένο σε νερό

Τι σημαίνει η φράση «Να μην το τρώτε ούτε βραστό σε νερό»; Σημαίνει ότι δεν επιτρέπεται να προσθέτουμε τίποτε στον Λόγο του Θεού, αλλά να τον τρώμε αγνό.

Δεν είναι σωστό να κηρύττουμε τον Λόγο του Θεού και να τον αναμιγνύουμε με πολιτική, με ιστορίες της κοινωνίας, ή με παροιμίες θαυμαστών ή ιστορικών προσώπων.

Ο Θεός, ο οποίος ποίησε τα ουράνια και την γη και ο οποίος ελέγχει την ζωή και τον θάνατο της ανθρωπότητας, τις ευλογίες και τις κατάρες, είναι παντοκράτωρ και δεν του λείπει τίποτε.

Στην Α' Προς Κορινθίους 1:25 αναφέρεται, *«Επειδή, η μωρία του Θεού είναι σοφότερη από τους ανθρώπους· και το ασθενές του Θεού είναι ισχυρότερο από τους ανθρώπους.»* Αυτό έχει καταγραφεί για να σας κάνει να καταλάβετε ότι ούτε ο σοφότατος και ούτε ο πιο άριστος άνθρωπος δεν μπορεί να συγκριθεί με τον Θεό.

Ολα αυτά που αναφέρονται στην Βίβλο δεν θα μπορούσατε να τα κηρύξετε ούτε σε μια ολόκληρη ζωή. Τότε, πως τολμάτε να αναμιγνύετε τα ανθρώπινα λόγια με τον Λόγο του Θεού όταν κηρύττετε;

Τα ανθρώπινα λόγια αλλάζουν με το πέρασμα του χρόνου. Ακόμη κι αν υπάρχει κάποια αλήθεια σ' αυτά, έχουν ήδη ειπωθεί στην Βίβλο, και λέγονται με την σοφία του Θεού.

Συνεπώς, πρέπει να δίνετε προτεραιότητα στον αγνό Λόγο του Θεού όταν διδάσκετε την Βίβλο. Βέβαια, μπορείτε να προσφέρετε μερικές παραβολές ή παραδείγματα για να κάνετε τον κόσμο να καταλάβει τον Λόγο του Θεού και τα μυστικά του πνευματικού κόσμου πιο εύκολα.

Πρέπει να συνειδητοποιήσετε ότι μόνο ο Λόγος του Θεού είναι άφθαρτος, και είναι η τέλεια και ολοκληρωμένη αλήθεια η οποία σας οδηγεί στην αιώνια ζωή. Επομένως, δεν είναι σωστό να τρώτε τον Λόγο Του βραστό σε νερό.

Τρίτον, πρέπει να τρώτε τον Λόγο του Θεού ψητό σε φωτιά

Τι σημαίνει η φράση *«ψητό σε φωτιά, το κεφάλι του μαζί με τα πόδια του και μαζί με τα εντόσθιά του»;* (Έξοδος 12:9). Εννοεί ότι πρέπει να κάνετε τον Λόγο του Θεού, την σάρκα του Υιού του Ανθρώπου, πνευματική τροφή σας εντελώς, δίχως να αφαιρέσετε τίποτε.

Λόγου χάριν, μερικοί άνθρωποι αμφιβάλλουν για το γεγονός ότι ο Μωυσής χώρισε την Ερυθρά Θάλασσα. Μερικοί άνθρωποι ούτε καν κάνουν προσπάθεια να διαβάσουν το Λευιτικόν, επειδή δυσκολεύονται να καταλάβουν τις θυσίες στην Παλαιά Διαθήκη. Ορισμένοι άλλοι λένε ότι έχουν δυσκολία να πιστέψουν τα θαύματα τα οποία έκανε ο Ιησούς, και νομίζουν ότι τέτοια θαύματα μπορούσαν να συμβούν μόνο 2000 χρόνια πριν. Παραλείπουν πολλά πράγματα τα οποία δεν χωράνε στις ανθρώπινες σκέψεις και προσπαθούν μόνο να αποσπάσουν ηθικά διδάγματα.

Δεν τους ενδιαφέρει να φυλάξουν στο νου τους λέξεις όπως «Αγάπα τον εχθρό σου», ή «Να αποφεύγετε κάθε μορφή κακού» διότι τους φαίνονται πολύ δύσκολο να υπακούσουν. Θα ήταν δυνατόν να σωθούν;

Επομένως, δεν πρέπει να παίρνετε μοναχά αυτά που θέλετε από την Βίβλο, όπως κάνουν οι ανόητοι άνθρωποι. Πρέπει να τρώτε όλες τις λέξεις στην Βίβλο, εντελώς ψημένες επάνω στη φωτιά, από την Γένεση μέχρι την Αποκάλυψη.

Τότε, τι νόημα έχει να τρώμε τον Λόγο του Θεού «ψητό σε φωτιά»; Η φωτιά εδώ αναφέρεται στο πυρ του Αγίου Πνεύματος. Πρέπει να είστε γεμάτοι με και εμπνευσμένοι από το Άγιο Πνεύμα όταν διαβάζετε και ακούτε τον Λόγο του Θεού, διότι είναι γραμμένος με έμπνευση από το Άγιο Πνεύμα. Αλλιώς, είναι απλώς γνώσεις, κι όχι πνευματική τροφή.

Για να φάτε τον Λόγο του Θεού ψητό στην φωτιά, πρέπει να

προσεύχεσθε θερμά. Οι προσευχές χρησιμεύουν σαν λάδι για να γίνουν η πηγή της πληρότητας του Αγίου Πνεύματος. Αν φάτε τον Λόγο του Θεού μέσω της έμπνευσης του Αγίου Πνεύματος, είναι γλυκύτερος από το μέλι. Επίσης ποτέ δεν θα βαρεθείτε εάν το κήρυγμα διαρκεί πολύ ώρα, διότι είναι τόσο πολύτιμο και σας αρέσει να ακούτε τον Λόγο του Θεού σαν το διψασμένο ελάφι που ψάχνει για ρυάκι με νερό.

Αυτός είναι ο σωστός τρόπος για να τρώτε τον Λόγο του Θεού ψημένον στην φωτιά. Μόνο μ' αυτόν τον τρόπο θα καταλάβετε τον Λόγο του Θεού, θα τον κάνετε πνευματική σάρκα και αίμα σας, και θα αντιληφθείτε και θα ακολουθήσετε το θέλημα του Θεού. Αυτός είναι ο τρόπος με τον οποίον γεννάτε το πνεύμα μέσω του Αγίου Πνεύματος, αναπτύσσετε την πίστη σας, και ανακτάτε την χαμένη εικόνα του Θεού ανακαλύπτοντας το συνολικό καθήκον του ανθρώπου.

Ομως, εκείνοι οι οποίοι τρώνε τον Λόγο του Θεού με τις ατομικές τους σκέψεις, δίχως να τον ψήσουν στην φωτιά, νιώθουν ότι ο Λόγος του Θεού είναι βαρετός, και είναι ανίκανοι να τον θυμούνται, διότι τον ακούν με αδρανείς σκέψεις. Δεν μπορούν ούτε να αναπτυχθούν πνευματικά, ούτε να αποκτήσουν αληθινή ζωή.

Τέταρτον, δεν πρέπει να αφήνετε τον Λόγο του Θεού μέχρι το πρωί

Τι σημαίνει η έκφραση «μην αφήσετε υπόλοιπο απ' αυτό μέχρι το πρωί,· και ό,τι περισσεύσει απ' αυτό μέχρι το πρωί, κάψτε το στη φωτιά;»

Σημαίνει ότι πρέπει να τρώτε την σάρκα του Υιού του Ανθρώπου, τον Λόγο του Θεού τη νύχτα. Ο κόσμος στον οποίον ζείτε τώρα είναι σκοτεινός, ελέγχεται από τον διάβολο, και πνευματικά εκφράζεται ως νύχτα ή ως βραδινή ώρα. Οταν παρουσιασθεί πάλι ο Κύριος μας, όλο το σκοτάδι θα εξαφανισθεί και όλα θα αποκατασταθούν. Θα γίνει πρωί, ο κόσμος του φωτός.

Αρα, «μην αφήσετε υπόλοιπο απ' αυτό μέχρι το πρωί», σημαίνει ότι πρέπει να μάθετε τον Λόγο του Θεού για να προετοιμασθείτε ως νύφη του Κυρίου μας πριν επιστρέψει.

Επίσης, είτε είναι ή δεν είναι πλησίον η επιστροφή του Κυρίου, εσείς ζείτε μοναχά 70 με 80 χρόνια, και δεν γνωρίζετε ποτέ θα συναντήσετε τον Κύριο. Μέχρι να ανταμώσετε τον Κύριο, μεγαλώνετε πνευματικά τόσο όσο τρώτε την σάρκα και πίνετε το αίμα του Υιού του Ανθρώπου. Ετσι, είναι ανάγκη να μάθετε τον Λόγο του Θεού επιμελώς και να αναπτυχθείτε πνευματικά.

Αν κατέχετε την πίστη του Πατέρα, αυξάνοντας συνέχεια την ανάπτυξη του Πνεύματός σας, θα λάβετε δόξα σαν τον λαμπρό ήλιο που βρίσκεται κοντά στον θρόνο του Θεού στην βασιλεία Του, διότι γνωρίζετε τον Θεό, ο οποίος υπάρχει από την αρχή, επειδή καλλιεργείτε τους εννέα καρπούς του Αγίου Πνεύματος και τις Μακαριότητες, και επειδή μοιάζετε καθ' εικόναν του Θεού.

Πίνοντας το Αίμα του Υιού του Ανθρώπου

Για να διατηρείστε στην ζωή, πρέπει να τρώτε φαγητό καθώς και να πίνετε νερό. Αν δεν καταναλώσετε νερό, το φαγητό δεν θα χωνεύεται και θα πεθάνετε. Οταν πηγαίνουν οι τροφές μέσα στο στομάχι αναμεμιγμένες με νερό, χωνεύονται, οι θρεπτικές ουσίες απορροφούνε, και τα περιττώματα απεκκρίνονται.

Με τον ίδιο τρόπο, όταν τρώτε την σάρκα του Υιού του Ανθρώπου, αν δεν πιείτε το αίμα του Υιού του Ανθρώπου, δεν θα μπορείτε να την χωνέψετε. Επομένως, μπορείτε να αποκτήσετε αιώνια ζωή μόνο με τη βρώση της σάρκας του Υιού του Ανθρώπου μαζί με την πόση του αίματος του Υιού του Ανθρώπου.

«Να πίνουμε το αίμα του Υιού του Ανθρώπου» σημαίνει να βάλουμε τον Λόγο του Θεού σε πράξη με πίστη. Ακούγοντας τον Λόγο του Θεού, είναι πολύ σημαντικό να πράττουμε αναλόγως, και αυτό είναι πίστη. Αν δεν πράττετε ανάλογα με τον Λόγο του Θεού αφού τον έχετε ήδη ακούσει και τον γνωρίζετε, είναι μάταιο να τον ακούτε.

Οπως απορροφούνε οι θρεπτικές ουσίες και απεκκρίνονται τα περιττώματα όταν έχουν χωνευτεί τα τρόφιμα, ο Λόγος του Θεού, η αλήθεια, απορροφάται και η αναλήθεια απεκκρίνεται, όταν συμπεριφέρεσθε ανάλογα με τον Λόγο του Θεού για να εξαγνίσετε τις βρώμικες καρδιές σας.

Τι είναι τότε «η απορροφημένη αλήθεια» και «η απεκκριμένη αναλήθεια»; Ας πούμε ότι έχετε ακούσει τον Λόγο του Θεού «Να μην μισείτε, αλλά να αγαπάτε ο ένας τον άλλον.» Αν τον κάνετε τροφή σας και φέρεσθε σύμφωνα με αυτόν, η θρεπτική ουσία που λέγεται αγάπη απορροφάται και το περίττωμα που λέγεται μίσος απεκκρίνεται. Η καρδιά σας αυτομάτως γίνεται πιο αγνή και πιο ειλικρινής απεκκρίνοντας τις βρώμικες και τις ελεεινές σκέψεις.

Να Συμπεριφέρεσθε Σύμφωνα με Τον Λόγο Του Θεού Αφού Τον Έχετε Ακούσει

Πάντως, αν δεν συμπεριφέρεσθε σύμφωνα με τον Λόγο του

Θεού, τότε δεν πίνετε το αίμα του Υιού του Ανθρώπου. Επομένως, ο Λόγος του Θεού είναι μόνο ένα κομμάτι γνώσης μέσα στο κεφάλι σας και δεν μπορείτε να σωθείτε αν δεν πράττετε ανάλογα μ' αυτόν.

Το να πίνετε το αίμα του Υιού του Ανθρώπου, και να συμπεριφέρεσθε σύμφωνα με τον Λόγο του Θεού, δεν είναι κατορθώματα τα οποία μπορούν να γίνουν απλώς με την ανθρώπινη προσπάθεια. Πρέπει να κατέχετε την θέληση και την προσπάθεια να φερθείτε σύμφωνα με τον Λόγο Του, και μετά να λάβετε την χάρη του Θεού, την δύναμη, και την βοήθεια του Αγίου Πνεύματος, εφόσον προσεύχεσθε θερμά.

Αν ήσαστε ικανοί να ξεφορτωθείτε τις αμαρτίες σας με την προσωπική σας προσπάθεια, δεν θα υπήρχε ανάγκη να σταυρωθεί ο Ιησούς, κι ούτε να στείλει ο Θεός το Αγιο Πνεύμα.

Ο Ιησούς Χριστός σταυρώθηκε για να συγχωρέσει τις αμαρτίες σας, διότι δεν μπορείτε να λύσετε το πρόβλημα της αμαρτίας μόνοι σας, και ο Θεός εχει στείλει το Αγιο Πνεύμα για να σας βοηθήσει να μεταβάλλετε την ακάθαρτη καρδιά σας σε καρδιά καθαρή.

Το Αγιο Πνεύμα, το Πνεύμα του Θεού, βοηθάει τα τέκνα του Θεού για να ζουν εντός της αλήθειας και της δικαιοσύνης. Επομένως, με την συνδρομή του Αγίου Πνεύματος, τα τέκνα του Θεού πρέπει να ζουν σύμφωνα με τον Λόγο του Θεού αποβάλλοντας τις αμαρτίες τους, ενώ λαμβάνουν την αγάπη και την ευλογία του Θεού.

Συγχώρεση Μόνο όταν Περπατούμε στο Φως

Το να λέτε ότι τρώτε την σάρκα και πίνετε το αίμα του Υιού του Ανθρώπου, σημαίνει ότι συμπεριφέρεσθε εντός του φωτός, σύμφωνα με τον Λόγο του Θεού. Τότε, σε τι είδους πράξεις αναφέρεται αυτή η έκφραση; Πρέπει να ενεργείτε εντός του φωτός. Φεύγετε από το σκοτάδι και λειτουργείτε εντός του φωτός όταν τρώτε την σάρκα του Υιού του Ανθρώπου, όταν την χωνεύετε, και όταν κάνετε την καρδιά σας αληθινή. Όταν συμπεριφέρεσθε εν τω φως, το αίμα του Κυρίου καθαρίζει τις αμαρτίες του παρελθόντος, του παρόντος και του μέλλοντος.

Έστω κι αν έχετε αμαρτίες οι οποίες δεν έχουν αφαιρεθεί ακόμη, αν μετανοήσετε μ' όλη σας την καρδιά ενώπιον του Θεού, οι αμαρτίες σας μπορεί να συγχωρεθούν με την χάρη του Θεού. Εκείνοι οι οποίοι πράγματι πιστεύουν στον Θεό και προσπαθούν να επιτυγχάνουν την δικαιοσύνη μέσα στην καρδιά τους δεν είναι πλέον αμαρτωλοί, αλλά είναι δίκαιοι άνθρωποι, και μπορούν να σωθούν και να αποκτήσουν αιώνια ζωή.

Ο Θεός Είναι Φως

Στην Α' Επιστολή Ιωάννου 1:5 αναφέρεται, *«Και αυτή είναι η υπόσχεση, την οποία ακούσαμε απ' αυτόν και την αναγγέλλουμε σε σας, ότι: Ο Θεός είναι φως και σ' αυτόν δεν υπάρχει κανένα σκοτάδι.»*

Ο απόστολος Ιωάννης, ο οποίος έγραψε την Α' Επιστολή Ιωάννου, διδάχθηκε απευθείας από τον Ιησού, ο οποίος είχε έρθει σε τούτο τον κόσμο και έγινε το φως για αυτόν τον κόσμο και η οδός για τον Θεό.

Ετσι, στο Κατά Ιωάννη Ευαγγέλιο 1:4-5 λέει περί του Ιησού, *«Μέσα σ' αυτόν ήταν ζωή, και η ζωή ήταν το φως των ανθρώπων. Και το φως μέσα στο σκοτάδι φέγγει, και το σκοτάδι δεν το κατέλαβε.»* Ο Ιησούς, περί του Εαυτού Του δήλωσε, *«Εγώ είμαι ο δρόμος, και η αλήθεια, και η ζωή· κανένας δεν έρχεται στον Πατέρα, παρά μόνον διαμέσου εμού»* (Κατά Ιωάννην 14:6).

Επομένως, οι μαθητές του Ιησού μαρτύρησαν την αλήθεια ότι «Ο Θεός είναι Φως» μέσω του Ιησού, και το μήνυμα το οποίο σας κήρυξαν ήταν ότι «Ο Θεός είναι Φως.»

Πνευματικά, Φως Σημαίνει Αλήθεια

Τι, τότε, είναι το «φως»; Πνευματικά, το φως σημαίνει αλήθεια και η αλήθεια είναι το αντίθετο από το σκοτάδι.

Ο Θεός μάς λέει στην Προς Εφεσίους Επιστολή 5:8, *«Επειδή, κάποτε ήσασταν σκοτάδι, τώρα όμως είστε φως εν Κυρίω· περπατάτε ως παιδιά του φωτός.»* Οσοι ακούνε το μήνυμα ότι «Ο Θεός είναι φως» και μαθαίνουν την αλήθεια από τον Θεό, μπορούν να λάμψουν και να φωτίσουν τούτο τον κόσμο, με τον ίδιο τρόπο που το φως διώχνει το σκοτάδι.

Τα τέκνα του φωτός τα οποία συμπεριφέρονται σύμφωνα με την αλήθεια παράγουν καρπούς του Φωτός. Γι' αυτό στην Προς Εφεσίους 5:9 λέει, *«Επειδή, ο καρπός του Πνεύματος είναι με κάθε αγαθοσύνη και δικαιοσύνη και αλήθεια.»* Η πνευματική αγάπη που περιγράφεται στην Α' Προς Κορινθίους κεφ. 13, και οι καρποί του Αγίου Πνεύματος όπως η αγάπη, η χαρά, η ειρήνη, η υπομονή, η καλοσύνη, η αγαθοσύνη, η ειλικρίνεια, η πραότητα, και η αυτοκυριαρχία, είναι οι καρποί του Φωτός.

Επομένως, το φως αναφέρεται σ' όλες τις λέξεις της αλήθειας περί καλοσύνης, δικαιοσύνης, και αγάπης όπως «αγαπάτε αλλήλους, να προσεύχεσθε, να διατηρείτε την αργία, να φυλάγετε τις Δέκα Εντολές» που σας λέει ο Θεός στην Βίβλο.

Πνευματικά, Σκοτάδι Σημαίνει Αμαρτία

Το σκοτάδι αναφέρεται σε μια κατάσταση όπου δεν υπάρχει φως, και πνευματικά σημαίνει αμαρτία.

Όλες οι αναλήθειες, οι οποίες είναι το αντίθετο από την αλήθεια, είναι σαν αυτά που αναγράφονται στην Προς Ρωμαίους 1:28-29, *«Και καθώς αποδοκίμασαν το να έχουν επίγνωση του Θεού, ο Θεός τούς παρέδωσε σε αδόκιμον νου, ώστε να κάνουν εκείνα που δεν πρέπει, επειδή, είναι γεμάτοι από κάθε αδικία, πορνεία, πονηρία, πλεονεξία, κακία· είναι γεμάτοι από φθόνο, φόνο, φιλονικία, δόλο, κακοήθεια.»* Όλα αυτά είναι σκοτάδι.

Η Βίβλος σάς λέει να αποβάλλετε όλα όσα υπάγονται στο σκοτάδι, όπως την κλεψιά, τον φόνο, την μοιχεία και κάθε είδους πονηράδα.

Αφενός, μερικοί άνθρωποι ισχυρίζονται ότι είναι τέκνα του Θεού, αν και δεν υπακούν σε αυτά που τους λέει ο Θεός να κάνουν ή να διαφυλάξουν, ενώ κάνουν αυτά τα οποία τους λέει ο Θεός να μην κάνουν ή να αποβάλουν. Αυτό το σκοτάδι το κυβερνά ο εχθρός ο διάβολος και ο Σατανάς, και ανήκει σε τούτον τον κόσμο, κι έτσι δεν μπορεί ποτέ να είναι μαζί με το φως. Γι 'αυτό αυτοί που ενεργούν στο σκοτάδι μισούν το φως και ζουν μακριά απ' αυτό.

Αφετέρου, τα αληθινά τέκνα του Θεού, ο οποίος είναι το φως και εντός του οποίου δεν υπάρχει καθόλου σκοτάδι, πρέπει να καταργήσουν το σκοτάδι και να λειτουργούν εντός του φωτός. Μονό τότε θα μπορείτε να επικοινωνείτε με τον Θεό και όλα στην ζωή σας θα πάνε καλά.

Ενδείξεις της Σχέσης με τον Θεό

Συνήθως, υπάρχει πολύ στενή σχέση με βάση την αγάπη μεταξύ γονέων και παιδιών. Με τον ίδιο τρόπο, είναι προφανές για εσάς – που πιστεύετε στον Ιησού Χριστό – να έχετε σχέση με τον Θεό, τον Πατέρα του πνεύματός σας (Ιωάννου Α' 1:3).

«Σχέση» εδώ δεν σημαίνει μόνο να ξέρετε τον άλλον, αλλά και οι δυο να γνωρίζεσθε καλά μεταξύ σας. Δεν μπορείτε να πείτε ότι έχετε σχέση με τον Πρόεδρο παρόλο που ξέρετε αρκετά πράγματα γι' αυτόν. Το ίδιο ισχύει με την σχέση σας με τον Θεό. Για να έχετε πραγματική σχέση με τον Θεό, πρέπει να Τον γνωρίζετε τόσο καλά όσο γνωρίζει και αναγνωρίζει εσάς Εκείνος.

Στην Ιωάννου Α' 1:6-7 λέει *«Αν πούμε ότι έχουμε κοινωνία μαζί του και περπατάμε στο σκοτάδι, λέμε ψέματα και δεν πράττουμε την αλήθεια. Αν, όμως, περπατάμε μέσα στο φως, όπως αυτός είναι μέσα στο φως, έχουμε κοινωνία ο ένας με τον άλλον, και το αίμα του Ιησού Χριστού, του Υιού του, μας καθαρίζει από κάθε αμαρτία.»*

Εδώ εννοείται ότι έχετε σχέση με τον Θεό μόνο όταν αποβάλλετε τις αμαρτίες και λειτουργείτε εντός του φωτός. Αν ισχυρίζεσθε ότι έχετε σχέση με τον Θεό ενώ φέρεσθε και ζείτε ακόμη μέσα στο σκοτάδι, είναι ψέμα.

Η ύπαρξη σχέσης με τον Θεό σημαίνει ότι έχετε πνευματική και ειλικρινή σχέση, όχι να έχετε μια απλή κοσμική σχέση, γνωρίζοντας τον Θεό μόνο με γνώσεις που υπάρχουν μέσα στο κεφάλι σας. Εσείς οι ίδιοι πρέπει να είστε το φως για να έχετε κοινωνία με τον Θεό, διότι Εκείνος είναι το φως. Το Άγιο Πνεύμα, η καρδιά του Θεού, σας διδάσκει την σαφή βούληση του Θεού μέχρι του σημείου να ζείτε μέσα στην αλήθεια για να έχετε βαθύτερη επικοινωνία με τον Θεό όταν διαβάζετε τον λόγο Του και όταν προσεύχεσθε.

Αν Περπατάτε Μέσα στο Σκοτάδι

Ψεύδεστε αν δηλώνετε ότι έχετε κοινωνία με τον Θεό, αλλά περπατάτε μέσα στο σκοτάδι διαπράττοντας αμαρτίες. Δεν είναι περπάτημα εντός της αλήθειας αυτό, και τελικά θα πάρετε την οδό του θανάτου.

Στο Σαμουήλ Α' κεφ. 2, οι γιοι του Ηλεί του ιερέα ενεργούσαν πονηρά και διέπρατταν αμαρτίες. Έπρεπε να τους είχε τιμωρήσει, αλλά ο Ηλεί μόνο τους συμβούλεψε. *«Γιατί τα κάνετε αυτά τα πράγματα; Δεν πρέπει να τα κάνετε.»*

Στο τέλος, η οργή του Θεού έπεσε επάνω τους. Δυο γιοι του Ηλεί του ιερέα πέθαναν σε μάχη, και ο Ηλεί έπεσε προς τα πίσω από την καρέκλα του, στην άκρη της πύλης, σπάζοντας τον λαιμό του και πέθανε. Η οργή του Θεού έπεσε επίσης επάνω στους απογόνους του (Σαμουήλ Α' 2:27-36, 4:11-22).

Επομένως, όπως αναφέρεται στην Προς Εφεσίους 5:11-13, *«Και μη συγκοινωνείτε στα άκαρπα έργα του σκότους, μάλλον δε και να ελέγχετε. Επειδή, αυτά που γίνονται απ' αυτούς κρυφά, είναι αισχρό και να τα λέει κανείς όλα, όμως, καθώς ελέγχονται από το φως, γίνονται φανερά· επειδή, κάθε τι που φανερώνεται είναι φως.»*

Αν υπάρχει κάποιος ο οποίος ισχυρίζεται ότι εχει σχέση με τον Θεό αλλά δεν περπατάει στο φως, πρέπει να τον συμβουλέψετε με αγάπη. Αν και πάλι δεν έρθει στο φως, πρέπει να τον μαλώσετε για να τον οδηγήσετε στο φως ώστε να μην πάρει την οδό του θανάτου.

Συγχώρεση όταν Περπατούμε στο Φως

Υπάρχει νόμος σε αυτόν τον κόσμο, και όταν τον παραβιάσει κάποιος, θα τιμωρηθεί ανάλογα με τον βαθμό της πράξης του. Ωστόσο, δεν μπορεί να κάνει τίποτε αν νιώθει ενοχή στην συνείδησή του εφόσον η ζημιά έχει ήδη γίνει, ακόμη και αν έχει πληρώσει για το λάθος του και έχει τιμωρηθεί.

Παρομοίως, συνεχίζετε να έχετε την αμαρτωλή φύση μέσα στην καρδιά σας, έστω κι αν δεχθήκατε τον Ιησού Χριστό, αν συγχωρέθηκαν οι αμαρτίες σας, και αν κηρύσσεστε δίκαιοι.Άρα, ο Θεός σάς διατάζει να κάνετε περιτομή της καρδιάς σας για να μην αισθάνεστε ενοχή ούτε στην συνείδησή σας.

Όπως αναφέρεται στον Ιερεμία 4:4, *«Περιτμηθείτε στον Κύριο, και αφαιρέστε τις ακροβυστίες της καρδιάς σας, άνδρες του Ιούδα και κάτοικοι της Ιερουσαλήμ, μήπως και βγει ο θυμός μου σαν φωτιά, κι ανάψει, και δεν υπάρξει κανένας που θα τη σβήσει, ένεκα της κακίας των πράξεών σας,»* η περιτομή της καρδιάς σημαίνει να κόψετε το δέρμα της καρδιάς σας.

Το κόψιμο του δέρματος της καρδιάς σας σημαίνει να τηρείτε αυτά που λέει ο Θεός στην Βίβλο, εννοώντας αυτά «που πρέπει να πράττετε», «αυτά τα οποία απαγορεύεται να πράττετε», «αυτά τα οποία πρέπει να φυλάγετε» ή «αυτά τα οποία πρέπει να εκδιώξετε.» Μ' άλλα λόγια, σημαίνει ότι πρέπει να διώξετε τα πάντα τα οποία βρίσκονται σ' αντίθεση με τον λόγο του Θεού, όπως την αναλήθεια, την κακία, την αδικία, την ανομία, και το σκοτάδι, καθαρίζοντας την καρδιά σας, ενώ την γεμίζετε με αλήθεια.

Αρα, πρέπει επιμελώς να κάνετε τον Λόγο του Θεού τροφή σας, να απορροφάτε τις θρεπτικές ουσίες ενεργώντας σύμφωνα με αυτόν, και να απεκκρίνετε το περίττωμα της πονηράδας και της αναλήθειας, οι οποίες ανήκουν στο σκοτάδι. Οταν κάνετε περιτομή της καρδιάς σας, θα μπορέσετε να αναπτυχθείτε πνευματικά.

Οταν γίνετε πνευματικός και ειλικρινής άνθρωπος, απεκκρίνοντας την αμαρτία και τα κακοήθη περιττώματα, θα είστε σε κοινωνία με τον Θεό. Τότε, το αίμα του Ιησού Χριστού θα μπορέσει να καθαρίσει τις αμαρτίες σας, εφόσον θα έχετε αυτή την σχέση.

Αρα, δεν πρέπει μόνο να δεχθείτε τον Ιησού Χριστό και να δηλωθείτε δίκαιοι, αλλά να μεταβληθείτε σε αληθινό δίκαιο άνθρωπο τρώγοντας την σάρκα, πίνοντας το αίμα του Υιού του Ανθρώπου, και κάνοντας περιτομή της καρδιάς σας.

Η Πίστη που Συνοδεύεται Με Πράξη Είναι Αληθινή Πίστη

Προς έκπληξή σας, βλέπετε πολύ κόσμο ο οποίος δεν καταλαβαίνει αληθινά την έννοια της πίστης. Μερικοί λένε, «Γιατί δεν πάτε απλά στην εκκλησία; Μπορείτε και έτσι να σωθείτε.»

Αν ακούτε τον Λόγο του Θεού και τον γνωρίζετε, αλλά δεν συμπεριφέρεσθε σύμφωνα μ' αυτόν, είναι μόνο πίστη σε μορφή γνώσεων μέσα στο κεφάλι σας, όχι η αληθινή πίστη. Κατά αυτό τον τρόπο, δεν μπορείτε να σωθείτε. Ποια είναι η πίστη την οποία αναγνωρίζει ο Θεός; Πως μπορείτε να σωθείτε μέσω της πίστης;

Η Αληθινή Μεταμέλεια Απαιτεί να Αποστραφείτε Τις Αμαρτίες

Στην Ιωάννου Α' 1:8-9 αναφέρεται, *«Αν πούμε ότι δεν έχουμε αμαρτία, εξαπατούμε τον εαυτό μας και η αλήθεια δεν υπάρχει μέσα μας. Αν ομολογούμε τις αμαρτίες μας, ο Θεός είναι πιστός και δίκαιος ώστε να συγχωρήσει σε μας τις αμαρτίες, και να μας καθαρίσει από κάθε αδικία.»*

Τότε, τι σημαίνει να εξομολογείστε τις αμαρτίες σας;

Ας υποθέσουμε ότι σας λέει ο Θεός, «Πηγαίνοντας προς την Ανατολή, είναι ο δρόμος της αιώνιας ζωής και το θέλημά Μου, άρα, πηγαίνετε ανατολικά.» Αν, όμως, εσείς συνεχίζετε να πηγαίνετε δυτικά και λέτε, «Θεέ, θα έπρεπε να πάω ανατολικά, αλλά εγώ πηγαίνω δυτικά, Γι' αυτό σε παρακαλώ να με συγχωρέσεις,» αυτό δεν είναι εξομολόγηση. Αυτό σημαίνει ότι δεν πιστεύετε στον Θεό ή δεν Τον φοβάστε, αλλά μάλλον Τον κοροϊδεύετε. Η αληθινή μεταμέλεια δεν γίνεται μόνο με την ομολογία των αμαρτιών σας από τα χείλη, αλλά και με την απόλυτη αποστροφή από τις αμαρτίες σας στις πράξεις σας. Μόνο τότε λαμβάνει ο Θεός την μετάνοιά σας και σας χορηγεί συγχώρεση.

Με τον ίδιο τρόπο που θα πεθαίνατε αν δεν τρώγατε καθόλου φαγητό, ενώ ξέρετε ότι πρέπει να φάτε για να διατηρηθείτε εν ζωή, ομοίως, δεν εξαγνίζεστε με το αίμα του Κυρίου αν εξομολογείστε τις αμαρτίες σας μόνο με τα χείλη, ενώ δεν στρέφεστε μακριά από αυτές.

Πίστη Δίχως Πράξεις Είναι Νεκρή Πίστη

Στην Ιακώβου επιστολή 2:22, αναφέρεται *«Βλέπεις ότι η πίστη συνεργούσε στα έργα του, και από τα έργα η πίστη αποδείχθηκε τέλεια;»* Ο στίχος 26 συνεχίζει περαιτέρω: *«Επειδή, όπως το σώμα χωρίς πνεύμα είναι νεκρό, έτσι και η πίστη χωρίς τα έργα είναι νεκρή.»*

Πολύς κόσμος πηγαίνει στην εκκλησία έχοντας ακούσει ότι υπάρχει ο Παράδεισος και η Κόλαση. Κι όμως, επειδή δεν πιστεύουν πραγματικά σ' αυτό το γεγονός μέσα στην καρδιά τους, δεν συνοδεύουν με πράξεις.

Επιπλέον, αν ομολογείτε με τα χείλη σας ότι πιστεύετε, ενώ ζείτε ακόμη μέσα στην αμαρτία, πώς μπορείτε να λέτε ότι έχετε πίστη; Η Βίβλος σάς εξηγεί ότι η αμαρτία η οποία διαπράττεται με γνώσεις είναι χειρότερη από την αμαρτία η οποία διαπράττεται εν αγνοία.

Όταν ομολογείτε, «πιστεύω» δίχως πράξεις, πιθανόν να νομίζετε ότι κατέχετε πίστη, αλλά ο Θεός δεν το αναγνωρίζει αυτό σαν αληθινή πίστη.

Οι Ισραηλίτες που εξήλθαν από την Αίγυπτο είχαν πολλές εμπειρίες των έργων του Θεού. Ο Θεός χώρισε την Ερυθρά Θάλασσα, τους έδωσε μάννα και ορτύκια, και τους προστάτευε με στήλη από σύννεφα την ημέρα και με στήλη από φωτιά την νύχτα.

Εντούτοις, όταν τους διέταξε ο Θεός να κατασκοπεύσουν στην γη της Χαναάν, μόνο ο Ιησούς του Ναυή και ο Χάλεβ πίστεψαν στον Λόγο και στην ισχύ του Θεού. Ως συνέπεια, εκείνοι οι

Ισραηλίτες οι οποίοι δεν υπάκουσαν στον Θεό, επειδή δεν κατείχαν αρκετά δυνατή πίστη για να εισέλθουν στην Χαναάν, πέρασαν για 40 έτη δοκιμασίες στην έρημο και εν τέλει εκεί πέθαναν.

Πρέπει να αντιληφθείτε ότι είναι ανώφελο, αν δεν πιστεύετε ή αν δεν συμπεριφέρεσθε σύμφωνα με τον Λόγο του Θεού, παρόλο που γίνατε μάρτυρες και είδατε τόσα έργα του θεού. Η πίστη συμπληρώνεται με πράξεις.

Μόνον Εκείνοι που Διατηρούν τον Νόμο Γίνονται Δίκαιοι

Στην Προς Ρωμαίους 2:13 ο Θεός μάς λέει ότι *«Επειδή, δεν είναι δίκαιοι μπροστά στον Θεό οι ακροατές του νόμου, αλλά οι εκτελεστές του νόμου θα δικαιωθούν.»*

Δεν είστε δίκαιοι μόνο επειδή είστε παρόντες την ώρα της λειτουργίας και ακούτε το μήνυμα. Μετατρέπεστε σε δίκαιους ανθρώπους μόνο όταν η αναληθής καρδιά σας μεταβάλλεται σε αληθινή καρδιά εφόσον φέρεσθε σύμφωνα με τον Λόγο του Θεού.

Μερικοί, παρεξηγώντας αυτό που αναφέρεται στην Προς Ρωμαίους 10:13, *«Καθένας που θα επικαλεστεί το όνομα του Κυρίου, θα σωθεί»*, λένε ότι αν απλώς αποκαλέσουν τον Ιησού Χριστό «Κύριο» με τα χείλη τους μπορούν να σωθούν. Ομως, αυτό είναι απολύτως λανθασμένο. Οπως αναφέρεται στον Ησαΐα 34:16, *«Αναζητήστε μέσα στο βιβλίο του Κυρίου, και διαβάστε· κανένα απ' αυτά δεν θα λείψει, κανένα δεν θα είναι χωρίς τον σύντροφό του· επειδή, το ίδιο το στόμα του Κυρίου πρόσταξε, και το ίδιο το πνεύμα του τα συγκέντρωσε αυτά.»* Ο Λόγος του Θεού έχει τον σύντροφό του και γίνεται τέλειος μόνο όταν ερμηνεύεται με τον σύντροφό του.

Στην Προς Ρωμαίους 10:9-10 αναφέρεται, *«ότι, αν με το στόμα σου ομολογήσεις Κύριο τον Ιησού, και μέσα στην καρδιά σου πιστέψεις ότι ο Θεός τον ανέστησε από τους νεκρούς, θα σωθείς· επειδή, με την καρδιά πιστεύει κάποιος προς δικαιοσύνη, και με το στόμα γίνεται ομολογία προς σωτηρία.»*

Μόνον εκείνοι οι οποίοι πιστεύουν στην καρδιά τους ότι ο Ιησούς αναστήθηκε μπορούν να κάνουν αληθινή την εξομολόγηση των χειλιών τους, διότι ζουν σύμφωνα με τον Λόγο του Θεού. Θα σωθούν όντως όταν εξομολογηθούν μ' αυτή την αληθινή πίστη, και θα γίνουν όλο και πιο δίκαιοι, ενώ εκείνοι οι οποίοι δεν εξομολογούνται με τέτοια πίστη δεν μπορούν να σωθούν.

Γι' αυτό ο Ιησούς είπε στο Κατά Ματθαίον 13:49-50, *«Έτσι θα είναι κατά τη συντέλεια του αιώνα· θα βγουν οι άγγελοι, και θα αποχωρίσουν τους πονηρούς από μέσα από τους δικαίους, και θα τους ρίξουν στο καμίνι τής φωτιάς· εκεί θα είναι το κλάμα και το τρίξιμο των δοντιών.»*

Εδώ, η φράση «οι δίκαιοι» είναι αναφορά σ' όλους αυτούς που αναγνωρίζουν τον Θεό και που δηλώνουν ότι έχουν πίστη. Η φράση «θα αποχωρίσουν τους πονηρούς από μέσα από τους δικαίους» σημαίνει ότι όσοι δεν ενεργούν σύμφωνα με τον Λόγο του Θεού δεν μπορούν να σωθούν, παρόλο που παρίστανται στην εκκλησία και ζουν Χριστιανικές ζωές.

Ο Θεός Πράγματι Θέλει την Περιτομή της Καρδιάς

Ο Θεός θέλει να είναι τα τέκνα Του άγια και τέλεια. Γι' αυτό στην Α' Επιστολή Πέτρου 1:15 μάς λέει, *«Αλλά, καθώς εκείνος που σας κάλεσε είναι άγιος, έτσι κι εσείς να γίνετε άγιοι σε κάθε διαγωγή»* και στο Κατά Ματθαίον 5:48, *«Να είστε, λοιπόν, εσείς τέλειοι, όπως ο Πατέρας σας, που είναι στους ουρανούς, είναι τέλειος.»*

Κατά την εποχή της Παλαιάς Διαθήκης, οι άνθρωποι σώζονταν με τις πράξεις, ως αντιπροσώπευση αυτού που επρόκειτο να έρθει, αλλά κατά την εποχή της Καινής Διαθήκης, όταν ο Ιησούς Χριστός εκπλήρωσε τον Νόμο με αγάπη, σώζεστε διά της πίστεως.

Η φράση «Να σωθείτε από τις πράξεις του Νόμου» σημαίνει ότι, αν παραδείγματος χάριν, έχετε ακάθαρτη καρδιά για να φονεύετε, να μισείτε, να διαπράττετε μοιχεία, να ψεύδεστε κλπ., δεν θεωρείται αμαρτία, εκτός αν εφαρμοσθεί στην πράξη.

Ο Θεός δεν καταδίκαζε τον κόσμο, εκτός και αν εκτελούσαν άδικες πράξεις, επειδή ήταν ανίκανοι να εκβάλλουν τις αμαρτίες τους από μόνοι τους δίχως την βοήθεια του Αγίου Πνεύματος κατά την εποχή της Παλαιάς Διαθήκης. Ομως, την εποχή της Καινής Διαθήκης, σώζεστε μόνο όταν κάνετε την περιτομή της καρδιάς σας εν πίστη, με την συνδρομή του Αγίου Πνεύματος, αφού το Αγιο Πνεύμα έχει έρθει σ' εσάς. Το Αγιο Πνεύμα σάς κάνει να συνειδητοποιείτε την διαφορά μεταξύ αμαρτίας και δικαιοσύνης, την Κρίση, και σας επιτρέπει να ζείτε σύμφωνα με τον Λόγο του Θεού. Αρα, σας είναι δυνατόν να απαλλαγείτε από την αναλήθεια και να κάνετε περιτομή της καρδιάς σας με την βοήθεια του Αγίου Πνεύματος.

Πρέπει να αντιληφθείτε ότι ο Θεός πράγματι ζητάει από εσάς να κάνετε την περιτομή της καρδιάς σας, να διώξετε τις αμαρτίες, να είστε άγιοι, και να συμμετέχετε στην θεϊκή φύση. Ο απόστολος Παύλος γνώριζε αυτή την βούληση του Θεού και δίδασκε την περιτομή της καρδιάς, όχι της σάρκας (Προς Ρωμαίους 2:28-29). Σας συμβούλευε να αντισταθείτε μέχρι του σημείου να χύσετε το αίμα σας στον αγώνα σας ενάντια στην αμαρτία, με τα μάτια σας καρφωμένα στον Ιησού, Αυτόν που τελειοποιεί την πίστη (Προς Εβραίους 12:1-4).

Εύχομαι να κατέχετε αληθινή πίστη συνοδευόμενη από πράξεις, και να αντιλαμβάνεστε ότι δεν μπορείτε να εισέλθετε στον ουρανό μόνο επειδή φωνάζετε «Κύριε, Κύριε,» αλλά μόνο αν περπατάτε μέσα στο φως και αν έχετε κάνει την περιτομή της καρδιάς σας.

Κεφάλαιο 9

Γεννημένος από Ύδωρ και από Πνεύμα

- Ο Νικόδημος Έρχεται στον Ιησού
- Ο Ιησούς Βοηθάει την Πνευματική Κατανόηση του Νικόδημου
- Όταν Γεννιόμαστε από Ύδωρ και από το Πνεύμα
- Τρεις Μάρτυρες: το Πνεύμα, το Ύδωρ, και το Αίμα

Το Μήνυμα του Σταυρού

ΥΠΗΡΧΕ δε ένας άνθρωπος από τους Φαρισαίους, που ονομαζόταν Νικόδημος, άρχοντας των Ιουδαίων. Αυτός ήρθε στον Ιησού μέσα στη νύχτα και του είπε: Ραββί, ξέρουμε ότι ήρθες Δάσκαλος από τον Θεό· επειδή, κανένας δεν μπορεί να κάνει αυτά τα σημεία που εσύ κάνεις, αν ο Θεός δεν είναι μαζί του. Αποκρίθηκε ο Ιησούς και του είπε: Σε διαβεβαιώνω απόλυτα, αν κάποιος δεν γεννηθεί ξανά, δεν μπορεί να δει τη βασιλεία του Θεού. Ο Νικόδημος λέει σ' αυτόν: Πώς μπορεί ένας άνθρωπος να γεννηθεί ενώ είναι γέροντας; Μήπως μπορεί να μπει μια δεύτερη φορά στην κοιλιά της μητέρας του και να γεννηθεί; Αποκρίθηκε ο Ιησούς: Σε διαβεβαιώνω απόλυτα, αν κάποιος δεν γεννηθεί από νερό και Πνεύμα, δεν μπορεί να μπει μέσα στη βασιλεία του Θεού.

Κατά Ιωάννην 3:1-5

Ο Θεός έστειλε τον Ιησού Χριστό, τον ένα και μοναδικό Υιό Του, και άνοιξε την οδό της σωτηρίας. Οποιος Τον δέχεται, του χορηγείται το δικαίωμα να γίνει τέκνο του Θεού, και απολαμβάνει ευλογημένη και αιώνια ζωή τώρα και για πάντα. Ομως, στην τωρινή εποχή, βλέπετε ότι πολύς κόσμος δεν εχει την εγγύηση της σωτηρίας, αν και εχει λάβει τον Ιησού Χριστό. Επιπλέον, μερικοί άνθρωποι ισχυρίζονται ότι έχουν λάβει σωτηρία αλλά τους λείπει η πίστη που θα τους σώσει, ή άλλοι πάλι ισχυρίζονται ότι έχουν σωθεί επειδή είχαν λάβει μια φορά το Αγιο Πνεύμα, αλλά μετά δεν τους ενδιέφεραν πλέον οι πράξεις τους.

Τώρα, για να ολοκληρώσουμε το μήνυμα του σταυρού, ας γίνουμε σαφείς για τον τρόπο με τον οποίο θα φθάσουμε την τέλεια σωτηρία από την στιγμή που δεχόμαστε τον Ιησού Χριστό, μέσω της ιστορίας του Νικόδημου.

Ο Νικόδημος Έρχεται στον Ιησού

Την εποχή του Ιησού, οι Φαρισαίοι είχαν τον Νόμο του Μωυσή σε μεγάλη υπόληψη, και φύλαγαν τις παραδόσεις των πρεσβυτέρων. Ηταν θρησκευτικοί ηγέτες που προέρχονταν από τους εκλεκτούς Ισραηλίτες και πίστευαν στην κυριαρχία του Θεού, στην ανάσταση, στους αγγέλους, στην τελική Κρίση, και στον Μεσσία που θα έρθει.

Ωστόσο, ο Ιησούς τούς επέπληττε επανειλημμένως, λέγοντας, «Αλίμονο σε σας, Φαρισαίοι.» Εκείνοι, ως υποκριτές, εξωτερικά έδιναν την εντύπωση ότι ήταν άγιοι, αλλά εσωτερικά ήταν γεμάτοι πλεονεξία και ρέποντες προς την ακολασία σαν ασβεστωμένοι τάφοι (Κατά Ματθαίον 23:25-26).

Ο Νικόδημος Είχε Αγαθή Καρδιά

Ο Νικόδημος ήταν ένας από τους Φαρισαίους του κυβερνητικού συμβουλίου των Ιουδαίων το οποίο λεγόταν Συνεδριών. Κι όμως, αντίθετα με άλλους Φαρισαίους, δεν καταδίωκε τον Ιησού. Αντιθέτως, πίστευε ότι ο Ιησούς είχε έλθει από τον Θεό, βλέποντας τα σημεία και τα θαύματα τα οποία εκτελούσε ο Ιησούς. Ο Νικόδημος ήθελε να ξέρει ποιος ήταν ο Ιησούς γιατί είχε αγαθή καρδιά.

Στο Κατά Ιωάννην 7:51, ο Νικόδημος ρωτάει τους Φαρισαίους που ήθελαν να συλλάβουν τον Ιησού, υπερασπίζοντάς Τον, *«Μήπως ο νόμος μας δεν κρίνει τον άνθρωπο, αν πρώτα δεν ακούσει απ' αυτόν, και μάθει τι κάνει;»*

Δεν θα ήταν καθόλου εύκολο να μιλήσει έτσι μέλος του Συνεδρίου, εκείνον τον καιρό. Και σήμερα ακόμα, αν μια κυβέρνηση προγράφει ή αποθαρρύνει τον Χριστιανισμό μέσω του νόμου, οι αξιωματούχοι δεν μπορούν να σταθούν στο πλευρό του Χριστιανισμού. Παρομοίως, εκείνη την εποχή οι Ισραηλίτες θεωρούσαν κάθε άλλη θρησκεία εκτός από τον Ιουδαϊσμό ως ψεύτικη. Ο Νικόδημος ήξερε ότι υπήρχε πιθανότητα να τον αφορίσουν αν στεκόταν στο πλευρό του Ιησού.

Παρόλα αυτά, ο Νικόδημος υπερασπίσθηκε τον Ιησού. Αποδείχθηκε ότι ήταν ειλικρινής και ότι έμεινε ανυποχώρητος στην πίστη του στον Ιησού.

Στο Κατά Ιωάννην 19:39-40 απεικονίζεται μια σκηνή αμέσως μετά από τον θάνατο του Ιησού επί του σταυρού:

> *Ήρθε μάλιστα και ο Νικόδημος, (που αρχικά είχε έρθει στον Ιησού μέσα στη νύχτα), φέρνοντας μίγμα από σμύρνα και αλόη 100 περίπου λίτρες. Πήραν, λοιπόν, το σώμα του Ιησού, και το έδεσαν με σάβανα μαζί με τα αρώματα, όπως είναι συνήθεια στους Ιουδαίους να ενταφιάζουν.*

Άρα, ο Νικόδημος πίστευε ότι ο Ιησούς ήταν άνθρωπος του Θεού, τον υπηρετούσε αμετάβλητα και μετά την σταύρωσή Του, και απέκτησε σωτηρία με πίστη στην Ανάσταση Του.

Ο Νικόδημος Έρχεται στον Ιησού

Στο Κατά Ιωάννην κεφ. 3, υπάρχει ένας διάλογος μεταξύ του Ιησού και του Νικόδημου πριν καταλάβει την αλήθεια εν πνεύματι.

Μια νύχτα ο Νικόδημος ήρθε στον Ιησού, και δήλωσε, «*Αυτός ήρθε στον Ιησού μέσα στη νύχτα και του είπε: Ραββί, ξέρουμε ότι ήρθες Δάσκαλος από τον Θεό· επειδή, κανένας δεν μπορεί να κάνει αυτά τα σημεία που εσύ κάνεις, αν ο Θεός δεν είναι μαζί του*» (στ. 2).

Ο Νικόδημος, στην αρχή δεν γνώριζε ότι ο Ιησούς ήταν ο Μεσσίας και Υιός του Θεού. Ωστόσο, όταν έγινε μάρτυρας στα θαύματα του Ιησού, ο Νικόδημος το αντιλήφθηκε και δήλωσε ότι ο Ιησούς ήταν άνθρωπος του Θεού, διότι ήταν ευσυνείδητος. Μέσω της ευσυνειδησίας του, ήξερε ότι μονάχα ο Παντοκράτωρ Θεός μπορούσε να αναστήσει τους νεκρούς, να κάνει τους τυφλούς να δουν, τους παράλυτους να σταθούν, και τους λεπρούς να γιατρευθούν.

Τότε, γιατί ήρθε στον Ιησού την νύχτα; Ήταν σαν αυτούς τους ανθρώπους που δεν θέλουν να παρίστανται στην εκκλησία ανοιχτά επειδή δεν έχουν πίστη προς τον Θεό τον Πλάστη.

Αν και είχε αγαθή καρδιά ο Νικόδημος, δεν κατείχε αληθινή πίστη. Δεν είχε πίστη προς τον Ιησού ως Υιό του Θεού και Μεσσία, κι έτσι δεν επισκέφτηκε τον Ιησού ανοιχτά την ημέρα — το έκανε την νύχτα.

Ο Ιησούς Βοηθά την Πνευματική Κατανόηση του Νικόδημου

Ο Ιησούς είπε στον Νικόδημο, *«Αποκρίθηκε ο Ιησούς και του είπε: Σε διαβεβαιώνω απόλυτα, αν κάποιος δεν γεννηθεί ξανά, δεν μπορεί να δει τη βασιλεία του Θεού»* (Κατά Ιωάννην 3:3).

Ο Νικόδημος, όμως, δεν μπορούσε να το καταλάβει αυτό καθόλου. Τότε ρώτησε πάλι, «Πώς μπορεί να γεννηθεί ξανά ο άνθρωπος εφόσον είναι γέρος;» Δεν είχε πνευματική πίστη, και γι' αυτό αναρωτιόταν, «Ο ηλικιωμένος άνθρωπος πεθαίνει και επιστρέφει στο χώμα, και μετά πώς είναι δυνατόν να γεννηθεί πάλι;»

Τότε ο Ιησούς του είπε για την γέννηση από ύδωρ και Πνεύμα: *«Αποκρίθηκε ο Ιησούς: Σε διαβεβαιώνω απόλυτα, αν κάποιος δεν γεννηθεί από νερό και Πνεύμα, δεν μπορεί να μπει μέσα στη βασιλεία του Θεού. Εκείνο που έχει γεννηθεί από τη σάρκα είναι σάρκα, και εκείνο που έχει γεννηθεί από το Πνεύμα, είναι πνεύμα»* (Κατά Ιωάννην 3:5-6).

Όταν ο Νικόδημος απέκτησε περιέργεια γι' αυτό που είπε ο Ιησούς, ο Ιησούς του το εξήγησε σε παραβολή: *«Ο άνεμος πνέει όπου θέλει, και ακούς τη φωνή του, αλλά δεν ξέρεις από πού έρχεται, και πού πηγαίνει· έτσι είναι καθένας που γεννήθηκε από το Πνεύμα»* (Κατά Ιωάννην 3:8).

Μετά την απειθαρχία του Αδάμ, πέθανε το Πνεύμα κάθε ανθρώπου και όλοι που ήρθαν κατόπιν αυτού ήταν προορισμένοι να πεθάνουν. Κι όμως, το Πνεύμα του ανθρώπου αναζωογονείται όταν ξαναγεννηθεί από το Άγιο Πνεύμα. Καθώς ο άνθρωπος γίνεται πνευματικός, αποκαθιστά την εικόνα του Θεού και σώζεται. Εντούτοις, ο Νικόδημος δεν κατάλαβε τι εννοούσε ο Ιησούς (στ. 9).

Και έτσι Τον ρώτησε, «Πως είναι δυνατόν αυτό;» Ο Ιησούς απάντησε:

> *Αν σας είπα τα επίγεια, και δεν πιστεύετε, πώς θα πιστέψετε, αν σας πω τα επουράνια; Και κανένας δεν ανέβηκε στον ουρανό, παρά αυτός που κατέβηκε από τον ουρανό, ο Υιός του ανθρώπου, αυτός που είναι στον ουρανό. Και όπως ο Μωυσής ύψωσε το φίδι μέσα στην έρημο, έτσι πρέπει να υψωθεί ο Υιός του ανθρώπου για να μη χαθεί καθένας ο οποίος πιστεύει σ' αυτόν, αλλά να έχει αιώνια ζωή* (στ. 12-15).

Στους Αριθμούς 21:4-9, οι Ισραηλίτες που είχαν οδηγηθεί έξω από την Αίγυπτο, μιλούσαν εναντίον του Μωυσή επειδή το ταξίδι τους στην Χαναάν γινόταν όλο και πιο δύσκολο να το αντέξουν.

Τότε ο Θεός απέστρεψε το πρόσωπό Του και έστειλε δηλητηριώδη φίδια τα οποία δάγκωναν τον κόσμο.

Καθώς φώναζαν βοήθεια, ο Θεός είπε στον Μωυσή να κατασκευάσει έναν χάλκινο όφι και να τον στήσει επάνω σ' ένα στύλο. Ο Θεός έσωσε όποιον τον κοιτούσε, αλλά οι πεισματάρηδες άνθρωποι πέθαναν, διότι από απιστία ούτε καν τον κοίταξαν.

Καταλαβαίνοντας τον Λόγο του Θεού Πνευματικά

Ποια ήταν η αιτία που διέταξε ο Θεός την κατασκευή του χάλκινου όφι, και γιατί να τον βάλουν επάνω σε στύλο; Από την Γένεση 3:14 ξέρουμε ότι ο όφις ήταν καταραμένος. Επιπλέον, στην Προς Γαλάτας 3:13 λέει, «*Επικατάρατος καθένας που κρεμιέται επάνω σε ξύλο.*»

Άρα, η τοποθέτηση του χάλκινου φιδιού πάνω σε στύλο συμβολίζει ότι ο Ιησούς θα κρεμαστεί επάνω σε ξύλινο σταυρό σαν καταραμένο φίδι για να σας λυτρώσει. Επιπροσθέτως, με τον ίδιο τρόπο που έζησαν όσοι κοίταξαν τον χάλκινο όφι, όποιος πιστεύει στον Ιησού Χριστό σώζεται.

Ο Νικόδημος δεν ήταν ικανός να καταλάβει το νόημα του Λόγου του Θεού, διότι δεν είχε ακόμη γεννηθεί εξ ύδατος και εκ Πνεύματος, και δεν είχαν ανοιχθεί οι πνευματικοί του οφθαλμοί.

Ακόμη και σήμερα, εκτός αν γεννηθείτε από ύδωρ και από το Πνεύμα, και ανοίξουν οι πνευματικοί σας οφθαλμοί, δεν μπορείτε να καταλάβετε την έννοια του πνευματικού μηνύματος, διότι μπορεί να το ερμηνεύσετε κυριολεκτικά και να το παρεξηγήσετε.

Πρέπει να προσεύχεσθε με ζέση για να μπορέσετε να καταλάβετε την πνευματική έννοια του Λόγου του Θεού μέσω της εμπνευσης του Αγίου Πνεύματος. Τότε ο Θεός της χάρης θα ανοίξει την καρδιά σας, και θα είστε ικανοί να καταλάβετε τον Λόγο του Θεού και να κατέχετε αληθινή πίστη.

Όταν Γεννιόμαστε από Ύδωρ και από το Πνεύμα

Ο Ιησούς είπε στον Νικόδημο όταν τον επισκέφθηκε την νύχτα, *«Αποκρίθηκε ο Ιησούς: Σε διαβεβαιώνω απόλυτα, αν κάποιος δεν γεννηθεί από νερό και Πνεύμα, δεν μπορεί να μπει μέσα στη βασιλεία του Θεού. Εκείνο που έχει γεννηθεί από τη σάρκα είναι σάρκα· και εκείνο που έχει γεννηθεί από το Πνεύμα, είναι πνεύμα»* (Κατά Ιωάννην 3:5-6).

Ας είμαστε ξεκάθαροι για το νόημα της γέννησης από ύδωρ και από Πνεύμα. Πώς μπορείτε να ξαναγεννηθείτε μέσω ύδατος και μέσω του Πνεύματος και να αποκτήσετε σωτηρία;

Το Ύδωρ Συμβολίζει το Ύδωρ της Αιώνιας Ζωής

Το νερό ανακουφίζει την δίψα σας και λειαίνει τα εσωτερικά όργανα του σώματος. Επίσης, καθαρίζει το σώμα σας μέσα κι έξω.

Έτσι, ο Ιησούς συνέκρινε το ύδωρ της αιώνιας ζωής με το νερό για να εξηγήσει ότι σας καθαρίζει και σας φέρνει ζωή.

Στο Κατά Ιωάννην 4:14, ο Ιησούς μάς λέει *«όποιος, όμως, πιει από το νερό που εγώ θα του δώσω, δεν θα διψάσει στον αιώνα· αλλά, το νερό που θα δώσω σ' αυτόν, θα γίνει μέσα του πηγή νερού, που θα αναβλύζει σε αιώνια ζωή.»*

Αν πιείτε νερό, μετά για λίγη ώρα δεν διψάτε, αλλά τελικά θα ξαναδιψάσετε. Το νερό σε αυτό το εδάφιο σημαίνει το αιώνιο ύδωρ. Οποίος πιει το ύδωρ το οποίο δίνει ο Ιησούς δεν πρόκειται ποτέ να ξαναδιψάσει. Δηλαδή, «ένα πηγάδι νερού το οποίο αναβλύζει έως την αιώνια ζωή» σας δίνει ζωή.

Στο Κατά Ιωάννην 6:54-55 διαβάζουμε, *"Όποιος τρώει τη σάρκα μου, και πίνει το αίμα μου, έχει αιώνια ζωή, και εγώ θα τον αναστήσω κατά την έσχατη ημέρα. Επειδή, η σάρκα μου, αληθινά, είναι τροφή, και το αίμα μου, αληθινά, είναι πόση."* Δηλαδή, η σάρκα του Ιησού και το αίμα Του είναι αιώνιο ύδωρ.

Επιπλέον, «η σάρκα» Του αναφέρεται στον Λόγο της Βίβλου, διότι ο Ιησούς είναι ο Λόγος ο οποίος ήρθε στον κόσμο εν σάρκα. Η βρώση της σάρκας Του αναφέρεται στην διατήρηση του Λόγου Του μες το μυαλό σας καθώς διαβάζετε την Βίβλο.

Το αίμα του Ιησού είναι ζωή, και η ζωή είναι η αλήθεια. Η αλήθεια είναι ο Χριστός, και ο Χριστός είναι η δύναμη του Θεού. Όλα αυτά είναι το αίμα του Ιησού. Εφόσον η δύναμη του Θεού έρχεται με την πίστη, το να πίνετε το αίμα του Ιησού σημαίνει ότι υπακούτε στον Λόγο Του από πίστη.

Μάθατε ότι το νερό πνευματικά συμβολίζει την σάρκα του Ιησού – δηλαδή τον Λόγο του Θεού και τον Αμνό του Θεού. Με τον τρόπο που το νερό καθαρίζει το σώμα σας, έτσι καθαρίζει και ο Λόγος του Θεού τα βρώμικα στοιχεία από την καρδιά σας.

Γι' αυτό βαφτίζεστε μέσω του ύδατος στην εκκλησία, κι η βάφτιση συμβολίζει ότι είστε τέκνο του Θεού και ότι έχετε συγχωρεθεί για τις αμαρτίες σας. Επιπλέον, σημαίνει ότι πρέπει να συλλογίζεσθε τον Λόγο του Θεού και να σας εξαγνίζει κάθε ημέρα.

Ξαναγεννιόμαστε με Ύδωρ

Πώς, τότε, μπορείτε να καθαρίσετε την βρωμιά από την καρδιά σας με τον Λόγο του Θεού, ο οποίος είναι αιώνιο ύδωρ;

Υπάρχουν τεσσάρων ειδών εντολές τις οποίες δίνει ο Θεός: «Αυτά τα οποία πρέπει να κάνουμε», «Αυτά τα οποία απαγορεύεται να κάνουμε», «Αυτά τα οποία πρέπει να φυλάγουμε», και «Αυτά τα οποία πρέπει να αποβάλλουμε.» Φερ' ειπείν, ο Θεός σάς έχει πει να μην κάνετε ορισμένα πράγματα, όπως π.χ. τον φθόνο, το μίσος, την κριτική, την ληστεία, την μοιχεία, και τον φόνο.

Κατά τον ίδιο τρόπο, δεν πρέπει να πράττετε αυτά τα οποία απαγορεύονται και ταυτοχρόνως, πρέπει να απορρίπτετε κάθε μορφή κακού. Πρέπει επίσης να διατηρείτε την αργία, να διδάσκετε το Ευαγγέλιο, να προσεύχεσθε, και να αγαπάτε ο ένας τον άλλον. Τότε η καρδιά σας βαθμιαία θα γεμίσει με την αλήθεια μέσω της συνδρομής του Αγίου Πνεύματος, και ο Λόγος του Θεού θα καθαρίσει τις αδικίες σας ή την αμαρτία σας. Μ' αυτό τον τρόπο, θα γίνει η περιτομή της καρδιάς σας και η μεταμόρφωσή της σε αλήθεια αν συμπεριφέρεσθε σύμφωνα με τον Λόγο του Θεού, και αυτή είναι η «η γέννηση εξ ύδατος.»

Άρα, για να λάβετε τέλεια σωτηρία, δεν πρέπει μόνο να δεχθείτε τον Ιησού, αλλά και να κάνετε περιτομή της καρδιάς σας υπακούοντας τον Λόγο του Θεού κάθε στιγμή της ζωής σας.

Ξαναγεννιόμαστε Με το Πνεύμα

Για να λάβετε σωτηρία, πρέπει να γεννηθείτε από ύδωρ καθώς και από το Πνεύμα. Πώς μπορείτε να γεννηθείτε από το Πνεύμα;

Στις Πράξεις Των Αποστόλων 19:2, ο απόστολος Παύλος ρώτησε μερικούς αποστόλους, «*Λάβατε το Άγιο Πνεύμα όταν πιστέψατε;*» Τι σημαίνει να λάβουμε το Αγιο Πνεύμα;

Ο πρώτος άνθρωπος, ο Αδάμ, αποτελείτο από «Πνεύμα», «ψυχή», και «σώμα» (Προς Θεσσαλονικείς Α' 5:23), αλλά το Πνεύμα του πέθανε ως συνέπεια της απειθαρχίας του. Τότε έγινε ον το οποίο δεν ήταν ανώτερο από ένα ζώο φτιαγμένο από ψυχή και σώμα (Εκκλησιαστής 3:18).

Αν μετανοήσετε για τις αμαρτίες σας, αναγνωρίζοντας ότι είστε αμαρτωλοί, ο Θεός σάς δίνει το Αγιο Πνεύμα ως χάρισμα και ως δείγμα ότι είστε δικό Του τέκνο (Πράξεις Των Αποστόλων 2:38).

Ολα τα τέκνα του Θεού, έχοντας λάβει το Αγιο Πνεύμα, είναι ικανά να διακρίνουν μεταξύ του αγαθού και του πονηρού μέσω του Λόγου του Θεού και να ζουν σύμφωνα με τον Λόγο του Θεού, με την δύναμη και την ισχύ από τον ουρανό μέσω της θερμής και συνεχούς προσευχής τους.

Κατά αυτόν τον τρόπο, μεταβάλλεστε σε αλήθεια και αποκτάτε πνευματική πίστη, τόσο ώστε γεννάτε το Πνεύμα μέσω του Αγίου Πνεύματος. Στο Κατά Ιωάννην Ευαγγέλιο 3:6 λέει, «*Εκείνο που έχει γεννηθεί από τη σάρκα είναι σάρκα· και εκείνο που έχει γεννηθεί από το Πνεύμα, είναι πνεύμα,*» και στο Κατά Ιωάννην 6:63 παρατηρείται, «*Το πνεύμα είναι εκείνο που ζωοποιεί, η σάρκα δεν ωφελεί τίποτε· τα λόγια που εγώ σας μιλάω, είναι πνεύμα και είναι ζωή.*»

Να Γίνετε Άνθρωποι του Πνεύματος Ακολουθώντας το Άγιο Πνεύμα

Οταν γεννηθείτε από ύδωρ και από το Αγιο Πνεύμα, αποκτάτε υπηκοότητα στους ουρανούς (Προς Φιλιππησίους 3:20). Ως τέκνο του Θεού, συμμετέχετε στην λειτουργία, Τον υμνείτε με χαρά, και παλεύετε για να ζείτε στο φως.

Πριν λάβετε το Αγιο Πνεύμα, ζούσατε μέσα στο σκοτάδι, διότι δεν ξέρατε την αλήθεια. Ομως, μόλις λάβετε το Αγιο Πνεύμα, προσπαθείτε να ζείτε στο φως.

Καθώς κυλάει ο χρόνος, βρίσκετε ότι αν και έχετε χαρά στην καρδιά σας, διαρκώς παλεύετε μέσα σας. Αυτό συμβαίνει επειδή ο νόμος του Πνεύματος, ο οποίος ακολουθεί τις επιθυμίες του Αγίου Πνεύματος, αγωνίζεται ενάντια στον νόμο της αμαρτωλής φύσης, η οποία εχει ακολουθήσει τον πόθο της σάρκας, τους πόθους των οφθαλμών, και την περηφάνια της ζωής (Ιωάννου Α' 2:16).

Ο Απόστολος Παύλος μίλησε γι αυτόν τον αγώνα: «*Επειδή, βρίσκω μεν ευχαρίστηση στον νόμο του Θεού κατά τον εσωτερικό άνθρωπο όμως, βλέπω μέσα στα μέλη μου έναν άλλο νόμο, που αντιμάχεται στον νόμο του νου μου, και με αιχμαλωτίζει στον νόμο της αμαρτίας, που είναι μέσα στα μέλη μου. Ω, ταλαίπωρος άνθρωπος εγώ· ποιος θα με ελευθερώσει από το σώμα αυτού του θανάτου;*» (Προς Ρωμαίους 7:22-24).

Οταν γεννιέστε από ύδωρ και από Πνεύμα, έχετε μόλις γίνει τέκνο του Θεού. Αυτό δεν σημαίνει ότι είστε τέλειο άτομο πνευματικά.

Γι' αυτό στην Προς Γαλάτας 5:16-17 μας λέει, «*Λέω, λοιπόν: Περπατάτε σύμφωνα με το Πνεύμα, και δεν θα εκπληρώνετε την επιθυμία της σάρκας. Επειδή, η σάρκα επιθυμεί ενάντια στο*

Πνεύμα, και το Πνεύμα ενάντια στη σάρκα· αυτά, μάλιστα, αντιμάχονται το ένα προς το άλλο, ώστε εκείνα που θέλετε, να μη τα πράττετε.»

Για να ακολουθήσετε το Αγιο Πνεύμα, πρέπει να ζείτε ανάλογα με τον Λόγο του Θεού και να πράττετε αυτό το οποίο είναι δεχτό και ευχάριστο στον Θεό. Ετσι, αν ακολουθείτε τις επιθυμίες του Πνεύματος, δεν θα πέσετε σε πειρασμό και θα είστε ικανοί να υπερνικήσετε τον εχθρό τον διάβολο και τον Σατανά που σας δελεάζουν για να ακολουθείτε τους πόθους της αμαρτωλής φύσης. Θα είστε ικανοί να ζείτε σύμφωνα με την αλήθεια και να αφοσιωθείτε πιστά στο βασίλειο και στην δικαιοσύνη του Θεού.

Οταν ακολουθείτε τις επιθυμίες του Αγίου Πνεύματος, ζείτε με χαρά και ειρήνη. Θα είστε, όμως, αξιολύπητοι και επαχθείς όταν θα ακολουθείτε τους πόθους της αμαρτωλής φύσης.

Καθώς ωριμάζει η πίστη σας, μπορείτε να αποβάλλετε τις αμαρτίες σας και να ακολουθείτε τις επιθυμίες του Αγίου Πνεύματος σε όλα τα ζητήματα. Ο πόθος μέσα σας, ο οποίος θέλει να ακολουθείτε την αμαρτωλή φύση, θα εξαφανισθεί. Εκτός αυτού, δεν θα είναι ανάγκη να αγωνίζεστε για να αποβάλλετε αμαρτίες κι ούτε θα είστε πλέον αξιολύπητοι. Θα μπορείτε να χαίρεστε κάτω από οποιεσδήποτε συνθήκες.

Ο Θεός είναι ευχαριστημένος μ' εκείνους που ζουν με τις επιθυμίες του Πνεύματος. Τους δίνει τις επιθυμίες της καρδιάς τους όπως μας επαγγέλλεται στους Ψαλμούς 37:4, *«Και ευφραίνου στον Κύριο, και θα σου δώσει τα ζητήματα της καρδιάς σου.»*

Αν αλλάξετε την καρδιά σας με μία γεμάτη μόνο με αλήθεια, ο Θεός θα είναι πολύ ευχαριστημένος μαζί σας και θα κάνει τα πάντα εφικτά για εσάς. Ελπίζω ότι θα γεννηθείτε από ύδωρ και Πνεύμα, και ότι θα ζείτε σύμφωνα με τις επιθυμίες του Αγίου Πνεύματος.

Τρεις Μάρτυρες: το Πνεύμα, το Ύδωρ, και το Αίμα

Όπως έχω ήδη εξηγήσει, πρέπει να γεννηθείτε εξ ύδατος και εκ Πνεύματος για να σωθείτε. Για να λάβετε τέλεια σωτηρία, όμως, πρέπει να εξαγνισθείτε από αμαρτίες με το αίμα του Ιησού περπατώντας στο φως.

Αν δεν γίνει αγνή η καρδιά σας, θα συνεχίζετε να έχετε αμαρτίες. Άρα, χρειάζεσθε το αίμα του Ιησού Χριστού για να εξαγνισθείτε από τις υπόλοιπες αμαρτίες.

Περί αυτού, στην Ιωάννου Α' 5:5-8 μας λέει το εξής:

> *Και ποιος είναι εκείνος που νικάει τον κόσμο, παρά αυτός που πιστεύει ότι ο Ιησούς είναι ο Υιός του Θεού; Αυτός είναι που ήρθε διαμέσου νερού και αίματος, ο Ιησούς Χριστός· όχι μονάχα διαμέσου του νερού, αλλά διαμέσου του νερού και του αίματος· και το Πνεύμα είναι που δίνει τη μαρτυρία, για τον λόγο ότι το Πνεύμα είναι η αλήθεια. Επειδή, τρεις είναι αυτοί που δίνουν μαρτυρία: το Πνεύμα και το νερό και το αίμα, και οι τρεις αυτοί αναφέρονται στο ένα.*

Ο Ιησούς Έρχεται Μέσω Ύδατος και Αίματος

Στο Κατά Ιωάννην 1:1 αναφέρεται ότι «*Ο Λόγος ήταν ο Θεός*»

και στο Κατά Ιωάννην 1:14 «*Και ο Λόγος έγινε σάρκα, και κατοίκησε ανάμεσά μας, (και είδαμε τη δόξα του, δόξαν ως μονογενή από τον Πατέρα), γεμάτος χάρη και αλήθεια.*» Δηλαδή, ο Ιησούς, ο μοναδικός Υιός του Θεού και ο ίδιος ο Λόγος του Θεού, ήρθε στην γη εν σάρκα για να συγχωρέσει τις αμαρτίες μας. Ακόμη και σήμερα, εξακολουθεί να μας καθαρίζει με τον Λόγο του Θεού – την Βίβλο.

Παρόλα αυτά, δεν μπορείτε να ζείτε σύμφωνα με τον Λόγο του Θεού χωρίς την βοήθεια του Αγίου Πνεύματος. Είναι αδύνατον να αποβάλλετε τις αμαρτίες με την δική σας δύναμη. Πρέπει να λάβετε την βοήθεια του Αγίου Πνεύματος μέσω της θερμής προσευχής, για να μπορέσετε να αφαιρέσετε τους πόθους της αμαρτωλής φύσης, τον πόθο των οφθαλμών σας, και την περιφάνια της ζωής. Μόνο τότε θα είστε ικανοί να απομακρύνετε το σκοτάδι της αναλήθειας από την καρδιά σας.

Επίσης, χρειάζεστε το χύσιμο του αίματος για να συγχωρεθείτε. Στην Προς Εβραίους 9:22 αναφέρεται ότι «*Και σχεδόν με αίμα καθαρίζονται όλα σύμφωνα με τον νόμο, και χωρίς χύση αίματος δεν γίνεται άφεση.*» Χρειάζεσθε το αίμα του Ιησού διότι μόνο το άμεμπτο και πεντακάθαρο αίμα Του σας δίνει συγχώρεση.

Πρέπει να πιστεύετε στον Ιησού, ο οποίος ήρθε εν ύδωρ και αίμα, και να λάβετε το Αγιο Πνεύμα ως χάρισμα από τον Θεό, για να αποκτήσετε σωτηρία, για την οποία χρειάζεστε τα ακόλουθα τρία: το Πνεύμα, το ύδωρ και το αίμα.

Αν δεν υπάρχει το χύσιμο του αίματος, δεν υπάρχει συγχώρεση, και είστε ακόμη μες την αμαρτία. Δεν χρειάζεστε μόνο τον Λόγο – το ύδωρ – για να γίνετε αγνοί, αλλά και το Αγιο Πνεύμα που θα σας βοηθήσει να ζείτε τελείως σύμφωνα με τον Λόγο. Και έτσι αυτά τα τρία βρίσκονται σε συμφωνία, σαν ένα.

Επομένως, εμείς πρέπει, αφού συγχωρεθούμε για τις αμαρτίες μας όταν δεχτούμε τον Ιησού Χριστό, να συνεχίζουμε να γεννιόμαστε από ύδωρ και από Πνεύμα, για να αποκτήσουμε τέλεια σωτηρία, κατανοώντας την αλήθεια για τα τρία – το Πνεύμα, το ύδωρ και το αίμα – τα οποία μαζί μάς σώζουν και μας οδηγούν στον Παράδεισο.

Κεφάλαιο 10

Τι Θεωρείται Αίρεση;

- Ο Βιβλικός Ορισμός της Αίρεσης
- Το Πνεύμα της Αληθείας και
  το Πνεύμα του Σφάλματος

Το Μήνυμα του Σταυρού

Υπήρξαν, όμως, και ψευδοπροφήτες ανάμεσα στον λαό, όπως και μεταξύ σας θα υπάρξουν ψευδοδάσκαλοι, οι οποίοι θα εισαγάγουν με πλάγιο τρόπο αιρέσεις απώλειας, καθώς θα αρνούνται και τον Δεσπότη που τους αγόρασε, φέρνοντας επάνω στον εαυτό τους γρήγορη απώλεια. Και πολλοί θα ακολουθήσουν στις απώλειές τους, για τους οποίους ο δρόμος της αλήθειας θα δυσφημηθεί. Και θα σας εμπορευθούν με πλαστά λόγια, χάρη πλεονεξίας· των οποίων η καταδίκη, από τον παλιό καιρό, δεν μένει αργή, και η απώλειά τους δεν νυστάζει.

Πέτρου Β' 2:1-3

Τι Θεωρείται Αίρεση; 259

Καθώς εχει αναπτυχθεί ο πολιτισμός υλισμού, ο κόσμος κατάντησε να αρνείται τον Θεό, διότι εξαρτώνται από την δική τους σοφία και τις γνώσεις τους. Καθώς έχουν εξαπλωθεί οι αμαρτίες, τα πνεύματα των ανθρώπων σκοτείνιασαν και οι άνθρωποι έχουν γίνει διεφθαρμένοι. Αρα, πολλοί άνθρωποι ξεγελιούνται με τα ψέματα διότι δεν μπορούν να διακρίνουν την αλήθεια από το ψέμα. Επίσης κάνουν το σφάλμα να κρίνουν άλλους ανθρώπους με βάση τις ατομικές τους γνώσεις και θεωρίες περί ηθικής.

Στο Κατά Ματθαίον 12:22-32, ο Ιησούς γιάτρεψε ένα δαιμονισμένο ο οποίος ήταν τυφλός και βουβός. Οταν, όμως, άκουσαν οι Φαρισαίοι γι' αυτό, είπαν, «*Αυτός δεν βγάζει τα δαιμόνια, παρά μονάχα διαμέσου του Βεελζεβούλ, του άρχοντα των δαιμονίων*» (στ. 24). Θεώρησαν το έργο του Θεού να είναι δουλειά κάποιου δαίμονα.

Ο Ιησούς, στο Κατά Ματθαίον 12:31-32 τους είπε, «*Γι' αυτό, σας λέω: Κάθε αμαρτία και βλασφημία θα συγχωρεθεί στους ανθρώπους· η βλασφημία, όμως, ενάντια στο Πνεύμα, δεν θα συγχωρεθεί στους ανθρώπους. Και όποιος πει έναν λόγο ενάντια στον Υιό του ανθρώπου, θα του συγχωρεθεί· όποιος, όμως, πει ενάντια στο Πνεύμα το Άγιο, δεν θα του συγχωρεθεί, ούτε σε τούτον τον αιώνα ούτε στον μέλλοντα.*»

Οι Φαρισαίοι έβγαλαν το συμπέρασμα ότι αυτό που είχε κάνει ο Ιησούς με την δύναμη του Θεού ήταν έργο κάποιου δαίμονα. Αυτό είναι βλασφημία που εναντιώνεται στο Άγιο Πνεύμα. Γι αυτούς τους Φαρισαίους, επομένως, δεν υπήρχε πιθανότητα συγχώρεσης.

Αν διακρίνετε μεταξύ της αλήθεια και του ψέματος ξεκάθαρα μέσω της Βίβλου, δεν θα κρίνετε άλλους ανθρώπους κι ούτε θα ξεγελιέστε από την ψευτιά.

Ας ερευνήσουμε βαθύτερα την «αίρεση» από την σκοπιά του Θεού, τον τρόπο δια του οποίου μπορούμε να διακρίνουμε μεταξύ του Πνεύματος του Θεού και των πονηρών πνευμάτων, και ορισμένες αιρετικές σέκτες από τις οποίες πρέπει να φυλάγεστε.

Ο Βιβλικός Ορισμός της Αίρεσης

Το λεξικό της Οξφόρδης ορίζει την «αίρεση» ως «μια πίστη ή μια γνώμη που βρίσκεται σε αντίθεση με τις αρχές μιας συγκεκριμένης θρησκείας.»

Ο Παύλος Κατηγορήθηκε ως Πρωταίτιος Αιρετικής Σέκτας

Στις Πράξεις Των Αποστόλων 24:5 αναφέρεται ότι, *«Επειδή, βρήκαμε τούτο τον άνθρωπο ότι είναι φθοροποιός, και διεγείρει στάσεις ανάμεσα σε όλους τους Ιουδαίους ανά την οικουμένη, και είναι πρωτοστάτης της αίρεσης των Ναζωραίων.»* Εδώ, «η αίρεση των Ναζωραίων» σημαίνει μια «αιρετική σέκτα», και αυτή είναι η πρώτη φορά που παρουσιάζεται η λέξη «αίρεση» στην Βίβλο.

Οι Εβραίοι έφεραν κατηγορίες ενάντια στον Παύλο ενώπιον του κυβερνήτη, διότι πίστευαν ότι το Ευαγγέλιο το οποίο κήρυττε ο

Παύλος ήταν αιρετικό. Ο Παύλος αντίκρουσε την κατηγορία και δήλωσε την πίστη του όπως αναγράφεται και στις Πράξεις Των Αποστόλων 24:13-16.

> *Ούτε μπορούν να φέρουν αποδείξεις για όσα τώρα με κατηγορούν. Ομολογώ, μάλιστα, τούτο σε σένα, ότι σύμφωνα με τον δρόμο που αυτοί λένε αίρεση, έτσι λατρεύω τον Θεό των πατέρων μου, πιστεύοντας σε όλα τα γραμμένα μέσα στον νόμο και στους προφήτες·έχοντας ελπίδα στον Θεό, την οποία κι αυτοί οι ίδιοι προσμένουν, ότι πρόκειται να γίνει ανάσταση των νεκρών, και δικαίων και αδίκων. Μάλιστα, φροντίζω κατά τούτο, στο να έχω πάντοτε άπταιστη συνείδηση προς τον Θεό και προς τους ανθρώπους.*

Ήταν Πράγματι Αιρετικός ο Απόστολος Παύλος;

Θα ήταν καλό να ερευνήσετε τον ορισμό της αίρεσης στην Βίβλο, διότι η Βίβλος είναι ο Λόγος του Θεού, του μοναδικού αληθινού Οντος που μπορεί να διακρίνει την αλήθεια από την ψευτιά. Ο ορισμός της «αίρεσης» αναφέρεται στην Πέτρου Β' 2:1:

> *Υπήρξαν, όμως, και ψευδοπροφήτες ανάμεσα στον λαό, όπως και μεταξύ σας θα υπάρξουν ψευδοδάσκαλοι, οι οποίοι θα εισαγάγουν με πλάγιο τρόπο αιρέσεις απώλειας, καθώς θα αρνούνται και τον Δεσπότη που τους αγόρασε, φέρνοντας επάνω στον εαυτό τους γρήγορη απώλεια.*

Η φράση «Ο Δεσπότης που τους αγόρασε» αναφέρεται στον Ιησού Χριστό. Ο άνθρωπος αρχικά υπαγόταν στον Θεό και ζούσε ανάλογα με την βούλησή Του. Μετά την απειθαρχία του, όμως, ο Αδάμ έγινε αμαρτωλός και ανήκε στον διάβολο. Ωστόσο, ο Θεός λυπήθηκε τους ανθρώπους που βρίσκονταν στην οδό του θανάτου. Ο Θεός έστειλε τον Ιησού, τον μοναδικό Του Υιό, ως αφιέρωμα ειρήνης και Τον άφησε να σταυρωθεί για να ανοίξει την οδό της σωτηρίας με το αίμα Του.

Ο Θεός εργάστηκε για εμάς, οι οποίοι κάποτε ανήκαμε στον διάβολο, για να συγχωρεθούν οι αμαρτίες μας αν πιστέψουμε στον Ιησού Χριστό. Επίσης, αποκτούμε ζωή και καταλήγουμε να ανήκουμε πάλι στον Θεό. Γι αυτό μπορούμε να πούμε ότι ο Ιησούς μάς αγόρασε με την σταύρωσή Του, και η Βίβλος σάς λέει ότι ο Ιησούς είναι «Ο Δεσπότης που τους αγόρασε.»

Οι Αιρετικοί Αρνούνται Τον Ιησού Χριστό

Τώρα γνωρίζετε ότι ο «αιρετικός» αναφέρεται σε εκείνους που *αρνούνται και τον Δεσπότη που τους αγόρασε, φέρνοντας επάνω στον εαυτό τους γρήγορη απώλεια»* (Πέτρου Β' 2:1). Ο όρος αυτός δεν είχε χρησιμοποιηθεί ποτέ πριν ολοκληρώσει ο Ιησούς την αποστολή Του ως Σωτήρας. Το όνομα «Ιησούς» σημαίνει «(εκείνος που) θα σώσει τον λαό Του από τις αμαρτίες τους.» «Χριστός» είναι «Ο Χρισμένος.» Ο Ιησούς έγινε ο Σωτήρας μόνο όταν τελείωσε το έργο Του – να σταυρωθεί και να αναστηθεί.

Γι' αυτό δεν βρίσκετε τον όρο αυτό στην Παλαιά Διαθήκη ή στα Ευαγγέλια του Ματθαίου, του Μάρκου, του Λουκά, και του Ιωάννη, στα οποία αναγράφεται η ζωή του Ιησού. Ακόμη κι οι Φαρισαίοι, οι διδάσκαλοι του Νόμου, και οι ιερείς που δίωκαν τον Ιησού, δεν χρησιμοποιούσαν αυτό τον όρο. Ούτε οι αρχιερείς τον χρησιμοποιούσαν.

Μόνο αφού αναστήθηκε ο Ιησούς για να ολοκληρώσει την αποστολή Του ως ο Χριστός, εμφανίσθηκε η φράση «οι άνθρωποι που αρνούνται και τον Δεσπότη που τους αγόρασε.» Και μόνον τότε άρχισε να μας προειδοποιεί η Βίβλος σχετικά με τους αιρετικούς.

Αρα, αν πιστεύουν οι άνθρωποι στον Ιησού Χριστό ως «τον Δεσπότη που τους αγόρασε», δεν είναι αιρετικοί. Αν, όμως, το αρνηθούν αυτό, είναι αιρετικοί.

Ο Απόστολος Παύλος δεν αρνήθηκε τον Ιησού Χριστό, ο οποίος τον είχε εξαγοράσει με το πολύτιμο αίμα Του. Αντιθέτως, ο Παύλος έδινε ευχαριστίες στον Ιησού Χριστό τον οποίον διακήρυττε όπου πήγαινε, και ο Παύλος διώχτηκε και πλήρωσε μεγάλο τίμημα. Ελαβε πέντε φορές από τους Ιουδαίους σαράντα βουρδουλιές πλην μιας. Μια φορά τον πετροβόλησαν. Φυλακίσθηκε, καταδιώχθηκε από τους Εθνικούς και από τους συμπατριώτες του, και τον πρόδωσαν εκείνοι τους οποίους είχε εμπιστευθεί. Παρόλα αυτά, ο Παύλος έγινε άνδρας μεγάλης δύναμης, υπερνικώντας αυτά τα βασανιστήρια με χαρά και ευγνωμοσύνη, και δόξασε τον Θεό θεραπεύοντας αναρίθμητους ανθρώπους στο όνομα του Ιησού Χριστού, έως την ημέρα που πέθανε μαρτυρικό θάνατο..

Ο Παύλος Κήρυττε το Ευαγγέλιο Εκδηλώνοντας την Δύναμη Του Θεού

Πρέπει να ξέρετε ότι η δύναμη του Θεού δεν μπορεί να εκδηλωθεί μέσω εκείνων που αρνούνται τον Θεό τον Δημιουργό και τον Ιησού

Χριστό, ο οποίος εκ φύσεως είναι Θεός, διότι η Βίβλος λέει συγκεκριμένα, «Μια φορά μίλησε ο Θεός, δύο φορές το άκουσα, ότι η δύναμη είναι του Θεού» (Ψαλμοί 62:11).

Δεν πρέπει να κρίνετε έναν άνθρωπο ο οποίος δείχνει την δύναμη του Θεού, διότι αυτή η δύναμη αποδεικνύει ότι ο Θεός είναι μαζί του και ότι το άτομο αυτό Τον αγαπάει απέραντα. Στην Προς Γαλάτας 1:6-8, ο Παύλος, τον οποίον έλεγαν πρωταίτιο της αίρεσης των Ναζωραίων, προειδοποιεί αυστηρά να μην ακολουθούν ή να μην κηρύττουν Ευαγγέλιο άλλο από το μήνυμα του σταυρού:

> Θαυμάζω ότι τόσο γρήγορα μεταφέρεστε από εκείνον, που σας κάλεσε με τη χάρη του Ιησού Χριστού, σε άλλο ευαγγέλιο· το οποίο δεν είναι άλλο· αλλά, υπάρχουν μερικοί που σας ταράζουν, και θέλουν να μετατρέψουν το ευαγγέλιο του Χριστού. Αλλά, και αν εμείς ή άγγελος από τον ουρανό κηρύττει σε σας ένα άλλο ευαγγέλιο, παρά εκείνο που σας κηρύξαμε, ας είναι ανάθεμα.

Ακόμη και σήμερα, μερικοί άνθρωποι θεωρούνται αιρετικοί, αν και δεν αρνήθηκαν ποτέ τον Ιησού Χριστό, αλλά μονάχα κηρύττουν το Ευαγγέλιο του Χριστού και διακηρύττουν τον ζώντα Θεό επιδεικνύοντας και δουλεύοντας με την δύναμή Του.

Να Μην Κρίνετε τους Άλλους ως Αιρετικούς στην Τύχη

Και εγώ ο ίδιος έχω υποφέρει και έχω αντέξει μια σειρά από δοκιμασίες, όταν κατηγορήθηκα ότι είμαι αιρετικός, καθώς εκδήλωνα την δύναμη του Θεού και μεγάλωνε το εκκλησίασμά μου. Οντως, το μέγεθος του εκκλησιάσματος εχει αυξηθεί σε άνω των 120.000 μελών μέσα σε λιγότερο από τρεις δεκαετίες από τον καιρό που ιδρύθηκε ο ναός, το 1982.

Υπέφερα από πολλές αρρώστιες για εφτά έτη, και θεραπεύθηκα με την δύναμη του Θεού μονομιάς. Τότε, προσπάθησα να ζω για την δόξα του Θεού, ασχέτως αν έτρωγα ή αν έπινα, όπως έκανε κι ο απόστολος Παύλος. Εβαλα την ζωή μου στα χέρια του Θεού και την βάσισα στην φράση «Μόνο ο Ιησούς, πάντα ο Ιησούς.»

Από την περίοδο που δεν ήμουν κληρικός, προσπαθούσα να ομολογήσω ότι ο Θεός με γιάτρεψε, και κήρυττα το Ευαγγέλιο. Αφού κλήθηκα υπηρέτης του Θεού, κήρυττα το μήνυμα του σταυρού και διακήρυττα τον ζωντανό Θεό και τον Ιησού τον Σωτήρα. Εδωσα μαρτυρία για τον Θεό και όταν ιερουργούσα σε ένα γάμο, διότι ήθελα πρόθυμα να οδηγήσω περισσότερο κόσμο στην οδό της σωτηρίας.

Αντιλήφθηκα ότι ο ισχυρός Λόγος του Θεού και οι αποδείξεις της ύπαρξης του ζωντανού Θεού ήταν απαραίτητα για να είμαι μάρτυρας του Κυρίου στις άκρες του κόσμου. Κι έτσι, προσευχόμουν θερμά, όπως έκαναν οι πρόγονοι της πίστης, για να λάβω την δύναμη του Θεού, και πέρασα με χαρά και ευγνωμοσύνη όλες τις δοκιμασίες που μου δόθηκαν.

Μερικές φορές, υπήρχαν σχεδόν θανάσιμες δοκιμασίες. Ωστόσο, όπως ο Ιησούς έλαβε την δόξα της ανάστασης μετά από τον άμεμπτο θάνατο Του, ο Θεός αύξησε την δύναμη μου ανάλογα με την βούλησή Του, οπότε υπερνικούσα τις δίκες μια-μια.

Ως συνέπεια, κάθε φορά που μαρτυρούσα τον λόγο που ο Θεός είναι ο ένας αληθινός Θεός και τον λόγο που σώζεστε όταν πιστεύετε στον Ιησού Χριστό, παγκοσμίως – στην Κένυα, στην Ουγκάντα, στην Ονδούρα, στην Ιαπωνία, καθώς και στο Μουσουλμανικό Πακιστάν και στο Ινδικό κράτος της Ινδίας – από το 2000, δεκάδες χιλιάδες άνθρωποι μετανόησαν, οι τυφλοί απέκτησαν όραση, οι βουβοί μίλησαν, οι κωφοί άκουσαν, και ανίατες νόσοι όπως το Έιντς και διάφοροι καρκίνοι γιατρεύθηκαν. Αυτά τα θαύματα δόξασαν τον Θεό απέραντα.

Άρα, ένας που καταλαβαίνει πλήρως τι είναι η αίρεση δεν κρίνει τους άλλους ως αιρετικούς απρόσεχτα. Στις Πράξεις Των Αποστόλων 5:33-42, διαβάζετε για τον Γαμαλιήλ, ένα διδάσκαλο του Νόμου, τον οποίον εκτιμούσε όλος ο κόσμος. Πως φέρθηκε;

Εκείνη την περίοδο, οι Φαρισαίοι της Συναγωγής απαγόρεψαν στον Πέτρο και στον Ιωάννη να καταθέτουν μαρτυρίες περί του Ιησού Χριστού, αλλά αυτοί ήταν γεμάτοι με το Άγιο Πνεύμα και δεν υπάκουσαν το συμβούλιο. Έτσι, τα μέλη της Συναγωγής ήθελαν να θανατώσουν τους αποστόλους. Κι όμως, ο Γαμαλιήλ στάθηκε όρθιος μέσα στην Συναγωγή και διέταξε να τους βγάλουν έξω για λίγη ώρα. Μετά, τους είπε:

> *Άνδρες Ισραηλίτες, προσέχετε στον εαυτό σας για τούτους τους ανθρώπους, τι πρόκειται να κάνετε. Επειδή, πριν από τις ημέρες αυτές, σηκώθηκε ο Θευδάς, λέγοντας τον εαυτό του ότι είναι κάποιος μεγάλος, στον οποίο προσκολλήθηκε ένας αριθμός από άνδρες μέχρι 400· ο οποίος φονεύθηκε, και όλοι όσοι πείθονταν σ' αυτόν διαλύθηκαν, και κατάντησαν σε ένα τίποτε. Ύστερα απ' αυτόν, σηκώθηκε ο Ιούδας ο Γαλιλαίος, κατά τις ημέρες της απογραφής, και έσυρε*

πίσω του αρκετόν λαό· και εκείνος απολέστηκε, και όλοι όσοι πείθονταν σ' αυτόν διασκορπίστηκαν. Και τώρα σας λέω, να απέχετε από τους ανθρώπους αυτούς, και να τους αφήσετε· επειδή, αν η βουλή αυτή ή το έργο τούτο είναι από ανθρώπους, θα ματαιωθεί, αν, όμως, είναι από τον Θεό, δεν μπορείτε να το ματαιώσετε, και προσέχετε μη βρεθείτε και θεομάχοι (Πράξεις Των Αποστόλων 5:35-39).

Καθώς διαβάζετε αυτό το κείμενο, συνειδητοποιείτε ότι αν ένα θαυματουργό έργο δεν ήταν από ή του Θεού, στο τέλος θα είχε αποτύχει, ακόμη κι αν οι άνθρωποι δεν πάρουν μέτρα να το σταματήσουν. Κι όμως, αν εναντιώνονται ή αν παρενοχλούν τα έργα τα οποία είναι από τον Θεό, δεν θα μπορούν να τα σταματήσουν αυτά τα έργα. Αντιθέτως, η προσπάθειά τους δεν διαφέρει καθόλου από το να αγωνίζονται ενάντια στον Θεό και θα υποβληθούν στην τιμωρία και στην Κρίση Του.

Μερικές φορές, οι άνθρωποι κρίνουν τους άλλους ως αιρετικούς εξαιτίας διαφορών στην ερμηνεία της Βίβλου, οραμάτων από το Αγιο Πνεύμα, ακόμη και των γλωσσών, αν και όλοι τους αναγνωρίζουν την Αγία Τριάδα και ότι ο Ιησούς ήρθε εν σάρκα.

Ορισμένοι άνθρωποι λένε κι ότι δεν χρειάζονται τις γλώσσες και τις ενοράσεις, και ότι αυτά τα έργα του Αγίου Πνεύματος είναι εσφαλμένα, διότι δεν υπάρχουν αρχεία που να λένε ότι ο Ιησούς μιλούσε σε ποικίλες γλώσσες ή ότι έβλεπε οράματα. Εντούτοις, η Βίβλος λέει ότι αυτά μας είναι ωφέλιμα:

Σε κάθε έναν, όμως, δίνεται η φανέρωση του

Πνεύματος προς το συμφέρον. Επειδή, σε άλλον μεν δίνεται διαμέσου του Πνεύματος λόγος σοφίας, σε άλλον δε λόγος γνώσης, σύμφωνα με το ίδιο Πνεύμα, σε άλλον δε πίστη, διαμέσου του ίδιου Πνεύματος· σε άλλον δε χαρίσματα θεραπειών, διαμέσου του ίδιου Πνεύματος, σε άλλον δε ενέργειες θαυμάτων, σε άλλον δε προφητεία, σε άλλον δε διακρίσεις πνευμάτων, σε άλλον δε γένη γλωσσών, σε άλλον δε ερμηνεία γλωσσών, και όλα αυτά τα ενεργεί το ένα και το ίδιο Πνεύμα, που διανέμει, ξεχωριστά σε κάθε έναν, όπως αυτό θέλει (Προς Κορινθίους Α' 12:7-11).

Συνεπώς, δεν πρέπει να συκοφαντείτε ή να κρίνετε ως αιρετικούς εκείνους που έχουν διαφορετικού είδους χαρίσματα δοσμένα από το Άγιο Πνεύμα, επειδή εσείς οι ίδιοι δεν έχετε τις ίδιες εμπειρίες.

Το Πνεύμα της Αλήθειας και το Πνεύμα του Σφάλματος

Στην Β' Επιστολή Πέτρου 2:1-3, υπάρχει μια εξήγηση για την αίρεση. Η Βίβλος σάς προειδοποιεί για τους ψευδοπροφήτες και για τους ψευδοδιδασκάλους, οι οποίοι εισάγουν στα κρυφά τις καταστρεπτικές αιρέσεις. *«Και πολλοί θα ακολουθήσουν στις απώλειές τους, για τους οποίους ο δρόμος της αλήθειας θα δυσφημηθεί. Και θα σας εμπορευθούν με πλαστά λόγια, χάρη πλεονεξίας· των οποίων η καταδίκη, από τον παλιό καιρό, δεν μένει αργή, και η απώλειά τους δεν νυστάζει»* (Β' Πέτρου 2:2-3)

Επίσης, στην Α' Ιωάννου 4:1-3, αναφέρει, «*Αγαπητοί, μη πιστεύετε σε κάθε πνεύμα, αλλά δοκιμάζετε τα πνεύματα αν είναι από τον Θεό· επειδή, πολλοί ψευδοπροφήτες έχουν βγει στον κόσμο. Από τούτο γνωρίζεται το Πνεύμα του Θεού· κάθε πνεύμα που ομολογεί τον Ιησού Χριστό ότι έχει έρθει με σάρκα προέρχεται από τον Θεό·και κάθε πνεύμα που δεν ομολογεί ότι ο Ιησούς Χριστός ήρθε με σάρκα, δεν προέρχεται από τον Θεό κι αυτό είναι το πνεύμα του αντιχρίστου, που ακούσατε ότι έρχεται, και τώρα βρίσκεται κιόλας μέσα στον κόσμο.*»

Να Εξετάζετε Αν Κάθε Πνεύμα Είναι Από τον Θεό ή Όχι

Υπάρχουν αγαθά πνεύματα τα οποία ανήκουν στον Θεό και σας οδηγούν στην σωτηρία, καθώς υπάρχουν και τα πονηρά πνεύματα τα οποία σας εξαπατούν στην καταστροφή.

Αφενός, εκείνος του οποίου δίνεται το Πνεύμα του Θεού, αναγνωρίζει ότι ο Ιησούς Χριστός ήρθε εν σάρκα. Πιστεύει στην Αγία Τριάδα – στον Θεό, στον Ιησού Χριστό, και στο Άγιο Πνεύμα, και έτσι είναι σφραγισμένος ως τέκνο του Θεού. Μπορεί να καταλάβει την αλήθεια και να ζει ανάλογα με την αλήθεια με την βοήθεια του Αγίου Πνεύματος.

Αφετέρου, ένας ο οποίος εχει το Πνεύμα του αντίχριστου εναντιώνεται στον Ιησού Χριστό με τον Λόγο του Θεού και αρνείται την λύτρωσή Του. Πρέπει να είστε προσεχτικοί για να διακρίνετε τους αντίχριστους, διότι ο αντίχριστος συχνά εργάζεται ανάμεσα στους πιστούς κάνοντας κατάχρηση του Λόγου του Θεού.

Εν πάσει περιπτώσει, να αρνούμαστε τον Ιησού Χριστό δεν διαφέρει από το να παλεύουμε ενάντια στον Θεό που Τον έστειλε σ' αυτό τον κόσμο.

Η Βίβλος προειδοποιεί για τον αντίχριστο στην Β' Ιωάννου 1:7-8 ως εξής:

> *Επειδή, πολλοί πλάνοι μπήκαν μέσα στον κόσμο, αυτοί που δεν ομολογούν τον Ιησού Χριστό ότι ήρθε με σάρκα· αυτός είναι ο πλάνος και ο αντίχριστος. Προσέχετε στον εαυτό σας, για να μη χάσουμε αυτά που εργαστήκαμε, αλλά να απολαύσουμε ολόκληρο τον μισθό.*

Στην Ιωάννου Α' 2:19 υπάρχει άλλη μια προειδοποίηση για εμάς:

> *Από εμάς εξήλθαν, αλλά δεν ήταν πράγματι από εμάς, διότι αν ήταν από εμάς, θα είχαν μείνει μαζί μας, αλλά εξήλθαν, για να φανεί ότι δεν είναι από εμάς όλοι.*

Υπάρχουν δυο ειδών αντίχριστοι: ο άνθρωπος ο οποίος είναι δαιμονισμένος με το Πνεύμα του αντίχριστου και ο άνθρωπος τον οποίον έχει εξαπατήσει το Πνεύμα του αντίχριστου. Και οι δυο προσπαθούν να εξαπατήσουν τους ανθρώπους όπου κατοικεί το Άγιο Πνεύμα. Αιχμαλωτίζουν τους ανθρώπους για να αντιστέκονται στον Λόγο του Θεού και για να τους ξεγελάσουν μέσω των σκέψεών τους. Οι άνθρωποι των οποίων οι σκέψεις διευθύνονται απόλυτα από το Πνεύμα του αντίχριστου λέγονται «δαιμονισμένοι.»

Αν δοθεί το Πνεύμα του αντίχριστου σ' έναν ιερέα, τα μέλη της εκκλησίας θα βαδίζουν συνέχεια προς την οδό της καταστροφής, ως αιχμάλωτοι του πνεύματος του αντίχριστου.

Επομένως, πρέπει να γνωρίζετε ξεκάθαρα για το Πνεύμα της αλήθειας και για το Πνεύμα του σφάλματος, ώστε να μην ξεγελασθείτε από το Πνεύμα του αντίχριστου, αλλά για να ζείτε ανάλογα με την αλήθεια και με το φως.

Πως να Διακρίνετε τα Πνεύματα

Η Ιωάννου Α' 4:5-6 αναφέρει, «*Αυτοί είναι από τον κόσμο· γι' αυτό μιλούν από τον κόσμο, και ο κόσμος τους ακούει. Εμείς είμαστε από τον Θεό· εκείνος που γνωρίζει τον Θεό, ακούει εμάς, όποιος δεν είναι από τον Θεό, δεν ακούει εμάς. Από τούτο γνωρίζουμε το πνεύμα της αλήθειας και το πνεύμα της πλάνης.*»

Η λέξη «σφάλμα» αναφέρεται σε «ψευδή δήλωση που είναι αναληθής.» Το Πνεύμα του σφάλματος είναι το εγκόσμιο Πνεύμα το οποίο σας εξαπατά για να πιστεύετε το αναληθές σαν να είναι αληθές, και σας κάνει να φεύγετε από τα όρια της πίστης. Δηλαδή, ένας ο οποίος είναι από τον Θεό ακούει τον Λόγο της αλήθειας, ενώ ένας ο οποίος υπάγεται στον κόσμο ακούει τα εγκόσμια ρητά, όχι την αλήθεια. Ετσι, είναι εύκολο να τα αναγνωρίζουμε. Σας γίνεται προφανές αν είναι το φως ή το σκοτάδι, όταν ξέρετε την αλήθεια. Τότε είστε ικανοί να πείτε, «Αυτό το άτομο βρίσκεται μέσα στην αλήθεια, αλλά εκείνο το άτομο βρίσκεται μέσα στο σκοτάδι.»

Για παράδειγμα, αν πει κάποιος την Κυριακή, «Ας πάμε για πικνίκ το απόγευμα. Ας συμμετάσχουμε μόνο στην πρωινή λειτουργία. Εξίσου καλό δεν είναι;» ή αν προσπαθήσει να καταστρέψει το βασίλειο του Θεού με πονηρά κόλπα και εξακολουθεί να ισχυρίζεται ότι πιστεύει στον Θεό, αυτό είναι έργο του πνεύματος του σφάλματος.

Θα είστε ικανοί να καταλαβαίνετε πολλά πράγματα τα οποία σας δίνει ελεύθερα ο Θεός, αν λάβετε το Πνεύμα της αλήθειας το οποίο είναι από τον Θεό (Προς Κορινθίους Α' 2:12). Γι' αυτό κατοικεί μέσα σας το Άγιο Πνεύμα – το πολύτιμο τέκνο του Θεού. Είναι το Πνεύμα της αλήθειας και σας διευθύνει μέσα σε απόλυτη αλήθεια. Δεν μιλάει ανεξάρτητα. Μιλάει μόνο για αυτά τα οποία ακούει, και θα σας πει και τι μέλει να συμβεί.

Άρα, ο Ιησούς λέει στο Κατά Ιωάννην 14:17, *«Το Πνεύμα της αλήθειας, το οποίο ο κόσμος δεν μπορεί να λάβει, επειδή δεν το βλέπει ούτε το γνωρίζει· εσείς, όμως, το γνωρίζετε, επειδή μένει μαζί σας, και μέσα σας θα είναι.»* Στο Κατά Ιωάννην 15:26 μας δίνει άλλη υπόμνηση του Αγίου Πνεύματος: *«Όταν, όμως, έρθει ο Παράκλητος, που εγώ θα στείλω σε σας από τον Πατέρα, το Πνεύμα της αλήθειας, που εκπορεύεται από τον Πατέρα, εκείνος θα δώσει μαρτυρία για μένα.»*

Επίσης στην Προς Κορινθίους Α' 2:10 αναφέρει, «Σε μας, όμως, ο Θεός τα αποκάλυψε διαμέσου του Πνεύματός του· δεδομένου ότι, το Πνεύμα ερευνάει τα πάντα, και τα βάθη του Θεού.» Όπως είναι γραμμένο, μόνο το Άγιο Πνεύμα ξέρει και διακρίνει τέλεια το μυαλό του Θεού.

Συνεπώς, εκείνοι οι οποίοι έλαβαν το Πνεύμα της αλήθειας ακούν τον Λόγο της αλήθειας και τον υπακούν. Όσο πιο πολύ επεκτείνεται το βασίλειο και η δικαιοσύνη του Θεού, τόσο πιο πολλοί αγαλλιάζουν. Είναι γεμάτοι ζωή και λαχταρούν για την ουράνια βασιλεία.

Εντούτοις, μερικοί απλώς παρίστανται στην εκκλησία δίχως

χαρά, διότι δεν κατέχουν πίστη γεννημένη εκ Θεού. Ανήκουν ακόμη στον κόσμο και προτιμούν τα εγκόσμια πράγματα, όπως το χρήμα και την διασκέδαση. Ετσι, δεν μπορούν να ζουν εν αλήθεια, ούτε να λαχταρούν την ουράνια βασιλεία, ή να αγαπούν τον Θεό ολόψυχα.

Τελικά, αυτοί οι άνθρωποι εγκαταλείπουν τον Θεό μέσω του πνεύματος του σφάλματος, διότι υπάγονται στον κόσμο και δεν κατέχουν το Πνεύμα της αλήθειας. Επίσης, αν κάποιος συκοφαντεί ή κουτσομπολεύει για ετέρους αδελφούς και αδελφές της πίστεως, ή ταράζει άλλους από φθόνο, επειδή οι άλλοι μένουν πιστοί στο βασίλειο του Θεού και στην δικαιοσύνη Του, δεν είναι από το Πνεύμα της αλήθειας.

Μην Επιτρέψετε Σε Κανέναν να Σας Παραπλανήσει

Η Ιωάννου Α' 3:7, μας συμβουλεύει το ακόλουθο: *«Παιδάκια, ας μη σας πλανάει κανένας· αυτός που πράττει τη δικαιοσύνη είναι δίκαιος, όπως εκείνος είναι δίκαιος.»* Δεν πρέπει να αποστρέφεστε τον Λόγο του Θεού, για να μην πλανηθείτε από ψεύτικες γνώσεις, διότι τίποτε, εκτός από τον Λόγο του Θεού, δεν μπορεί να σας διδάξει. Μόνο τότε, θα λάβετε την τέλεια σωτηρία, θα ευημερείτε σε τούτο τον κόσμο, και θα απολαμβάνετε την αιώνια ζωή στον ουρανό.

Ωστόσο, ο διάβολος κάνει κάθε προσπάθεια να εμποδίσει τα τέκνα του Θεού για να μην ζουν με τον Λόγο, και σας υποχρεώνει να συμβιβάζεστε με τον κόσμο, να απομακρύνεστε από τον Θεό, να Τον αμφιβάλλετε, και να Του αντιστέκεστε. Στην Πέτρου Α' 5:8 λέει, *«Εγκρατευθείτε, αγρυπνήστε· επειδή, ο αντίδικός σας ο διάβολος περιτριγυρίζει, σαν ωρυόμενο λιοντάρι, ζητώντας ποιον να καταπιεί.»*

Πώς, τότε, είναι δυνατόν να πλανήσει ο διάβολος τα τέκνα του Θεού; Μπορείτε να το παρομοιάσετε με μια γυναίκα την οποίαν εχει δελεάσει ένας άνδρας. Αν η γυναίκα εχει καλό παράστημα δείχνοντας χάρη και αξιοπρέπεια, και συμπεριφέρεται με καλούς τρόπους, οι άνδρες δεν τολμούν να την δελεάσουν. Αλλιώς, οι άνδρες επηρεάζουν πολύ εύκολα την γυναίκα που δεν φέρεται καθώς πρέπει. Παρομοίως, ο εχθρός ο διάβολος θα πλησιάσει έναν που δεν βασίζεται σταθερά στην αλήθεια και που εχει δισταγμούς για τον Θεό. Ο διάβολος βάζει σε πειρασμό αυτούς τους ανθρώπους για να αποστραφούν τον Θεό και για να του εναντιωθούν, και στο τέλος τους οδηγεί στην οδό του θανάτου. Κι η Εύα δελεάσθηκε από τον διάβολο, διότι την κατέλαβε εξ απροόπτου όταν η ίδια διαστρέβλωσε τον Λόγο του Θεού.

Βέβαια, μπορεί να αντιμετωπίσετε δοκιμασίες χωρίς να φταίτε. Αυτό συμβαίνει επειδή ο Θεός θέλει να σας ευλογήσει, όπως μπορείτε να δείτε στην δοκιμασία του Δανιήλ, όταν τον έριξαν μέσα στην φωλιά των λιονταριών ή στην δοκιμασία του Αβραάμ με την θυσία του γιου του ως προσφορά ολοκαυτώματος.

Οταν συναντάτε δοκιμασίες ή δυσκολίες επειδή δεν βασίζεστε στέρεα επί της αλήθειας, πρέπει να αποστραφείτε αμέσως τις αμαρτίες σας με μεταμέλεια, να αποβάλλετε όλους τους πειρασμούς και τις δοκιμασίες με τον Λόγο του Θεού, και να κάνετε κάθε προσπάθεια για να σταθείτε στέρεα επάνω στον βράχο της αλήθειας.

Σταθείτε Στέρεα στην Αλήθεια. Μην Παραπλανηθείτε

Στην Προς Τιμόθεον Α' 4:1-2, ο συγγραφεύς γράφει, «*Το πνεύμα, μάλιστα, λέει με σαφήνεια, ότι στους έσχατους καιρούς μερικοί θα αποστατήσουν από την πίστη, προσέχοντας σε πνεύματα πλάνης και σε διδασκαλίες δαιμονίων, διαμέσου της υπόκρισης ψευδολόγων, που έχουν τη συνείδησή τους καυτηριασμένη.»*

Αυτό αναφέρεται σε μελλοντικές περιόδους, κατά τις οποίες μερικοί άνθρωποι οι οποίοι ισχυρίζονται ότι έχουν πίστη θα εγκαταλείψουν την πίστη τους, ακολουθώντας τα απατηλά πνεύματα και τα διδάγματα των δαιμόνων.

Οι πλανεμένοι είναι υποκριτές, έστω κι αν οι πράξεις τους φαίνονται ειλικρινείς και δίκαιες. Ενώπιον των άλλων προσεύχονται, και προσπαθούν να είναι πιστοί λόγω του χρήματος, κι όχι από ευγνωμοσύνη για την χάρη του Θεού. Εν τέλει, εγκαταλείπουν την πίστη τους και πηγαίνουν στην οδό του θανάτου, διότι οι συνειδήσεις τους είναι καυτηριασμένες λες και από ζεστό σίδερο, επειδή λένε ψέματα, ζούνε δίχως την αλήθεια, και ικανοποιούνται με τις εγκόσμιες διασκεδάσεις.

Ο Θεός σάς προειδοποιεί αυστηρά μέσω της Βίβλου να μην ξεγελασθείτε. Ο Ιησούς μάς συμβουλεύει στο Κατά Ματθαίον 7:15-16, «*Προσέχετε δε από τους ψευδοπροφήτας, που έρχονται σε σας με ενδύματα προβάτων, από μέσα όμως είναι αρπακτικοί λύκοι. Θα τους γνωρίσετε από τους καρπούς τους· μήπως μαζεύουν σταφύλια από αγκάθια ή σύκα από τριβόλια;*»

Καθενός τα λόγια και οι πράξεις καθρεφτίζουν τις σκέψεις και την βούληση του. Δηλαδή, μπορείτε να γνωρίσετε τον άνθρωπο από τους καρπούς που παράγει. Αν έχει κάποιος τον καρπό του μίσους, του φθόνου και της ζήλειας, αντί τον καρπό της αλήθειας, της αγαθοσύνης και της δικαιοσύνης, είναι ψευδοπροφήτης.

Πολλοί ψευδοπροφήτες, οι αντίχριστοι, είναι ήδη παρόντες σ'

αυτό τον κόσμο. Άρα, είναι ανάγκη,τα τέκνα του Θεού να έχουν βαθιά κατανόηση της αίρεσης, και να μπορούν να διακρίνουν μεταξύ του πνεύματος της αλήθειας και του πνεύματος του σφάλματος.

Ο εχθρός ο διάβολος και ο Σατανάς ποτέ δεν χάνουν την ευκαιρία να παραπλανήσουν τα τέκνα του Θεού και να τους κάνουν να αμαρτάνουν όποτε κλονίζονται από την αλήθεια. Όταν είστε σταθεροί στην αλήθεια και την υπακούτε, δεν θα σας ξεγελάσει το Πνεύμα του σφάλματος, αλλά θα το υπερνικήσετε εύκολα όταν σας πλησιάσει.

Δεν πρέπει να παραδεχθείτε ή να εμμένετε σε ουδεμία άλλη διδασκαλία, κι ούτε να πλανηθείτε από τέτοιες διδασκαλίες, οι οποίες είναι εναντίον της αλήθειας. Απεναντίας, να υπακούτε τον Λόγο του Θεού και να ακολουθείτε τις επιθυμίες του Αγίου Πνεύματος, για να είστε θαρραλέοι και άμεμπτοι κατά την Δευτέρα Παρουσία του Κυρίου μας Ιησού Χριστού.

Ο Ιησούς μάς λέει ότι «*Ο καλός άνθρωπος βγάζει τα καλά από τον καλό θησαυρό της καρδιάς· και ο πονηρός άνθρωπος βγάζει τα πονηρά από τον πονηρό θησαυρό. Σας λέω δε ότι, για κάθε αργόν λόγο, που θα μιλούσαν οι άνθρωποι, θα λογοδοτήσουν γι' αυτόν κατά την ημέρα της κρίσης. Επειδή, από τα λόγια σου θα δικαιωθείς, και από τα λόγια σου θα κατακριθείς*» (Κατά Ματθαίον 12:35-37).

Ο αγαθός άνθρωπος έχει αγαθή καρδιά και δεν είναι ικανός να προξενεί κακό και ζημιά σ' άλλους ανθρώπους, ασχέτως αν η πράξη αυτή είναι επωφελής για τον ίδιον ή όχι.

Ωστόσο, ο πονηρός άνθρωπος δεν μπορεί να αγαλλιάζει με την αλήθεια. Φέρνει κάθε είδους κακοήθεια για να σκοντάψουν οι άλλοι, εξαιτίας του φθόνου και της ζήλειας του. Παρόλο που τα λόγια του φαίνονται να είναι ορθά και δίκαια, δεν μπορείτε να πείτε ότι είναι καλός άνθρωπος, εφόσον σκοπεύει να μιλήσει άσχημα για άλλους ή να αποξενώσει κάποιο άτομο από κάποιο άλλο.

Επομένως, πρέπει πάντα να προσεύχεσθε και να μένετε άγρυπνοι για να μην παραπλανηθείτε. Πρέπει να έχετε την ικανότητα να διακρίνετε αν τα πνεύματα είναι αληθινά ή όχι και να μην κρίνετε τους άλλους. Επιπλέον, πρέπει να βασίζεστε με πίστη στην Αγία Τριάδα – Τον Πατέρα, Τον Υιό και το Αγιο Πνεύμα, να πιστεύετε όλη την Βίβλο, και να την υπακούτε και να ζείτε σύμφωνα με αυτήν.

«Ελα, Κύριε, Ιησού!»

Σχετικά με τον Συγγραφέα, Δρα Τζέροκ Λι

Ο Δρ Τζέροκ Λι γεννήθηκε στο Μουάν, στην επαρχία Τζεονάμ της Δημοκρατίας της Κορέας, το 1943. Στα είκοσι και κάτι, ο Δρ Λι έπασχε από μια ποικιλία από ανίατες ασθένειες για επτά χρόνια, και περίμενε τον θάνατο χωρίς ελπίδα ανάρρωσης. Μια μέρα όμως, την άνοιξη του 1974, οδηγήθηκε σε μια εκκλησία από την αδελφή του, και όταν γονάτισε να προσευχηθεί, ο Θεός τον θεράπευσε αμέσως από όλες τις ασθένειες του.

Από τη στιγμή που ο Δρ Λι συνάντησε τον πραγματικό Θεό, μέσα από αυτή την υπέροχη εμπειρία, αγάπησε τον Θεό με όλη του την καρδιά και την ειλικρίνειά του, και το 1978 κλήθηκε να γίνει υπηρέτης του Θεού. Προσευχήθηκε θερμά για να μπορέσει να κατανοήσει πλήρως το θέλημα του Θεού, να το φέρει εις πέρας, και να υπακούει όλα τα Λόγια του Θεού. Το 1982, ίδρυσε την Κεντρική Εκκλησία Μάνμιν στη Σεούλ της Κορέας, και αμέτρητα έργα του Θεού, συμπεριλαμβανομένων θαυματουργών θεραπειών και θαυμάτων, λαμβάνουν χώρα στην εκκλησία του.

Το 1986, ο Δρ Λι χειροτονήθηκε ως πάστορας στην ετήσια συνέλευση της Εκκλησίας του Ιησού «Σουνγκγιούλ» της Κορέας, και τέσσερα χρόνια αργότερα, το 1990, τα κηρύγματά του άρχισαν να μεταδίδονται στην Αυστραλία, στη Ρωσία, στις Φιλιππίνες, και σε πολλά άλλα μέρη μέσω της Far East Broadcasting Company, του σταθμού Asia Broadcast Station, και του Washington Christian Radio System.

Τρία χρόνια αργότερα, το 1993, η Κεντρική Εκκλησία Μάνμιν επιλέχθηκε ως μία από τις «50 Καλύτερες Εκκλησίες στον Κόσμο» από το χριστιανικό περιοδικό Christian World (ΗΠΑ), και εκείνος έλαβε Επίτιμο Διδακτορικό Δίπλωμα Θεολογίας από το Christian Faith College στην Φλόριντα, ΗΠΑ, και το 1996 Διδακτορικό Δίπλωμα Διακονίας από το Kingsway Theological Seminary, στην Iowa, ΗΠΑ.

Από το 1993, ο Δρ Λι έχει αναλάβει ηγετικό ρόλο στην παγκόσμια ιεραποστολή, μέσα από πολλές υπερπόντιες σταυροφορίες στην Τανζανία, στην Αργεντινή, στο Λος Άντζελες, στη Βαλτιμόρη, στη Χαβάη και στην πόλη της Νέας Υόρκης στις ΗΠΑ, αλλά και στην Ουγκάντα, στην

Ιαπωνία, στο Πακιστάν, στην Κένυα, στις Φιλιππίνες, στην Ονδούρα, στην Ινδία, στην Ρωσία, στην Γερμανία, στο Περού, στην Λαϊκή Δημοκρατία του Κονγκό, και το Ισραήλ. Το 2002 αναγορεύτηκε «παγκόσμιος πάστορας» από μεγάλες χριστιανικές εφημερίδες στην Κορέα για την εργασία του στις διάφορες υπερπόντιες Μεγάλες Ηνωμένες Σταυροφορίες.

Τον Μάρτιος του 2016, η Κεντρική Εκκλησία Μάνμιν είχε ως εκκλησίασμα περισσότερα από 120.000 μέλη. Υπάρχουν 10.000 εγχώρια και ξένα παραρτήματα εκκλησιών σε όλο τον κόσμο, και μέχρι σήμερα έχουν ανατεθεί περισσότεροι από 102 ιεραπόστολοι σε 23 χώρες, συμπεριλαμβανομένων των Ηνωμένων Πολιτειών, της Ρωσίας, της Γερμανίας, του Καναδά, της Ιαπωνίας, της Κίνας, της Γαλλίας, της Ινδίας, της Κένυας, και σε πολλά άλλα μέρη.

Μέχρι την ημερομηνία της παρούσας δημοσίευσης, ο Δρ Λι έχει γράψει 100 βιβλία, συμπεριλαμβανομένων των μπεστ σέλερ *Γεύση της Αιώνιας Ζωής πριν τον θάνατο, Η ζωή μου Η Πίστη μου I & II, Το μήνυμα του Σταυρού, το μέτρο της Πίστης, Ο Παράδεισος I & II, Η Κόλαση, και η δύναμη του Θεού*. Τα έργα του έχουν μεταφραστεί σε περισσότερες από 76 γλώσσες.

Οι χριστιανικές του στήλες δημοσιεύονται στα *The Hankook Ilbo, The JoongAng Daily, The Chosun Ilbo, The Dong-A Ilbo, The Seoul Shinmun, The Kyunghyang Shinmun, The Hankyoreh Shinmun, The Korea Economic Daily, The Korea Herald, The Shisa News*, και στο *The Christian Press*.

Ο Δρ Λι ηγείται αυτή τη στιγμή πολλών ιεραποστολικών οργανώσεων και ενώσεων, και είναι, μεταξύ άλλων, πρόεδρος της Ηνωμένης Αγίας Εκκλησίας του Ιησού Χριστού, Μόνιμος Πρόεδρος της Παγκόσμιας Ενωσης Ιεραποστολικής Αναγέννησης του Χριστιανισμού· Ιδρυτής & Πρόεδρος του Διοικητικού Συμβουλίου του Παγκόσμιου Χριστιανικού Δικτύου (GCN)· Ιδρυτής & Πρόεδρος του Διοικητικού Συμβουλίου του Παγκόσμιου δικτύου Χριστιανών Γιατρών (WCDN)· και Ιδρυτής & Πρόεδρος του Διοικητικού Συμβουλίου της Διεθνούς Ιερατικής Σχολής Μάνμιν (MIS).

Άλλα ισχυρά βιβλία του ίδιου συγγραφέα

Ο Παράδεισος Ι & ΙΙ

Μια λεπτομερής εικόνα του πανέμορφου περιβάλλοντος που απολαμβάνουν οι πολίτες των ουρανών, και μια όμορφη περιγραφή των διαφόρων επιπέδων του βασιλείου των ουρανών.

Το Μέτρο της Πίστης

Τι είδους τόπος κατοικίας, στέμμα και ανταμοιβές έχουν προβλεφθεί για σας στον Παράδεισο; Το βιβλίο αυτό σας προσφέρει σοφία και καθοδήγηση, για να μετρήσετε την πίστη σας, και να καλλιεργήσετε την καλύτερη και την πιο ώριμη πίστη.

Η Κόλαση

Ενα ειλικρινές μήνυμα προς όλη την ανθρωπότητα από τον Θεό, ο οποίος δεν επιθυμεί ούτε καν μια ψυχή να πέσει στα βάθη της Κόλασης! Θα ανακαλύψετε μια πρωτοφανή περιγραφή της σκληρής πραγματικότητας του Κάτω Αδη και της Κόλασης.

Η ζωή μου, Η Πίστη μου Ι & ΙΙ

Το πιο αρωματικό πνευματικό άρωμα που προέρχεται από μια ζωή που άνθισε με την απαράμιλλη αγάπη για τον Θεό, στη μέση σκοτεινών κυμάτων, του κρύου ζυγού και της απόλυτης απελπισίας.

Η Δύναμη του Θεού

Ενα απαραίτητο βιβλίο που λειτουργεί ως βασικός οδηγός, με το οποίο μπορεί κανείς να αποκτήσει αληθινή πίστη και την εμπειρία της θαυμαστής δύναμης του Θεού.

www.urimbooks.com

www.ingramcontent.com/pod-product-compliance
Lightning Source LLC
LaVergne TN
LVHW011946060526
838201LV00061B/4221